本著作受国家哲学社会科学基金项目"少数民族社区教育的价值与发展机制研究"(13XMZ040)及"乡村振兴战略下农村学前儿童成长精准社会服务机制研究"(20BSH054)经费资助出版

|光明社科文库|

探寻农村学前教育发展质量
——基于贵州乡镇中心幼儿园研究

王国超 著

光明日报出版社

图书在版编目（CIP）数据

探寻农村学前教育发展质量：基于贵州乡镇中心幼儿园研究 / 王国超著． －－北京：光明日报出版社，2023.12

ISBN 978－7－5194－7688－5

Ⅰ.①探… Ⅱ.①王… Ⅲ.①乡村教育—学前教育—发展—研究—中国 Ⅳ.①G619.2

中国国家版本馆 CIP 数据核字（2023）第 250248 号

探寻农村学前教育发展质量：基于贵州乡镇中心幼儿园研究
TANXUN NONGCUN XUEQIAN JIAOYU FAZHAN ZHILIANG：JIYU GUIZHOU XIANGZHEN ZHONGXIN YOUERYUAN YANJIU

著　　者：王国超	
责任编辑：刘兴华	责任校对：宋　悦　董小花
封面设计：中联华文	责任印制：曹　净

出版发行：光明日报出版社
地　　址：北京市西城区永安路 106 号，100050
电　　话：010-63169890（咨询），010-63131930（邮购）
传　　真：010-63131930
网　　址：http://book.gmw.cn
E － mail：gmrbcbs@ gmw. cn
法律顾问：北京市兰台律师事务所龚柳方律师
印　　刷：三河市华东印刷有限公司
装　　订：三河市华东印刷有限公司
本书如有破损、缺页、装订错误，请与本社联系调换，电话：010-63131930

开　　本：170mm×240mm	
字　　数：261 千字	印　　张：15.5
版　　次：2024 年 4 月第 1 版	印　　次：2024 年 4 月第 1 次印刷
书　　号：ISBN 978－7－5194－7688－5	
定　　价：95.00 元	

版权所有　　翻印必究

序

  幼儿教育是人类自然行为的社会性延伸，是人类特有的社会现象，幼儿园本身就是人们对幼儿教育质量持续追求的产物。因此，幼儿园教育质量提升是学前教育事业发展的基本价值追求，也是世界各国学前教育事业发展的共同趋势。我国已实施了三期"学前教育三年行动计划"，学前教育事业发展迅速，截至2022年，全国学前三年毛入园率已达89.7%，基本建成广覆盖、保基本、兜底线的学前教育体系，正向"有质量"的学前教育公共服务体系迈进。"质量提升"已成为我国学前教育事业发展的主要议题。

  近十年来，贵州学前教育同样发展迅速，截至2021年，贵州省学前三年毛入园率达91.4%，不仅超额实现了既定的发展目标，而且已赶超全国平均水平，其中，许多农村幼儿园从无到有、从有向优。"乡镇中心幼儿园"在其中扮演着极其重要的角色，其"跨越式"发展的背后，存在着自身的内在逻辑，但也存在诸多问题与矛盾，潜在地制约着其质量可持续提升，然而，其从有向优却尚未引起学界更多的关注，本研究正是对这一理论与实践的积极回应。

  鉴于此，本著作首先对我国乡镇中心幼儿园发展及贵州实践开展历史考察。基于各级各类部门的政策文本、相关文献资料，考察我国乡镇中心幼儿园的源与流，并探寻贵州省内乡镇中心幼儿园的发展脉络，为贵州乡镇中心幼儿园教育质量提升找寻"中国时空坐标"。

  其次，基于贵州乡镇中心幼儿园的发展脉络，采用文献法和问卷法，从总体概况、抽样情况、个案状况这三个层面呈现贵州乡镇中心幼儿园的发展现状，从教育者、学习者、教育措施等三个方面全方位呈现乡镇中心幼儿园的发展图景。在其中找寻贵州乡镇中心幼儿园教育质量的现实困境，重点考察其教育质量存在的显性与隐性问题。以教育者、学习者、教育措施等要素及它们之间的关系为框架，分析问题生成的内在影响变量。继而尝试从宏观层面提出贵州乡镇中心幼儿园教育质量提升的对策与建议。

最后，以宏观调查为基础，借鉴民族志研究方法，走进乡镇中心幼儿园这一真实的田野现场。本研究小组分别进入贵州省内三所乡镇中心幼儿园，以"区域物质环境创设""劳动教育""食育"三个核心主题为切入点，历经5个月，细密感知了乡镇中心幼儿园教育质量提升的积极努力与实践，融入幼儿、家庭、家长等三个主要群体之中，积极贴近他们的生活世界，与他们一同面对乡镇中心幼儿园所面临的现实问题，并共同设法予以化解。本部分具体运用了调查问卷、参与观察、深度访谈、马赛克研究法等，从三个相对独立的主题展开实践与研究。

人可以改造环境，但人对环境具有极大的依赖性，也极易受环境所"雕刻"，早期儿童更是如此，早期儿童与环境的互动极易镶嵌于其人格结构之中。幼儿园环境是儿童"身心保育"的不可替代资源，环境创设及其教育性挖掘，成为贵州乡镇中心幼儿园质量提升的基础性要件。因此，该部分运用马赛克方法，倾听幼儿的声音，分析"儿童眼中"与"教师眼中"的环境态度差异，以一个乡镇中心幼儿园中班为案例，以幼儿"乡村生活环境"为基点，创设中班区域物质环境，引导乡村幼儿享用教育资源，旨在将幼儿带入更广阔的世界，向乡村幼儿发出召唤。

劳动是人生的内在动力，是人由自然世界到人文世界的重要通道，乡镇中心幼儿园教育质量的提升，"劳动教育"是一种非常重要的实现方式。该部分采用民族志方法，深入考察某中心幼儿园所属乡镇的劳动教育资源，走进村落、幼儿园两个乡村幼儿成长场域，融入村民、教师、幼儿三个群体，与他们共同参与劳动、体验劳动并反思劳动。由此而逐渐明晰该幼儿园劳动教育课程定位，设计劳动教育课程目标、内容，在课程实施中发现问题，探寻其内在逻辑，并尝试提出对策性建议。

民以食为天，"食"天然就是人类存续的生理性能源，是人类一切社会活动的"中心"。换言之，"食"既是人的一种自然现象，也是人的一种社会现象，沉积了特定文化的表达。基于此，该部分以"活教育"理论为基础，以"食"为核心主题，对贵州某乡镇中心幼儿园所属乡镇区域生境开展田野考察，透视这一广阔教育空间中的食育资源。鉴于此，该部分基于"食育"主题的活动，选定了"土豆总动员""营养设计师""趣味端午节"三个分主题，分别从来源、目标、内容进行设计，以教学活动、区域活动、环境创设、家园共育等形式开展实施。由此提出，乡镇中心幼儿园食育活动需挖掘乡村资源，构建活动共同体，创设教育环境等对策与建议，唯此，才能促进"食育"主题活动有效展开。

总之，贵州乡镇中心幼儿园教育质量提升的路径甚多，而且"质量"提升是动态发展过程，本著作从宏观层面提出的对策与建议的适切性仍需持续探寻，而三个实践案例也仅是本研究对贵州乡镇中心幼儿园质量提升的三种路径、三种尝试、三个方案，并非唯三选择。在研究过程中，我们尝试提出"为了儿童""基于儿童""通过儿童"的实践理念，采借民族志研究法、马赛克研究法等方法，以及本研究所采取的"实践与研究叠合"的教育田野推进方式，希望可为有关乡镇中心幼儿园教育质量提升研究与实践提供帮助。

王国超

2023 年 3 月 26 日

目 录
CONTENTS

第一部分　导论 ·· 1
　一、问题提出 ·· 1
　二、概念界定 ·· 7
　三、研究意义 ··· 10
　四、研究综述 ··· 10
　五、研究设计 ··· 19

第二部分　历史考察：中国乡镇中心幼儿园的源流及贵州实践 ········· 24
　第一章　中国乡镇中心幼儿园的源与流 ································· 26
　　一、缓慢发展（1949—1977 年） ··· 26
　　二、恢复重建（1978—2000 年） ··· 28
　　三、规范发展（2001—2009 年） ··· 32
　　四、稳步发展（2010—2019 年） ··· 38
　　五、高质量发展（2020 年至今） ··· 44
　第二章　贵州乡镇中心幼儿园发展历程 ································· 46
　　一、初步孕育（1949—1977 年） ··· 46
　　二、逐渐萌芽（1978—2009 年） ··· 47
　　三、迅速普及（2010—2015 年） ··· 48
　　四、规范发展（2016—2019 年） ··· 50
　　五、扩容提质（2020 年至今） ·· 51

第三部分　宏观调查：贵州乡镇中心幼儿园教育质量
——现状、困境与对策 ················ 54

第一章　贵州乡镇中心幼儿园教育质量发展现状 ············ 56
　　一、乡镇中心幼儿园结构性教育质量现状 ············ 56
　　二、乡镇中心幼儿园过程性教育质量现状 ············ 68
　　三、乡镇中心幼儿园功能性教育质量现状 ············ 82

第二章　贵州乡镇中心幼儿园教育质量发展困境 ············ 87
　　一、基础建设较好，但资源利用率较低 ············ 87
　　二、教师教育观有偏差，课程实施需指导 ············ 90
　　三、园长工作热情高，但专业化程度低 ············ 94
　　四、师资力量不足，教师成长缺保障 ············ 96

第三章　贵州乡镇中心幼儿园教育质量提升对策与建议 ············ 99
　　一、提升设施利用率，释放教育功能 ············ 99
　　二、引导健康教育观，完善课程实施 ············ 101
　　三、汲取多方资源，促进专业成长 ············ 103
　　四、增强师资投入，保证整体质量 ············ 104

第四部分　田野实践：贵州三所乡镇中心幼儿园教育质量
提升探索 ················ 108

第一章　乡镇中心幼儿园中班区域物质环境创设
——以黔东南 Y 镇中心幼儿园为个案 ············ 110
　　一、引言 ············ 110
　　二、教育在环境中发生：幼儿与环境互动的理论探讨 ············ 113
　　三、中班区域物质环境的现实考察 ············ 116
　　四、幼儿眼中的中班区域物质环境创设解析 ············ 123
　　五、小结与反思 ············ 134

第二章　乡镇中心幼儿园劳动教育课程构建与实践
——以黔南 Y 镇中心幼儿园为个案 ············ 136
　　一、引言 ············ 136
　　二、Y 园劳动教育课程构建的现实考察 ············ 138

三、Y园劳动教育的制约因素分析 ················· 146

四、Y园劳动教育课程定位与设计 ················· 149

五、乡镇中心幼儿园劳动教育课程组织与实施 ········· 154

六、小结与反思 ································· 159

第三章　乡镇中心幼儿园食育主题活动设计与实践
　　　　——以毕节市X镇中心幼儿园大班为个案 ······· 161

一、引言 ····································· 161

二、X幼儿园食育活动开展的现实考察 ············· 164

三、X幼儿园大班食育主题活动设计与实施 ········· 171

四、小结与反思 ································· 201

第五部分　结语 ······································ 203

参考文献 ·· 207

附录一 ·· 215

附录二 ·· 218

附录三 ·· 225

后记 ·· 232

第一部分 导 论

一、问题提出

随着国内外学前教育迅速发展,"提升质量"逐渐成为学前教育当下与未来的重要议题,引起社会各界关注。幼儿园教育质量,不仅是幼儿园自身发展的内在追求及其存在依据,也是当前国内国际学前教育改革与发展的总趋势。在我国农村幼儿园迅速发展进程中,"乡镇中心幼儿园"在其中扮演着重要的角色,其已成为推动农村幼儿园可持续发展及其教育质量提升的重要支点,对其自身质量提升的相关研究与实践意义重大。

(一) 幼儿园是人们对传统幼儿教育质量追求的产物

幼儿教育是人类自然性"师范"[①]行为的社会性延伸,是人类特有的社会现象,是人猿相揖别的内在动力。随着经济社会的发展和人民生活水平的日益提高,家庭对教育的需求逐渐向幼儿教育延伸,制度化教育机构成为他们对"幼儿教育质量"的寄托,因此,"幼儿园(Kindergarten)"本身就是人们对幼儿教育质量持续追求的产物。

相对其他动物寿命而言,由于人体工程学所迫,母亲早早诞下婴儿,人类胎儿在母体生存的时间相对较短,换言之,每个人类婴儿均可称为"早产儿"。以至于,人类婴幼儿是自然界最为脆弱的生命体(帕斯卡尔语),是人类发展链条中最为薄弱的环节。然而,人类婴幼儿期却又比动物"幼崽期"更加漫长,学界普遍将之称为"幼态的持续",这一特有的"留白"现象呼唤"教育力量"予以支持,以保存其生命得以绵绵存续,或者说维持人的"种"的稳定性,并

---

① 自然性"师范"在这里指的是人类早期的教育倾向性,即"为年幼一代好"或"更好"而有意识地采取全部行动的总称,是延伸于动物界的养育与保护幼崽的自然行为。

在这个世界中追寻自身的位置及意义。因此，"幼儿"与"教育"自然就融于一体，教育成为婴幼儿冲破生命自身原有自然局限的主要动力，它将涌动着内在生命力的幼儿领入人类的"文化世界"，幼儿在与文化世界相融中逐渐舒展自我生命形态。

由于人们认识的局限，在漫长的人类发展进程中，幼儿期的价值并没有得以确证，人们更多看到儿童的"小小"的身体，以至于幼儿被遮蔽于成人视界之中。正如法国社会史学家阿利埃斯（Philippe Ariès）所言，西方中世纪儿童几乎没有社会地位，人们没有意识到儿童与成人的内在差异，"那时没有分离童年世界。儿童跟成年人一样做同样的游戏，玩同样的玩具，听同样的童话故事。他们在一起过同样的生活，从不分开"①。此时，幼儿只能在最原生的传统教育下"低质量"发展。

幼儿园是突破传统幼儿教育低质量弊端而孕生的。

与中世纪传统儿童的"原罪说"不同，17世纪30年代，捷克教育家夸美纽斯（Jan Amos Komenský）将"儿童"喻为"上帝的种子"，他在《大教学论》中认为"人身上自存着学问、德行与虔信的种子"，拥有天赋和谐发展的根基和无限的潜能，对儿童予以高度重视②。随后，洛克（John Locke）在《教育漫话》中将儿童视为极重要的资源，他批判了长期盛行的"原罪说"以及天赋观念，提出"白板说"③，努力洗掉了儿童长期被赋予的"原罪"，推进了童年概念产生。18世纪60年代，法国思想家卢梭（Jean-Jacques Rousseau）在《爱弥儿》一书中将"儿童"喻为"野生植物"，提出自然教育思想，他确认了童年的内在价值，并认为儿童既非"白板"，也非"原罪"，其可自足的发展。

随后，思想家们先后捕捉到了儿童期的独特价值，加之当时传统幼儿教育的"低质量"发展弊端逐渐显露出来。1937年，福禄培尔（Friedrich Wilhelm August Fröbel）在德国布兰肯堡建立了他的第一所社会性幼儿教育机构，但他深谙当时幼儿教育机构（如日托和孤儿院等）存在诸多弊端，认为那些幼儿教育

---

① 波兹曼.童年的消逝［M］.吴燕莛，译.桂林：广西师范大学出版社，1999：22.
② 杜传坤.建构的"儿童"——试论教育对儿童年龄特征的建构［J］.学前教育研究，2009（3）：21-25.
③ "白板"拉丁文是"tabula rasa"，指一种洁白无瑕的状态；本意是未用刀和笔刻写过的白蜡板，因为古希腊罗马人亚里士多德最早用来比喻曾用蜡板做记事牌；后来，指尚未接受外界事物影响或刺激的心灵。

机构多带慈善性质，以看护、照料为主，旨在服务家长而非儿童。福禄培尔所创立的幼儿教育机构试图冲出当时的局限，将服务重心转向"儿童"，遵循"儿童丰富、充沛、有活力的内在外在生活"①。继续沿用当时流行的幼儿教育机构名称显然无法彰显他的"独创性"办学理念。因此，"幼儿园之父"福禄贝尔绞尽脑汁，历经三年，经过反复思索与尝试，最终于1840年，将他所创办的幼儿教育机构创造性地命名为"幼儿园（kindergarten）"，明确指出了其目的在于，"照顾尚未为学校生活做好准备的儿童；根据儿童的天性对儿童的完整身心加以影响；加强其身体力量；锻炼其感官；促其使用觉醒中的心智；使其思考、熟悉自然与人类；指导他们的心与灵魂以正确的方向；将其指引到万物的本源并与其保持一致"②。这一幼儿教育机构的"更名"过程，可以体现出他对幼儿教育质量的持续追求过程。

我国古代社会设有"小学"③和"大学"，条件较好的家庭子女在上"小学"前也会接受一定的教育。④我国封建社会绵延时间相对较长，其生产方式是自给自足的小农经济，人们对公共幼儿教育机构需求性不强，加之"童年期"的人生价值尚未成为普遍共识。因此，除极少富裕家庭外，更多普通家庭子女在上"小学"前的"幼儿教育"主要在家庭场域自然展开，这有别于当下制度化的小学教育，其是一种非制度化、非公共性、非专业性，几乎遵循"自然指令"的幼儿教育形态，其幼儿教育的质量问题未受到人们广泛关注。

我国较为稳定的小农经济延缓了幼儿公共教育机构的诞生日期。1840年鸦片战争后，帝国主义列强疯狂侵略中国，民族危机日趋严重。面对"数千年未

---

① SHAPIRO M S. Child's garden: The kindergarten movement from froebel to Dewey [M]. London: The pennsylvania State University press, 1983: 22.

② BARNARD H. Kindergarten and child culture papers [M]. Hartford: Office of Barnards American journal of education, 1890: 91.

③ 我国古代"小学"一词主要有三个含义：一是初级教育机构的名称和初级教育及其教育内容；二是文字学及其延伸意义，如文字训诂、字体、音韵、书法、金石学等，古人所谓的"小学"多指此义；三是指朱熹编的《小学》一书。第一个含义出现最早，在商周已存在，至汉代引申出了第二个含义，宋代则又出现了第三个含义。其他含义多是由这几个含义延伸出来的。此外，与"六艺"中的"数"直接相关的算术，以及与算术相关的律历也被列入小学，女书因与女性道德教育有关也被视为小学类。本文"小学"指第一个含义。参考于李成燕的论文《中国古代"小学"含义的演变》（广西师范大学学报：哲学社会科学版，2011年第1期）。

④ 刘晓东，卢乐珍，等. 学前教育学 [M]. 南京：江苏教育出版社，2009（3）：10.

有之变局",清政府不得不进行教育体制改革。湖广总督张之洞大兴新式教育,各类学校兴起。1903年,湖北巡抚端方在武昌建立了中国第一所幼儿园(湖北幼稚园),仿日本,前期移用了日本"幼稚园"的名称,并特聘3名日本女师范生为保育员。1904年《奏定学堂章程》,更名为"蒙养院",禁办女子堂;随后又增了小学堂。1938年,武汉沦陷后被迫停办。

教育部1912年公布的学制系统中,蒙养院被更名为"蒙养园",列入学制系统。

1922年11月,北洋政府教育部颁布的《学校系统改革令》,将"蒙养园"恢复为"幼稚园",并列入学制系统。1951年8月,第一次全国初等教育会议通过了《幼儿园暂行规程(草案)》和《幼儿园暂行教学纲要(草案)》,明确规定,废除单元教学和不进行识字教育是改造旧幼儿园教育的两个重点内容。1951年10月,政务院命令公布施行《关于改革学制的决定》,新学制明确规定:"将实施幼儿教育的组织称为幼儿园",确定了幼儿园教育为我国学制的第一个环节。从此,"幼儿园"逐渐成为我国幼儿教育机构的最主要称谓。然而"儿童期"的价值依然尚未被普遍确认,加之小农经济惯性依然存在,人们对公共幼儿教育机构需求尚不迫切,以至于我国幼儿园发展缓慢、曲折,此时"质量"话语虽依然未被人们所熟知,但作为制度化机构的幼儿园数量不断增多,本身就是对传统的、发生于家庭场域的幼儿教育的一次质量超越。

总之,教育与人类相伴而生,同理,幼儿教育是人类特有的社会现象,幼儿园则是由于人们对幼儿教育质量的持续追求而孕生的。

(二)幼儿园教育质量提升是国内外学前教育改革与发展的总趋势

"人生百年,立于幼学"(梁启超语),学前教育的"重要性"几乎已经成为国际共识,不言自明,但其潜在地将以学前教育高质量发展为基本前提,换言之,低质量的学前教育根本就无法支撑其"重要性"承诺。

近年来,"提升幼儿园教育质量"已经成为国内外学前教育改革与发展的重要议题,备受各界关注。高质量的幼儿园教育对个人与社会均具极其重要的价值,就个人而言,优质幼儿园教育可为个人终身健康有序发展奠定坚实的基础,成为人生的"强势开端"。国内外诸多研究结果反复证明,受过优质幼儿教育(早期教育)的幼儿在发展认知、情感、语言、社会性等方面明显优于未受过早期教育或受过低质早期教育的幼儿。美国"佩里计划(The High/Scope Perry

Preschool Project）"成果报告显示参与实验的孩子在40岁时的各项发展表现，接受了幼儿教育介入的实验组（Program group）在5岁时智力超过90的数量、14~15岁时作业完成度和在校成就、高中毕业率、收入上都远高于未接受幼儿教育介入的对照组（No-program group）。就社会而言，优质幼儿园教育不仅可助推国家财富的可持续构筑，而且有利于推动我国社会稳定和谐。2010年9月，联合国教科文组织首届世界幼儿保育和教育大会将"构筑国家财富"作为会议主题，并达成"幼儿保育和教育具有极为重要的社会价值，是为国家积累财富"的共识。"佩里计划"成本收益分析显示，所追踪的儿童在40岁时投资的总体回报率已高达17.07%，其中，对幼儿个体的回报率为4.17%，对社会的回报率为12.9%。[①] 2000年，诺贝尔经济学奖得主詹姆斯·赫克曼（James J. Heckman）教授从人力资本的视角提出了"学前教育是回报率最高的教育时段"的观点。

基于对优质幼儿园教育价值的认识，世界各国纷纷通过更加系统化和结构化建设，提升本国的幼儿园教育质量。美国在全国范围内推行了幼儿园认证制度，同时，各州政府也推行了"早期教育质量评定与推进系统（QRIS）"，其目的在于，通过"第三方机构"和"政府"双主体为推动幼儿园教育高质量发展保驾护航。1993年，澳大利亚成立了全国幼儿教育认证委员会（NCAC），借此建立了较为完善、科学和具有一定可操作性的学前教育质量标准和评价体系，其主要针对"全日制托儿机构""家庭托儿机构""校外时间托儿机构"等，并在2012年1月颁布了关于学前教育的《国家质量框架》（National Quality Framework），从国家层面来维护学前教育质量。2002年，德国颁布《儿童日托机构的教育质量：国家标准集》，作为德国托幼机构高质量发展的行动指南，2018年，又通过了《儿童日托优化法》，进一步改善德国幼儿教育质量。2015年5月，在韩国仁川召开了"世界教育论坛"并通过《仁川宣言》，宣言提出"我们也鼓励提供至少1年高质量的免费的学前教育，让所有孩子都有获得高质量儿童早期发展、看护和教育的机会"[②]。总之，优质幼儿教育的价值已被确认，提升幼儿园教育质量已经成为国际学前教育发展趋势。

---

① 蔡迎旗.幼儿教育财政投入与政策[M].北京：教育科学出版社，2007：68-69.
② 陶西平.21世纪课程议程：背景、内涵与策略[J].比较教育研究，2016，38（2）：1-5.

（三）乡镇中心幼儿园教育质量提升是农村学前教育发展的内驱力

在我国农村学前教育高速发展进程中，乡镇中心幼儿园逐渐成为其中的重要驱动力，扮演着重要的角色，不仅起着辐射、示范与引领作用，而且承担着指导和调节乡村幼儿园的发展使命。"学前教育三年行动计划"（一期、二期、三期）相继实施后，我国学前教育事业快速发展。2021年，全国幼儿园在园幼儿数达到4805.2万人，比2011年增加了1380.8万人，全国学前教育三年毛入园率由2011年的62.3%提高到2021年的88.1%，增长了25.8%，实现学前教育基本普及、解决了"入园难""入园贵"的关键指标。就贵州省而言，《贵州省第三期学前教育行动计划实施意见》的贯彻落实，使贵州省学前三年入园率大大提升，截至2021年年底，全省学前教育三年毛入园率达到91.4%，高于全国平均水平3.3%，基本建成广覆盖、保基本、兜底线的学前教育体系，"有质量"的学前教育公共服务体系基本建成。据统计，在全国学前教育事业快速增长的大数据中，中西部和农村发展最快，全国新增的幼儿园80%左右集中在中西部，60%左右分布在农村①，十年间，许多农村幼儿园从"无"到"有"。尽管如此，当前农村学前教育质量依旧难以跟上当前经济社会发展的步伐，也难以与其他学段教育完美衔接与协调发展。因此，在全国各地推行的"学前教育三年行动计划"中，多以"乡镇中心幼儿园"为"先行项目"，积极地新建、改建与扩建标准化乡镇中心幼儿园，就贵州而言，2015年年底，全省已实现了"每一乡镇都建成一所中心幼儿园"的目标。

当前，在国家大力倡导各行各业高质量发展的背景下，农村幼儿园教育高质量发展已提到日程上来，而乡镇中心幼儿园在农村幼儿园发展进程中已发挥了辐射、引领、指导及监督等作用，其自身的质量提升对引领当前农村幼儿园教育高质量发展尤为重要。据调研获知，在迅速创建的乡镇中心幼儿园进程中，除硬件基本达标外，其他指标难以达到高质量发展要求，如师生比、课程建设、环境创设、资源利用等，大多不符合《3—6岁儿童学习与发展指南》和最新《幼儿园工作规程》基本规定，一系列的不达标不仅在很大程度上制约着乡镇中心幼儿园自身儿童保教质量，还制约着其在整个乡镇幼儿教育事业发展的示范

---

① 教育部：2021年全国学前三年毛入园率达88.1%，学前教育实现基本普及［EB/OL］．（2022-04-26）［2022-04-26］．https：//baijiahao.baidu.com/s?id=17311749557441 96719&wfr=spider&for=pc．

引领作用发挥，而且也难以承担全乡镇各类幼儿园的指导与监督之责。

总之，近年来，贵州乡镇中心幼儿园"跨越式"发展，"从'无'到'有'"，其背后存在着自身逻辑，但也存在着诸多问题与矛盾，潜在地制约着其教育质量提升，而其"从'有'到'优'"的相关研究，却尚未引起学界更多的关注。学界需要冷静反思，积极探究贵州乡镇中心幼儿园教育质量提升的内在机制，本课题就是尝试对这一理论与现实问题进行积极回应。

二、概念界定

（一）学前教育质量

对"学前教育质量"这一概念界定，必须先厘清"质量"的定义。

所谓"质量"，是指一个主观的、以价值观为基础的、相对的、动态的概念，具有多种视角和理解方式来把握什么是质量的可能性。

教育天然旨趣在于促进人的发展，因此，"学前教育"本身就蕴含着"质量"之意，失去"质量"的"学前教育"，就是抽离其原始意义，仅剩下空洞的外壳。

然而，"质量"在"学前教育"里本身就是一个建构性概念，它具有主观性且以价值观、理念、兴趣为基础，不具有客观性与普遍现实性。往往事物的意义生成是其意义逐渐圆满的过程。学前教育也不例外，质量的动态发展，促使学前教育自身逐渐得以圆满，以实现学前教育自身"重要性"的承诺。质量问题需考虑背景因素，依据时空环境，理解文化和其他因素的差异性。社会中的亚文化圈与多种价值观的并存意味着不存在确定的质量定义。它是一个相对的概念，依个体视角的不同而不同。实际上，质量既是动态的，也是相对的。

因此，这里的"学前教育质量"，主要是指在某一种特定文化背景下，能满足学前儿童当下与未来发展的理想教育。本研究所探讨的"乡镇中心幼儿园教育质量"，特指在我国乡镇这一场域所孕育的文化背景下，中心幼儿园教育实现其原始价值的程度，同时包括其"中心"功能发挥的程度。

（二）乡镇中心幼儿园

1983年9月，教育部颁发了《关于发展农村幼儿教育的几点意见》，首次提出要分期分批地办好公社（乡）中心幼儿园，使之成为农村幼儿园的骨干和教学研究基地，起到以点带面的作用，但由于各种原因，之后并未建成公社（乡）

中心幼儿园，却建成了较为符合当时农村经济和教育现状的"学前班"。此后虽也偶有各级文件提出"每乡（镇）建成一所乡镇中心幼儿园，充分发挥其示范引领作用"，但这一目标始终未能贯彻落实。

2010年，党中央、国务院颁布《国家中长期教育改革和发展规划纲要（2010—2020年）》①，文件明确提出重点发展农村学前教育，努力提高农村学前教育普及程度，大力提倡农村"乡镇中心幼儿园"充分发挥其中心作用。至此，发展乡镇中心幼儿园才成为发展农村学前教育的重要议题，旨在使其承担当地学前教育的模范带头作用以及管理所在乡镇幼儿保教工作的责任。②

鉴于此，本著作认为乡镇中心幼儿园，是指以乡镇政府或教育部门为主体开办，其办园条件、师资力量和教育质量均达一定标准，在当地非中心幼儿园（包括乡镇非中心幼儿园、私立幼儿园、村办幼儿园、村小学附属幼儿园等）中发挥示范、辐射、指导、管理与监督等"中心"作用的公立幼儿园。据调查获知，目前，贵州乡镇中心幼儿园主要分布在乡（镇）中心位置——乡（镇）政府所在地。

（三）区域物质环境

所谓幼儿园环境，广义是指幼儿教育赖以进行的一切条件的总和；狭义是指在幼儿园中对幼儿身体发展产生影响的一切物质与精神要素的总和。③ 其中，对于物质环境的定义，不同的研究者有不同的看法。姚伟认为物质环境是指为幼儿园教育活动服务的各种物质存在，④ 刘婧语指出，幼儿园物质环境是幼儿、教师及幼儿园其他人员周遭的客观存在的外部空间、条件和状况。⑤

区域环境创设主要包括区域空间布局、材料选择与投放、活动的开展等。⑥ 其中，区域物质环境创设共分为八个部分：区域设置与划分、家具设备、区域

---

① 国家中长期教育改革和发展规划纲要工作小组办公室. 国家中长期教育改革和发展规划纲要（2010—2020年）[EB/OL]. 中华人民共和国教育部，2010-07-29.

② 彭俊英，鄢超云. 关于发展乡镇中心幼儿园的一些思考——基于对四川省30所乡镇中心幼儿园的调查[J]. 幼儿教育，2011（7）：10-12.

③ 袁爱玲. 幼儿园教育环境创设[M]. 北京：高等教育出版社，2010：4.

④ 姚伟. 幼儿园教育环境及其对幼儿发展的影响[J]. 教育导刊，1999（S4）：37-38.

⑤ 刘婧语. 幼儿园中班区域物质环境创设现状研究——以保定市四所幼儿园为例[D]. 保定：河北大学，2017.

⑥ 段兰兰. 从儿童视角审视幼儿园班级区域环境——马赛克方法的实践[D]. 上海：上海师范大学，2018.

墙面环境、吊饰环境、幼儿作品展示、材料与玩教具、标签标识的使用以及光线、人工照明与噪声。[①] 鉴于此，本研究将区域物质环境界定为：教室里直观可见的环境，具体包括区域活动空间、材料、墙面、标识和吊饰等。

（四）幼儿园劳动教育

近年来，劳动教育的概念繁多，较为普遍的定义为："使学生树立正确的劳动观点和劳动态度，热爱劳动和劳动人民，养成劳动习惯的教育，是德育的内容之一。"[②] 檀传宝教授认为"劳动教育指的是培养人的劳动价值观、劳动知识与劳动技能等方面的教育活动"。赵荣辉教授则从劳动的内在教化价值维度提出"劳动教育是促进儿童精神全面成长的活动"主张。当前，学界更倾向于檀传宝的劳动教育定义。

根据研究需要，本研究将幼儿园劳动教育界定为"在幼儿园内有目的、有计划地实施体力劳动和脑力劳动，以促进幼儿可持续发展的教育活动"。这里所谓的幼儿园劳动教育，就是在幼儿园内有目的、有计划、有步骤地培养幼儿热爱劳动、尊重劳动的情感与态度，培养幼儿良好的劳动行为与习惯。

（五）食育

日本明治时期著名医生、药剂师石冢左玄于1896年在《食物养生法》一书中最早提出"食育"的概念，他认为，应该把对孩子体、智、才等的培养作为推进"食育"来进行[③]。2000年，日本《现代用语基础知识》中，首次出现"食育"词条，简单地将食育解释为"食育是孩子们具有选择食物能力的教育"，认为食育的概念就是关于幼儿饮食的教育。[④] 日本《食育基本法》指出，所谓食育是通过养成有关食物的正确判断能力，在生活中实现健全的饮食生活，以增进国民的身心健康和形成丰富的人性为目的的必须进行的活动。[⑤] "食育"概念被我国引起之时，学者们对之理解各异。但总体而言，食育既包括饮食教育，也包括通过饮食活动开展的教育。

---

① 严天梅．"儿童本位"理念下区域物质环境创设现状与对策研究——基于锦州市凌河区六所幼儿园的调查［D］．锦州：渤海大学，2019．
② 中国大百科全书总编委会．中国大百科全书：第2版［M］．北京：中国大百科全书出版社，2009：79-83．
③ 林军．食育——全民健康的未来［M］．北京：人民日报出版社，2012：16．
④ 白宇．日本幼儿食育研究［D］．长春：辽宁师范大学，2015：4．
⑤ 房娜娜．生活美学观照下的幼儿园食育研究［D］．桂林：广西师范大学，2017：7．

本研究中的"食育"，是指与食物相关的教育，具体而言，是将食物作为载体或核心主题，开展与食物相关的促进幼儿成长的活动，由此增进幼儿对食物的认知、对营养的了解、对饮食文化的传承等。

三、研究意义

（一）理论意义

本研究深入探讨了乡镇中心幼儿园教育质量提升的一些理论问题，如乡镇中心幼儿园教育发展的内涵、外延，社会政治、经济、文化与乡镇中心幼儿园教育质量提升之间的关系，乡镇中心幼儿园教育质量提升的内在构成要素及其相互关系、作用原理，贵州乡镇中心幼儿园教育质量提升所要解决的各种矛盾及其辩证关系的认识，等等，在一定程度上丰富了农村学前教育理论体系，也为农村学前教育质量相关后续研究提供了借鉴。

（二）实践意义

三期"学前教育三年行动计划"实施完成后，我国农村学前教育事业得到很大的发展。2022年，我国学前三年毛入学率已达89.7%，"入园难、入园贵"的问题基本得以解决，"质量提升"已成为农村学前教育可持续发展的首要问题。究其原因，主要在于我国农村学前教育体制与机制问题，而乡镇中心幼儿园因其"中心"属性，在农村学前教育发展中扮演着重要的角色，其质量与问题很大程度上反映了农村学前教育的基本状况。因此，本研究对于推进我国农村学前教育可持续发展具有重要的实践价值，为乡镇中心幼儿园质量提升提供了实证参考，也为教育行政部门制定与调整农村学前教育政策提供了依据。

四、研究综述

（一）定量分析：1994—2021年幼儿园教育质量相关文献知识图谱

1. 样本数据与研究方法

以"幼儿园教育质量"为主题，将2021年12月31日设置为数据样本的时间节点。通过知网检索"幼儿园教育质量""学前教育质量"等主题词，共搜索到1132篇文献，删除无关文献，最终筛选出学术期刊和硕博论文共638篇。据检索发现，该主题相关研究始于1994年，因此将样本数据时间范围设定为1994—2021年。借此，运用CiteSpace可视化分析软件对代表幼儿园教育质量的样本数据进行分析，并在阅读大量相关文献的基础上，基本了解我国幼儿园教育质量研究的热点主题、趋势与前沿议题。

2. 研究发展趋势分析

某个时间段所发表的论文数量和内容一定程度上揭示了该领域研究的发展趋势和不同时区的主要特点。本研究将 638 条样本数据进行整理分析，绘制出各年份的发文数量趋势图（图 1-1），并利用 CiteSpace 制作关键词共现时区图谱（图 1-2）。依据发文数量走势与关键词共现时区图谱，可以将幼儿园教育质量相关研究大致分为四个阶段。

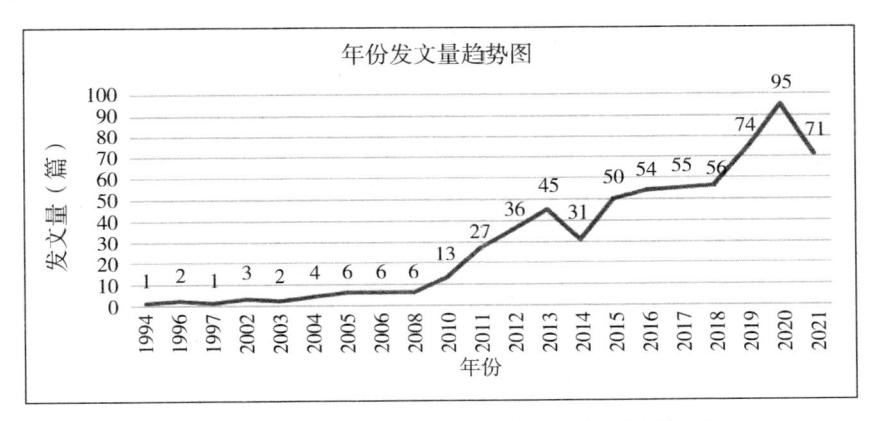

图 1-1　幼儿园教育质量 1994—2021 年发文数量趋势

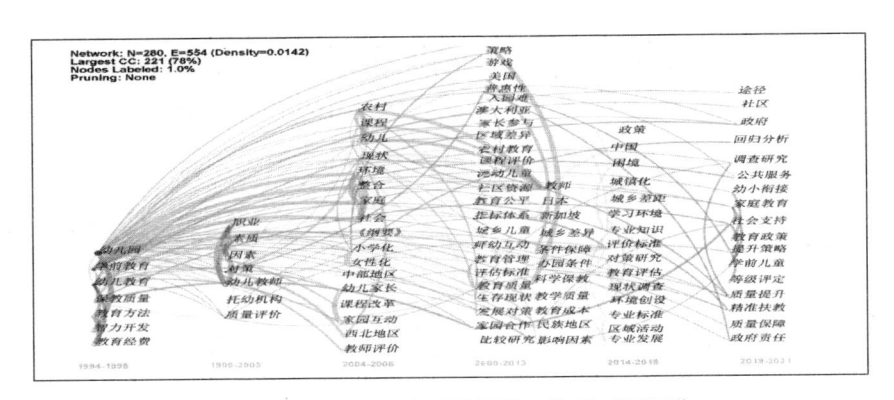

图 1-2　幼儿园教育质量关键词共现时区图谱

第一个阶段（1994—2000 年），我国正经历着社会经济的转型变化，幼儿园教育质量研究处于萌芽阶段。该阶段是我国经济、政治改革时期，幼儿园教育质量在社会市场经济体制的冲击下，相关研究较少。主要关注以经济为导向的教育经费、智力开发等幼儿园教育质量构成要素的发展。

第二个阶段（2001—2010年），幼儿园教育质量研究处于平稳增长阶段。《幼儿园教育指导纲要（试行）》的颁布，使幼儿园教育质量提升有了指导性文件依据，推进了幼儿园的融合领域教学。也使得幼儿园教育质量逐步受到人们的重视，相关研究数量呈现稳步增长的趋势。研究内容从仅关注教育质量构成要素向研究不同地区教育质量拓展，特别是县城郊区幼儿园和农村幼儿园教育质量问题得到了一定程度的关注。

第三个阶段（2011—2014年），幼儿园教育质量研究处于井喷式增长阶段。为贯彻《纲要》和《意见》，给幼教工作者科学的保育与教育予以参考和支持，提高幼儿园教育质量，促进幼儿身心整合发展。2012年10月，教育部正式颁布了《3-6岁儿童学习与发展指南》，使研究者及一线教师对幼儿园教育质量有了更深入的认知，该阶段相关研究数量快速增长。研究关键词主要为"比较研究""现状调查""农村教育""普惠性""教育公平""评估标准""保障策略""师幼互动"等，该阶段研究主要从国内外幼儿园教育质量比较研究入手，探寻我国幼儿园教育质量的构成要素、现状、评估及提升策略。

第四个阶段（2015—2022年），幼儿园教育质量研究处于深化阶段。2015年，"供给侧结构性改革"首次进入公众视野，"质量"话语引起关注。2017年，党的十九大报告指出："我国经济已由高速增长阶段转向高质量发展阶段。"随后，《中共中央国务院关于学前教育深化改革规范发展的若干意见》（2018）、《"十四五"学前教育发展提升行动计划》（2021）、《幼儿园保育教育质量评估指南》（2022）等文件被相继颁布，使得幼儿园教育质量提升和评估有了方向和体系。这一阶段的相关研究，主要关注学前教育的政府责任，重点在推动学前教育高质量发展，同时，阐释了学前教育高质量发展的必然性和重要性。

3. 幼儿园教育质量研究热点分析

（1）基于关键词共现的热点识别

本主题成果借助CiteSpace5.8软件，对数据资料开展了科学计算与可视化数据分析，在控制参数中，将时间区间设定为1994年1月至2021年12月，Time Slicing设定为5，阈值设定为TopN = 50，TopN% = 10，Node Types设定为Keyword，通过对数据资料开展数据分析，绘制出了我国幼儿园教育质量研究关键词的共现知识图谱（图1-3）。图1-3中有网络节点280个，连线554条，中心性为0.0142。可知幼儿园教育质量研究的研究主题聚集在"幼儿教育""现状""问题""对策""策略""农村""师幼互动""幼儿家长""保教质量""普惠性""教育公平""指标体系"等热点问题上。

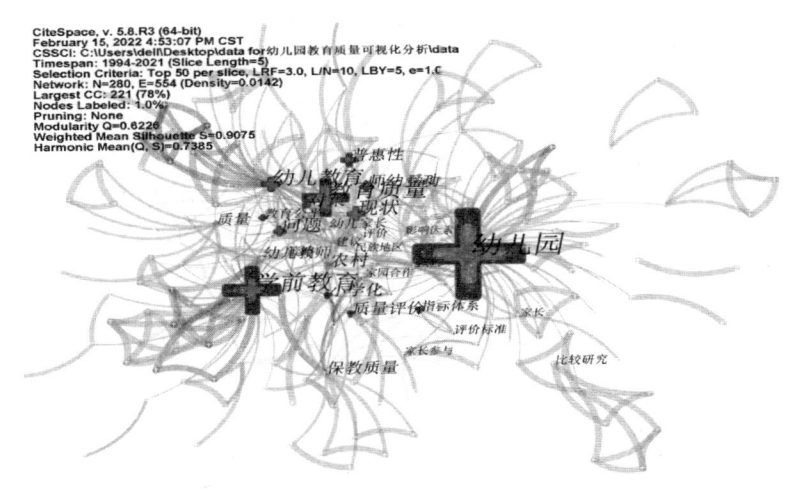

图1-3 1994—2021年幼儿园教育质量关键词共现图谱

(2) 我国幼儿园教育质量研究热点研究

①幼儿园教育质量现状

该研究热点体现了"师幼互动""普惠性""教育公平"等关键词。潘月娟、刘焱、张岩莉、胡彩云、但菲、梁美玉等学者聚焦于"幼儿园教学问题"。其中，刘焱等收集了某省20多所幼儿园教育质量的相关数据样本，探析了幼儿园物质环境、师资队伍等结构性质量与教育质量的关系。研究结果表明，在该省不同地域、不同办园体制的幼儿园，师资水平、师幼互动质量和收费标准等幼儿园结构性质量存在差异，[①] 可见"普惠性"幼儿园的覆盖程度在很大程度上调控着幼儿园的城乡差异和体制差异，影响着幼儿园的教育质量。学者张岩莉在河南省农村地区选择了19所幼儿园，研究不同层次幼儿园是否存在教育环境上的差异。结果表明，公立幼儿园比其他类别的幼儿园更具有较突出的优点，而学校附设幼儿园与私立幼儿园的教育质量普遍较低。[②] 总之，通过查阅文献发现，我国幼儿园教育质量虽有了一定提升，但仍存在整体水平不高、地区差异

---

① 潘月娟，刘焱，胡彩云. 幼儿园结构变量与教育环境质量之间的关系研究——以山西省幼儿园为例[J]. 学前教育研究，2008（4）：3-10.
② 张岩莉. 河南省不同地区农村幼儿园教育环境质量现状分析及其改进建议[J]. 学前教育研究，2012（10）：23-27.

性较大等问题。首先，在质量评估研究中，学界多聚焦于结构性，很少关注过程性。其次，从样本选择来看，学者们重视不同地区和层级幼儿园的教育质量差异，并越发重视乡镇、村落等经济较薄弱区域幼儿园。最后，提出了我国学前教育正逐渐从数量向质量发展转型，但城与乡、公与民幼儿园仍存在质量差异。

②幼儿园教育质量保障策略

该研究热点聚焦于"小学化""幼儿教师""策略"等关键词。提升质量是幼儿园教育质量研究的本质目的所在。原晋霞、王毓珣、吴仁英、张知远、李静、李锦、王伟等学者均涉足教育质量保障策略相关研究。当前主要聚焦在三个层面：一是政府及教育行政部门的战略决策；二是幼儿园层面的规划引导；三是教师、家长及幼儿层面的多主体参与。其中，学者李静、李锦、王伟等从普惠性民办幼儿园角度出发，提出从政府职责、质量监测与评估体系、教师培养和培训体系、家长和社区参与等方面提升幼儿园教育质量。① 学者石丽娜认为可以从课程建设、师资队伍建设、教育教学理论与实践创新等方面提升幼儿园教育质量②。学者原晋霞则对我国5省100所幼儿园的课程质量进行实证研究，探究不同课程类型之间课程质量存在的显著差异，因而在课程建构和实施时需充分考虑其情境性和文化性。③ 综上，学界均强调政府及教育行政部门在提升幼儿园教育质量上的作用，主张相关部门应制定和落实监管政策，完善职前、在职师资培养体系，加大财政投入。同时，从幼儿园层面出发，重视教师、家长、幼儿等主体的力量，优化教师培养方式和教学研讨方式，加强家园共育工作。使得政府、社会、教育行政部门、幼儿园、家长形成有机合力，共同推动幼儿园教育质量的提升，促进教育公平。

4. 小结

首先，研究热度与国家政策呈正相关，当国家经济发展模式转型为高质量发展时，幼儿园教育质量提升也越发受到关注，相关文献增多。2013年和2016

---

① 李静，李锦，王伟. 普惠性民办幼儿园教育质量评估与提升策略——基于对C市15所幼儿园的调查数据分析［J］. 学前教育研究，2019（12）：69-76.
② 石丽娜. 幼儿园教育质量提升策略研究——评《提高幼儿园教育质量的有效策略》［J］. 学前教育研究，2020（08）：97.
③ 原晋霞. 我国幼儿园课程质量现状探索与提升建议［J］. 学前教育研究，2021（1）：43-56.

年，幼儿园教育质量相关文献数量出现了两个小高峰，随后有所下降。从文献作者和机构的可视化图谱可看出，研究者多为高校人员，研究者之间合作程度较低，研究机构之间尚未形成中心性较强的研究群体。

其次，从幼儿园教育质量的研究热点和前沿热点看，我国近年在该领域研究的主题聚焦于普惠性、质量评价、评价标准和质量保障。这都是幼儿园教育高质量发展中亟待解决的问题，也是提升教学质量的突破口。着力发展普惠性幼儿园，发挥地方政府主导作用，形成遍及城乡、布局合理、健康公益普惠性的学前教育公共服务系统，成为未来幼儿园教育提升教学质量努力的方向。

最后，提升我国幼儿园教育质量仍面临着许多机遇和挑战。在乡村振兴背景下，农村幼儿园教育高质量发展成为乡村振兴的重要组成部分，是推动幼儿园高质量发展的机遇。同时，幼儿园教育质量提升的过程中将遇到诸多困境，譬如，政府政策改革、幼儿园教育资源配置、师资培养机制、教师队伍建设等。因此，加强国家对学前教育质量提升的顶层设计，既要着眼于当前幼儿园教育质量提升的需要，也要顾及教育的效率与公平的内在价值追求。

（二）定性分析：近年来乡镇中心幼儿园教育质量相关文献综述

《国务院关于当前发展学前教育的若干意见》和《国家中长期教育改革和发展规划纲要（2010—2020年）》等文件相继颁布，均特别强调要把"加快发展农村学前教育"作为工作重点，以保障农村幼儿接受基本的、公平的、有质量的学前教育，至此，人们逐渐聚焦于"学前教育质量"上来，"乡镇中心幼儿园"作为乡村学前教育之"中心"，其质量提升可较好地反映出所辖乡村幼儿园的整体教育质量。近年来，对"乡镇中心幼儿园教育质量"的相关研究逐渐增多，主要集中在以下两个方面：

1. 幼儿园教育质量的相关研究

20世纪末以来，质量提升已逐渐成为国际幼儿教育领域重要的研究主题，涌现出大量的相关研究成果。2010年后，质量提升逐渐成为我国学前教育研究的重要领域，相关论著逐年增多，学者刘焱、刘占兰、李季湄、杨晓萍、周兢、黄晓婷、钱雨、陈学锋、鄢超云、胡惠闵、王坚红、高峡、姚伟等，从不同视角先后开展了幼儿园教育质量研究。

（1）幼儿园教育质量与幼儿发展关系

韦卡特（D. Weikart）等经过长期跟踪研究发现，高质量幼儿园教育对幼儿未来发展有着重要的促进意义。在幼儿园教育质量要素中，教师是幼儿园教育质量提升关键要素。幼儿园的环境质量和人际互动质量对幼儿语言发展影响最大。侯松燕认为，对幼儿智力水平具有显著影响的因素主要在于幼儿园"过程性教育质量"，而非"结构性教育质量"，多潜伏于幼儿期，随着幼儿年龄增长，这种影响逐渐得以显现。也有研究证实，幼儿园物理环境与心理环境也会对幼儿未来学业产生不同程度的影响。① 但也有学者认为，由于人自身的复杂性，幼儿发展的自变量极为复杂，包括遗传因素、家庭环境、社会环境等，幼儿园教育仅是其中一个重要维度，建议综合考量，② 才能靠近事实真相。

(2) 幼儿园教育质量的影响因素

在国内外相关文献中，关于幼儿园教育质量影响因素的研究较为丰富。这些影响因素主要包括父母参与，核心看护人员素质，家庭保教人员的知识、技能和自信心，教师资格与专业发展，等等。极有趣的是，还有学者提出影响幼儿园教育质量评价中的"幸福"维度，并提出如何促进孩童在学前保教活动中提升幸福感，继而激发孩童全面发挥潜能。

(3) 幼儿园教育质量评价指标体系

早在1913年就诞生了国际幼儿园工会，其主要目的就是评估幼儿园教育质量，并根据结果为人们推荐高质量的学前教育。但在那时，质量评价是以某教育家的思想为评判标准。随着人们对学前教育质量的持续追求，以及各国对学前教育事业的重视，国内外对幼儿园教育质量评价指标体系相关研究逐渐增多。20世纪60年代，幼儿园教育质量评价逐渐以实证研究为依据。20世纪90年代，学者们通过不同视角的实证调查对幼儿园教育质量做出界定，高质量的标准是能够为儿童提供安全舒适的教育环境。国内有学者认为幼儿园教育质量标准由两大类要素构成，一是结构性要素，指那些可具体规范和控制的变量；二是过程性要素，指那些与儿童的生活和学习经验有更直接联系的变量。针对这两大类要素，有学者在研究中强调学前教育质量性质的主观性、相对性和背景性，认为"质量"是一个哲学术语，而不是技术术语，它不能被当作客观的、明确的、可归纳为结构或过程上的若干特征。学者苏贵民主张在特定的历史背景中

---

① 侯松燕. 幼儿园教育过程性质量与在园幼儿智力水平的关系研究——基于浙江省178个班级1012名幼儿的测量研究 [D]. 金华：浙江师范大学，2013.
② 侯松燕. 幼儿教师的教育质量观念与幼儿园教育质量的关系研究——基于浙江省部分地区的调查 [D]. 金华：浙江师范大学，2014 (3).

建构质量的内涵,在多元整合中界定学前教育质量内涵。①

2. 乡镇中心幼儿园的相关研究

相对而言,乡镇中心幼儿园的相关研究成果较少,仅有的成果多集中于开展各省域宏观调查研究,以"硕士学位论文"为最,该类研究所涉及的内容较为繁杂,主要包括乡镇中心幼儿园的作用、发展困境及其应对策略等方面,几乎面面俱到,但不够深入,以致成果发表层次相对较低。

(1) 乡镇中心幼儿园的作用

顾名思义,乡镇中心幼儿园既是"乡镇幼儿园",又是"中心幼儿园"。其对内作用在于"幼儿园",即促进幼儿全面和谐发展;对外作用在于"中心",即辐射、引领、指导、管理与监督等。早在1997年7月,为促进幼儿教育事业的发展与当地经济和社会发展以及普及九年义务教育相协调,教育部便颁布了《全国幼儿教育事业"九五"发展目标实施意见》(教基〔1997〕12号)。该文件明确指出,"要加强农村幼儿教育的管理,省(自治区、直辖市)应根据国家的方针、政策制定农村事业发展规划,定期检查、指导并注意发挥县示范幼儿园的示范作用。乡(镇)应努力办好中心幼儿园并充分发挥中心园的示范、辐射以及对村办园(班)的指导和管理作用"。研究者们(鄢超云、彭俊英、林静、王晓芬、李兵、许艳玲、唐荷花)纷纷就此展开研究。研究者们普遍认为,发挥乡镇中心幼儿园的示范带头作用是农村学前教育获得均衡发展的重要途径,甚至有学者认为,乡镇中心幼儿园应该成为农村幼儿教育的资源和信息中心、示范中心、师资培训中心、教学科研中心和家庭、社区幼儿教育指导中心等。②

(2) 乡镇中心幼儿园的发展困境

尽管"乡镇中心幼儿园"这一概念最早出现于1983年9月教育部公布的《关于发展农村幼儿教育的几点意见》(〔83〕教初字011号),随后分别于1997年、2000年出台与之相关的政策,但是由于各种原因,"乡镇中心幼儿园"并没有得到很好的发展,而其迅速得以发展的政策动力还是国务院于2010年11月印发的《国务院关于当前发展学前教育的若干意见》(国发〔2010〕41号)。乡镇中心幼儿园发展速度快、数量大,但问题丛生。学者鄢超云、彭俊英、林

---

① 苏贵民,徐宇. 界定早期教育质量必须考虑的三个维度[J]. 学前教育研究,2010(9):22-25.
② 林静. 湖南N县乡镇中心幼儿园建设现状研究[D]. 长沙:湖南师范大学,2010.

静、王晓芬、张地容、杨焕南等,纷纷开展了乡镇中心幼儿园发展问题调查研究。其中,问题多聚焦于经费投入不足、监管不严、师资数量少质量差、示范作用低等。

(3) 乡镇中心幼儿园的发展策略

针对乡镇中心幼儿园发展存在的问题,学者鄢超云、彭俊英、林静、王晓芬、李兵、许艳玲、周敏芬等纷纷提出相应的发展对策。从国家层面上,学者们多认为,应适时制定相应法律,强化管理创新,制定基本制度评价标准,强化政府责任,增加经费投入占比,等等从幼儿园层面上,学界则认为,乡镇中心幼儿园应该结合乡村资源开发园本课程,特色培育乡村儿童,同时,还需要加强幼儿园规范管理,强化幼儿园自身作为"家长学校"的功能,主动引导与构建"园家共育体系",协同促进幼儿全面和谐发展。

综上所述,从定量知识图谱及定性文献综述看,以上的两类相关研究对有关部门的农村学前教育政策制定与调整有着积极的影响,为贵州乡镇中心幼儿园教育质量的后续相关研究及教育实践提供借鉴。其中仍存在一定的研究空间,期待学者们进一步探究。

首先,在幼儿园教育质量研究方面。现有研究虽均论及现状、标准、督导等问题,但大多聚焦在幼儿园教育质量评估指标构建及测评工具设计上,而且多是借鉴国外评估指标及测评技术,开展"中国化"改造的研究与实践,鲜有基于区域、民族、文化等适宜性研究与实践,其中微观研究更少。

其次,在乡镇中心幼儿园研究方面。现有研究重点在宏观调查乡镇中心幼儿园普及与其存在发展困境上,强调政府责任主体、教育环境配置、师资队伍数量和质量等,乡镇中心幼儿园教育的问题几乎按"城市"尺度框定得之,且大同小异。而鲜见基于"三农"这一场域的独有文化模式开展乡镇中心幼儿园教育基本要素的较为全面的研究。同时,现有研究多集中于乡镇中心幼儿园的"内部质量"研究,即对乡镇中心幼儿园教育"结构性质量"和"过程性质量"研究,而"外部质量"研究,即"功能性质量"研究甚少,尤其是内部质量与外部质量联动发展的相关研究更少。

总之,现有乡镇中心幼儿园相关研究多关注数量普及与相关问题,借以确保农村儿童学前教育的底线公平,而对作为另一学前教育公平的表达——幼儿园教育质量的研究较少,现有研究多关注宏观的显性质量标准,鲜有从微观视角对乡镇中心幼儿园隐性质量展开探究。此外,除"内部质量"(结构性质量和过程性质量）外，乡镇中心幼儿园教育质量也应包括"中心"的质量，即"外部质量"（功能性质量）这两点是本研究的主要切入点。

五、研究设计

（一）研究对象

本著作的研究对象为贵州省乡镇中心幼儿园，重点聚焦于其教育质量。2021年，全国学前三年毛入园率已达88.1%，贵州省学前三年毛入园率达91.4%，基本建成广覆盖、保基本、兜底线的学前教育体系，正向有质量的学前教育公共服务体系迈进。"入园难、入园贵"的问题基本得以解决，但其发展速度快、数量大，问题与矛盾较为集中。

本著作主要选取贵州省240所乡镇中心幼儿园（涵盖了全省各个地州市）作为宏观调查对象，其中，省级示范性幼儿园（三类）2所、市级（州级）幼儿园36所、县级（区级）示范幼儿园145所、无等级幼儿园57所，占比分别为0.83%、15.00%、60.42%、23.75%，详情见表1-1。从整体上了解贵州乡镇中心幼儿园质量发展现状、困境与制约变量，并从中选取有代表性的76个乡镇中心幼儿园为中观调查对象（将特殊的、不具代表性的个案幼儿园予以剔除，如2所省级三类示范性幼儿园），详情见表1-2。除此之外，我们分别到12所农村幼儿园、2所乡镇私立幼儿园、3所小学附属幼儿园展开现场调研，考察了他们办园的现状，访谈了教师们对"中心园"示范引领成效的看法，以此反观乡镇中心幼儿园教育的"功能性质量"。最后，我们重点在黔东南州、黔南州、毕节市选取3所乡镇中心幼儿园为田野点，深入开展微观的民族志考察，并分别以"区域物质环境创设""劳动教育""食育"三个主题为核心，进行微观的乡镇中心幼儿园"质量提升"实践探索，"在实践中研究，在研究中实践"。

表1-1 宏观调查的乡镇中心幼儿园分布情况表

幼儿园示范性等级	小计	比例（%）	备注
县级（区级）	145	60.42%	
市级（州级）	36	15.00%	
省级（三类）	2	0.83%	
省级（二类）	0	0.00%	

续表

幼儿园示范性等级	小计	比例（%）	备注
省级（一类）	0	0.00%	
无等级	57	23.75%	
合计	240	100%	

表 1-2　中观调查的乡镇中心幼儿园分布情况表

幼儿园示范性等级	小计	比例（%）	备注
县级（区级）	46	60.53%	
市级（州级）	9	11.84%	
省级（三类）	0	0.00%	
省级（二类）	0	0.00%	
省级（一类）	0	0.00%	
无等级	21	27.63%	
合计	76	100%	

（二）研究内容

1. 历史考察：中国乡镇中心幼儿园的源与流及其贵州实践

对我国乡镇中心幼儿园发展的历史进行考察。基于各级部门的政策文本、文献资料，考察我国乡镇中心幼儿园的发展历程，为贵州乡镇中心幼儿园发展找寻"中国时空坐标"，继而考察贵州省乡镇中心幼儿园的发展简况，为贵州乡镇中心幼儿园未来发展提供历史支点。

2. 宏观调查：贵州乡镇中心幼儿园教育质量发展现状、困境与对策

（1）贵州乡镇中心幼儿园的发展现状。首先，通过检索与分析相关文献，进一步考察贵州乡镇中心幼儿园的发展脉络。然后，采用文献法、问卷法和访谈法，从总体状态、抽样情况、个案状况这三个层面呈现贵州乡镇中心幼儿园的现状，从结构性质量、过程性质量、功能性质量等三个维度全方位呈现乡镇中心幼儿园教育的质量图景。

（2）贵州乡镇中心幼儿园教育质量的现实困境。通过问卷法、访谈法和个案法，分析探寻贵州乡镇中心幼儿园发展的现实困境，重点考察其教育质量存

在的显性与隐性问题。主要以"教育者""学习者""教育措施"等三个要素及它们之间的关系为框架，探究问题生成的内在影响变量。

（3）贵州乡镇中心幼儿园教育质量提升的对策与建议。首先，探讨乡镇中心幼儿园教育质量的价值取向。其次，分析贵州乡镇中心幼儿园教育质量提升的构成要素，尤其是乡镇中心幼儿园教育质量提升各要素的联动关系。最后，基于贵州省农村文化适宜性，尝试提出贵州乡镇中心幼儿园教育质量提升对策。

3. 田野实践：贵州三所乡镇中心幼儿园教育质量提升探索

（1）基于儿童视角的乡镇中心幼儿园中班区域物质环境。人对环境具有极强的依赖性，尤其是儿童。因此，幼儿园环境是儿童"身心保育"的不可替代资源，幼儿园环境创设及其教育性挖掘，成为贵州乡镇中心幼儿园质量提升的基础性要件。因此，该部分运用马赛克研究方法，倾听幼儿的声音，分析"儿童眼中"与"教师眼中"的环境创设的价值差异，以一个贵州乡镇中心幼儿园中班为案例，以幼儿"乡村生活环境"为基点，创设中班区域物质环境，引导乡村幼儿充分享用教育资源，旨在将幼儿带入更广阔的人文世界。

（2）乡镇中心幼儿园劳动教育课程构建与实践研究。劳动是人类的生存方式，劳动是儿童从自然世界迈向人文世界的驱动力之一。提升乡镇中心幼儿园质量，"劳动教育"是一种非常重要的实现方式。该部分采用民族志法，深入考察某乡镇中心幼儿园所属乡镇的劳动教育资源，走进村落、幼儿园两个乡村幼儿成长场域，尝试融入村民、教师、幼儿三个群体，与他们共同参与劳动、体验劳动、反思劳动。借此明确该园劳动教育课程定位，设计劳动教育课程目标、内容，在课程实施中发现问题，探寻其内在逻辑，由此尝试提出几点对策与建议。

（3）乡镇中心幼儿园"食育"主题活动设计与实践研究。"食"是人类存续的生理能源，也是人类一切社会活动的"中心"，换言之，"食"是人的自然现象，也是人的社会现象。基于此，该主题以"活教育"理论为基础，以"食"为核心，对贵州某乡镇中心幼儿园所属乡镇进行田野考察，透视这一教育空间中的食育资源。鉴于此，该部分基于"食育"主题的活动目的，选定了"土豆总动员""营养设计师""趣味端午节"三个分主题，分别从来源、目标、内容进行设计，以教学活动、区域活动、环境创设、家园共育等形式实施，由此尝试提出对策与建议。

（三）研究方法

根据研究内容需要，本研究首先运用民族志研究方法及其相关理论为指导，尽力以"主位"视角，走进教师、幼儿、家长三个群体，透视村落、幼儿园场域的各种教育关系。同时，本研究还运用了马赛克法这一综合性极强的儿童研究方法，旨在激发乡村幼儿充分表达自身观点，尽可能多截取儿童日常生活的细小碎片，继而汇总和组合，努力还原更鲜活、更立体、更丰富的"儿童"图像。此外，本研究结合传统研究方法协同开展研究，具体运用以下几种方法：

1. 文献法。主要用以梳理现有相关研究成果，了解本研究现状与研究趋势。尤其是通过文献检索，考察中国乡镇中心幼儿园的源与流，为提升贵州乡镇中心幼儿园教育质量寻找支点。对相关文献的整理分析主要沿着"乡镇中心幼儿园"和"幼儿园教育质量"两条主线索展开，研究成果主要体现在"定量的知识图谱分析"和"定性的相关文献综述"两个部分。

2. 问卷法。本研究采用问卷法，重点调查贵州乡镇中心幼儿园的发展现状及其现实困境，主要针对乡镇中心幼儿园的园长及其教师自编调查问卷。根据研究需要，该问卷由结构性问卷与半结构性问卷组成，问卷内容主要包括"结构性质量""过程性质量""功能性质量"三大部分。通过问卷调查信息统计与分析，从宏观上了解贵州乡镇中心幼儿园教育质量现实状况，发展困境及其内在影响变量，了解这些相关主体对当前贵州乡镇中心幼儿园教育质量提升提出意见和建议。

3. 访谈法。本研究运用访谈法旨在收集关于当前贵州乡镇中心幼儿园教育质量的质性信息，访谈对象主要为贵州乡镇中心幼儿园利益相关者等，包括相关教育行政人员、幼儿园园长及教师（包括乡村私立幼儿园、乡镇非中心幼儿园、村级幼儿园、小学附属幼儿教学点等的负责人及教师）、幼儿家长等，以此了解其对教育质量以及如何提升教育质量的意见和看法。本研究采用两类访谈法：一是半非结构性访谈，主要用于宏观研究中，可以较有效地了解乡镇中心幼儿园质量提升实践中园长、教师和家长的观点与态度。二是深度访谈，它是一种无结构、无直接目、一对一的访谈形式，主要用于微观主题实践研究，深度考察相关主体对贵州乡镇中心幼儿园质量提升的观点与态度，以及乡镇中心幼儿园的"中心"功能发挥情况。

4. 观察法。本研究大量采用观察法收集信息，在宏观研究部分，主要运用非参与观察法较快地收集了幼儿游戏活动、教师教育活动相关资料；在微观实践部分，主要运用参与观察法，本研究选取三所乡镇中心幼儿园为田野点，开展了三个主题实践研究，在幼儿园教育生活这一自然情境下参与观察，获得了大量意想不到的信息，这是访谈与问卷都难以做到的。通过参与观察，本研究收集到了学前儿童"后台生活"的真实信息，收集了幼儿父母真实的日常学前教育行为，以及幼儿教师的真实教育行为。

第二部分　历史考察：中国乡镇中心幼儿园的源流及贵州实践

我国现代学校的流布是自上而下的。"皇权止于县政"，更多依附政治力量而生的学校教育也多止于"县政"，广阔的农村区域无力自主生产现代学校，以致长期处于学校教育的"真空地带"。由于幼儿教育的潜隐性、滞后性和生活性等特质，它几乎是最后被公众普遍认可与推行的学段。农村教育是教育系统中最薄弱的部分，幼儿园教育则是我国学校制度中最薄弱的环节，两者纵横叠加，使我国农村学前教育长期处于整个教育系统的"最短板"。

《国家中长期教育改革和发展规划纲要（2010—2020年）》（简称《规划纲要》）和《国务院关于当前发展学前教育的若干意见》（简称《意见》）两个重要文件相继颁布，均提出"重点向农村地区倾斜"，以"补短板"，农村学前教育快速发展，乡镇中心幼儿园也由此得以重建、扩建与增建，全国乡镇中心幼儿园迈出了高速发展的步伐。

乡镇中心幼儿园作为农村学前教育的窗口，承担着示范引领整个乡镇学前教育事业发展的重任。改革开放40多年以来，乡镇中心幼儿园在我国学前教育事业发展浪潮中逐步崭露头角、蓬勃发展，先后经历了缓慢发展（1949—1977年）、恢复重建（1978—2000年）、规范发展（2001—2009年）、稳步发展（2010—2019年）和高质量发展（2020年至今）等五个发展阶段，正在兑现着人们对学前教育美好的期待。

而贵州，地处我国西南内陆地区腹地，属全国唯一既不沿海，也不沿边，又不沿江的"三不沿"省份，特殊的地理环境严重制约了贵州的政治、经济和文化的发展，也内在地制约着贵州教育事业的发展步伐，农村幼儿教育更是难入公众之视野，发展更为滞后。随着《规划纲要》和《意见》相继颁布，贵州省相应颁布了《贵州中长期教育改革与发展规划纲要（2010—2020年）》和《贵州省人民政府关于加快发展学前教育的实施意见》(黔府发〔2011〕5号)两个重要文件,均提出了重点发展农村学前教育,使长期处于真空状态的贵州农村学前教育迎来"真正"的春天,至此,贵州省农村学前教育借助国家政策之"东风"得以"跨越式"发展,近年来,多个"学前"数据已赶超了全国平均水平,彰显出贵州各级政府对发展农村学前教育的信心与决心。

  鉴于乡镇中心幼儿园自身的"中心"价值与使命,其受到贵州各级教育部门的高度重视,甚至得以优先发展,以实现其示范引领的价值。因此,贵州乡镇中心幼儿园从初步孕育(1949—1977年)、逐渐萌芽(1978—2009年)、迅速普及(2010—2015年),规范发展(2016—2019年),扩容提质(2020年至今)等阶段依次推进,持续向好。

  我们坚信,随着国家对农村学前教育的日益重视,贵州乡镇中心幼儿园将跟随贵州磅礴的经济及学前教育事业发展浪潮,以自身的独特底层力量支持着贵州在新时代西部大开发上"闯新路",在乡村振兴上"开新局",在实施数字经济战略上"抢新机",在生态文明建设上"出新绩"。

第一章　中国乡镇中心幼儿园的源与流

作为一种外置机构，我国现代学校的流布是自上而下的。"皇权止于县政"，国家现代学制的全国推行力量，只有县城及周边地区可以微弱的感受到，乡镇社区是学校发展系列的最末端（底层），几乎全然不知。在漫长的中国教育发展进程中，乡镇社区始终依附着县城这一微弱的"机体"以感受其脉动。[①]

由于历史与现实复杂因素，以及学前教育自身的潜隐性、滞后性和生活性等内在禀赋，它几乎是最后一个被人们普遍认知、认同与推行的学段。学前教育是学校教育体系的薄弱环节，而农村教育是学校教育体系的薄弱部分，两者纵横叠加，使我国农村学前教育长期处于整个教育系统的"最短板"，甚至处于"空白"状态，内在地制约着我国教育系统的健康发展。正因为如此，2010年后几乎所有国家相关的学前教育政策，无一例外地提出"重点向农村地区倾斜"，以"补短板"。

乡镇中心幼儿园作为农村学前教育的主窗口，承担着示范引领整个乡镇学前教育事业发展的重任。改革开放40多年以来，"乡镇中心幼儿园"在我国学前教育事业发展浪潮中也逐步崭露头角、蓬勃发展，先后经历了缓慢发展（1949—1977年）、恢复重建（1977—2000年）、规范发展（2001—2009年）、稳步发展（2010—2019年）和高质量发展（2020年至今）等五个发展阶段。

一、缓慢发展（1949—1977年）

1949年，新中国成立后，我国开始了一系列社会主义改造，计划到1956年从新民主主义社会过渡到社会主义社会，因此党的工作重心从1949年前的革命战争转变为生产建设。1949—1956年，我国进行了"一化三改"，农村土地改革，使得农村妇女开始脱离带孩子的主要工作，从事生产劳动，可见社会主义

[①] 王国超. 民族村落社区教育发展机制研究——一项家乡人类学考察 [M]. 北京：光明日报出版社，2022：78.

改造的要求和任务在极大程度上促进了农村各级托幼机构的产生。1949年12月，教育部召开第一次全国教育工作会议。其一，会议强调教育的目的和最终意义是以国家发展为导向的，是助推国家建设的重要支点，基于我国自古以来都是农业大国的历史背景，所以教育必须倾向工农阶级，向工农开放。其二，会议指出新时期教育的建设要结合老经验和新经验、国内经验和国外经验，吸纳以往教育的有益经验和革命老根据地的新经验，基于我国教育经验，以苏为鉴，建设新教育，具体而言，在幼儿园课程安排上，主要采纳革命根据地和陈鹤琴先生创设的识字、画画、音乐、游戏、尝试、故事等教学方式。但在借鉴苏联教育经验的同时，"幼儿园课程"的概念和教学方式也逐渐被"作业"的标准化和规则化替代，幼儿园领域的"分科教学"模式逐渐兴起。1952年7月，《幼儿园暂行规程草案》明确指出该时期幼儿园的功能和任务是：在新民主主义时期，按照其规定的教育方针对幼儿进行教育，保障其身心的健康发展，为进入小学做好准备；与此同时，为幼儿的母亲提供更多的发展空间，减轻母亲负担，使其能够走出家门，参与政治、生产、文化等社会生活。此后，全国幼儿园从0.13万所增加到0.65万所。1956年，教育部联合卫生部、内务部又发布了《关于托儿所、幼儿园几个问题联合的通知》，对学前教育发展情况进行总结与反思的同时，指出可采用多种办法创办幼儿园，并提倡农业生产合作社举办季节性托儿所和幼儿园。季节性农忙托幼组织的试办彰显了中国共产党对基层教育治理的成功实践，亦是对农村妇女解放的表现形式。"一化三改"基本完成后，中国面对当时东西方冷战的国际局势，产生了进一步进行经济建设的紧迫感，认为要想"超英赶美"，就不能循规蹈矩地进行经济发展，需要打破常规经济速度和发展方式。因此，在国际因素、主观因素和体制因素等多方面因素的推动下，我国发动了"大跃进"和"人民公社化"运动。随着农业生产的"大跃进式"发展，扫除文盲、普及教育的"文化大革命"已经成为社会发展的迫切需求，当时认为应反对右倾主义思想，大力发展农村教育。1958年9月，中共中央在《关于教育工作的指示》中提出一个新的教育方针："党的教育工作方针，是教育要为无产阶级的政治服务，教育要与生产劳动相结合，要求尽量把一些生产劳动都纳入到正式的学校教育课程中，为了实现这个方针，教育工作必须由党来领导"，在该教育方针的领导下，基础教育学段学生展开了"耕读"形式的教育活动，直接参与生产劳动，而高等教育学段则建立了以课堂教育和科学研究为主，生产劳动为辅的"三结合"的教学体制。"教劳结合"是当时中国经济建设的基本要求，亦是培养全面发展人才的唯一方式。1958年，在"大跃进"和"人民公社化"的历史背景下，农村地区大量妇女走出家门参加生产劳动，在儿童无人看管的情况下，在"左倾"方针的贯彻落实下，各类托幼机构脱离实际地在农村地区失控式增长，农村学前教育成为政治任务的工具，严重影响了其质量的发展。该时期的幼儿园建设是脱离实际和盲目跟风的，1961年，由于资金短缺、教学资源匮乏等原因，在"大跃进"时期建立起来的农村幼儿园接连关闭，幼儿园数量迅速下滑。同年，党中央针对"大跃进"和"人民公社化"，提出对国民经济进行整改的"调整、巩固、充实、提高"八字方针。在这一方针的指引下，农村学前教育发展逐步恢复。但在1966—1976年，爆发了"文化大革命"，教育与生产劳动相结合的"教劳结合"教育方针在理论和实践层面都出现了偏差，正式的学校教育基本被生产劳动所替代，教育与生产劳动相结合成了政治阶级斗争的武器和工具，先前基础教育和高等教育阶段一些行之有效的教劳结合方法和途径被取代，幼儿园被诬蔑为"修正主义育苗的场所"，幼儿教师被称为"修正主义的扶持者"，幼儿园设施、玩具被称为"修正主义黑货"。该时期农村学前教育发展再一次受到重创。

二、恢复重建（1978—2000年）

新中国成立后，我国先后进行了土地改革运动、整风运动、"大跃进"运动、"人民公社化"运动、反右倾斗争，学前教育事业也在各类斗争中缓慢发展。直至1966—1976年，在"文化大革命"长期以"阶级斗争"和"政治斗争"为纲的宏观背景下，学前教育事业发展一度被搁置，致使其在长期缺乏宏观政策指导的情况下遭受了严重挫折。

20世纪70年代至20世纪80年代初，国际形势纷繁复杂，仍旧十分严峻，但短时间内不会爆发大范围的世界战争。1978年12月，党的十一届三中全会召开标志着我国进入了改革开放和社会主义建设的新时期。我国在此期间在农村地区推行了农村土地家庭联产承包责任制，这一举措对乡村社会来说是一次巨大变革，改变了农村经济发展的方式。改革开放后，党的工作重心从"阶级斗争"向"经济建设"转移，随着市场经济兴起、全球化的影响，托幼机构形式更为多元，乡村民众的思想得到一定程度的解放，为学前教育发展提供了良好的社会环境。在"科教兴国"的战略方针下，1978年，教育部恢复了幼教特教处，从此学前教育发展重新有了政策支持保障。1979年，教育部、卫生部等13

个部门联合开展了全国托幼会议,指出应当重视学前阶段婴幼儿的保育教育工作,培养德智体全面发展的新一代,是国家发展和民族兴旺的根本之策,必须加强托幼事业的发展,提升托幼机构保教人员的政治觉悟和教育教学素养,保障其福利待遇并提升其社会地位,至此我国各城乡学前教育事业得以恢复重建。① 1979 年,全国幼儿园有 16.65 万所、在园幼儿达 879.23 万人、教职工达 53.27 万人,与 1965 年相比分别增长了 8.7 倍、5.1 倍、3.29 倍。② 在恢复重建学前教育事业一年后,迎来了幼儿园、幼儿人数、教职工人数的倍数增长,表明我国学前教育重建发展效果显著。

由于我国一直以来都是农业大国,改革开放初期,总人数一半以上为农业人口,所以发展学前教育事业需特别重视农村学前教育这一最为薄弱的环节。因此,1979 年全国托幼会议后,中共中央、国务院转发了《全国托幼工作会议纪要》,重申学前教育在国家发展和民族前途中的重要价值,肯定保教人员在学前教育质量发展中的重要作用,并结合农村学前教育发展现状,针对托幼机构类型、保教队伍建设及教师待遇等方面做出了工作指示。如"要根据农村经济发展水平和农业生产需要丰富农村托幼机构类型,建立农忙托幼组织""要恢复和重建各级各类师范院校学前教育专业,为农村托幼事业发展提供又红又专的优质师资""积极保障农村托幼社队园保教人员的福利待遇,使其待遇相当于同等劳动力报酬,通过培训考核的保教人员可高于同等待遇"等。③ 农村学前教育在托幼机构类型调整、保教队伍建设及教师待遇方面的规范推进了农村学前教育的重建与恢复。1982 年,中苏关系缓和,两国针对外交正常化等问题进行商榷,国际形势的缓和也为我国学前教育事业的发展提供了相对宽松的国际环境,农村幼儿园数量、幼儿人数和教师人数快速增长。据统计,1982 年,全国县镇、农村入园幼儿为 881 万人,占全国入园幼儿总数的 79.2%,与 1978 年相比增长了 35.7%。④ 全国县镇、农村幼儿教师已达 30 余万人,高中及初中学历

---

① 中国学前教育研究会. 中华人民共和国幼儿教育重要文献汇编 [M]. 北京:北京师范大学出版社,1999:114.
② 梁慧娟. 改革开放 40 年我国学前教育事业发展的回望与前瞻 [J]. 学前教育研究,2019(1):9-21.
③ 中国学前教育研究会. 中华人民共和国幼儿教育重要文献汇编 [M]. 北京:北京师范大学出版社,1999:196.
④ 中国学前教育研究会. 中华人民共和国幼儿教育重要文献汇编 [M]. 北京:北京师范大学出版社,1999:260.

的教师数量逐步增加，使得保教队伍的质量有所提升。为切实改善农村学前教育质量，随着农村经济建设的迅速发展，多种农业生产制度的逐步建立，农业经济由原来的传统经济发展模式向现代化农业经济发展模式转变，使得广大农民群众迫切需要现代化的、先进的科学文化知识，由此国家对农村教育提出新的方针政策。1983年5月，中共中央、国务院在《关于加强和改革农村学校教育若干问题的通知》中明确提出了"积极发展幼儿教育"的要求，并强调农村与城市的社会背景、经济发展和文化程度具有较大差别，农村教育必须从农村实际出发，因地制宜、实事求是地发展适宜农村生产、生活需要的教育。为落实中共中央、国务院相关教育政策及教育部等13个部门召开的全国托幼会议的精神，同年9月教育部专门颁布了《关于发展农村幼儿教育的几点意见》（以下简称《意见》），这是新中国成立以来首次颁布专门针对农村学前教育发展的政策文件。《意见》从"有规划建设农村幼儿园""建立合格优质的农村幼儿园师资队伍""提高保教质量""两条腿走路""多渠道筹集办园资金""加强农村幼儿园领导和管理工作"等方面对农村学前教育的发展做出了具体的工作指示。其中，集中强调了农村幼儿在幼儿园接受教育对顺利升入小学和小学教育教学质量提升的重要价值和功能，以及对农村经济发展及贯彻相关基本国策等方面的底层奠基作用，并首次提出要分期分批地办好公社（乡）中心幼儿园，使其成为农村幼儿园的骨干和教学研究基地，起到以点带面的作用。此时，公社（乡）中心幼儿园的提出第一次定位了中心幼儿园在农村学前教育中的基本功能和价值。当时的公社（乡）中心幼儿园和后期发展起来的乡镇中心幼儿园既有区别又有联系。两者的相同之处在于都以"农村学前教育中心点"的形式存在，辐射引领周边村级幼儿园的教育教学发展；不同之处在于两者依托的组织不同，公社（乡）中心幼儿园主要依托政社合一的人民公社而存在，而乡镇中心幼儿园则主要依托政社分离的乡镇政府进行发展。但由于资金的"匮乏"、管理机制的"缺陷"、优质师资的"缺乏"、家庭教育的"缺位"等多重因素导致该政策落地"失灵"，人民公社并未较好地发挥其在建立公社（乡）中心幼儿园方面的重要作用。以公社（乡）中心幼儿园为核心的农村学前教育体系并未建设实施，而农村学前教育主体在实际落地时则被"小学附设一年的托幼组织"或"单设小学前一年的托幼组织"的特殊学前教育形式——"学前班"所取代，"学前班"的学前教育年限和教学形式都较为符合当时农村经济和教育现状。

1986年，国家教委颁布了《国家教育委员会关于进一步办好幼儿学前班的意见》，在该《意见》中指出随着改革开放逐步深入，我国的经济体制和教育体制得以发展，促进了各级各类托幼机构的建立，其中，农村地区的幼儿学前班发展极为迅速，为生活教育资源较为匮乏的农村幼儿提供了顺利进入小学的知识准备。[1] 20世纪80年代至21世纪初，在国家政策的引领下，学界纷纷对"学前班"这一长期占据农村学前教育主体地位的托幼组织进行了研究。首先，学者们探究了"学前班"产生的原因。有的学者认为"学前班"的产生与所处的地理位置、经济条件、文化观念息息相关，在许多贫困山区，由于上述客观因素导致当地的学前教育发展滞后，是学前班产生的重要原因之一。[2] 还有学者认为"学前班"在我国实行"家庭联产承包责任制"的背景下应运而生，随着农业经济的发展，妇女需走出家门参加劳动，迫切要求送学龄前子女接受教育，加之农村各方面条件的限制，无法开办如同城镇幼儿园一般的托幼机构，所以在农村地区出现了既能满足广大农民送子女入学的要求，又能契合以农村实际状况的"学前班"为主体的学前教育机构。[3] 其次，学者们对学前班内涵进行了研究。"学前班"主要针对学龄前5~6岁儿童进行教育，目的是培养其学习兴趣、学习能力和社会适应能力等，为其顺利进入小学进行准备教育。[4] 将"学前班"界定为在未普及幼儿园教育地区，为5~6岁或7~8岁幼儿提供入小学前一年的准备教育的教育组织形式。[5] 再次，学者们阐明了"学前班"对农村学前教育事业发展的重要价值。如学者张燕指出城市地区的幼儿园虽已基本满足了社会需求，但社会各界对学前班"小学化"倾向问题提出了批评疑问，因此"学前班"的产生并非权宜之计，其低成本的教育形式符合农村地区的实际状况，同时其具有解决幼小衔接问题的理论价值。[6] 学者朱慕菊也认为我国是农业大国，农村人口占全国人口的80%以上，学前班的产生和发展使农村地区学龄前儿童有机会接受教育，让幼儿在入小学前做好知识、社会等方面的过渡和准备，在一定程度上促进了教育机会均等的进程。[7] 胡妙对贫困地区农村学前

---

[1] 国家教育委员会．关于进一步办好幼儿学前班的意见［EB/OL］．（1986-06-10）（2010-08-03）．http：//fagui．ed．cn/html/20_008/3961．shtml．
[2] 吴玲．皖南贫困山区学前教育领导与管理初探［J］．学前教育研究，1995（5）：23-25．
[3] 张燕．对取消学前班政策的思考［J］．学前教育研究，2009（11）：3-6．
[4] 朱慕菊．学前班管理手册［M］．北京：北京师范大学出版社，2002：3．
[5] 顾明远．教育大辞典［M］．上海：上海教育出版社，1997：1804．
[6] 张燕．对取消学前班政策的思考［J］．学前教育研究，2009（11）：3-6．
[7] 朱慕菊．学前班管理手册［M］．北京：北京师范大学出版社，2002：7．

班的存在价值进行了探讨，提出学前班有助于农村儿童的生存和发展、农村学前教育本身的发展、农村基础教育发展以及实现教育公平。① 综上可知，"学前班"的开办对我国农村学前教育发展具有极为重要的意义和价值，其不仅是在农村地区社会和经济条件限制、资源短缺情况下的幼儿园教育"特殊形式"，还是农村众多托幼机构中的主体担当，为学龄前儿童提供了教育机会，促进了教育公平的发展。尽管在其实施过程中，社会各界对其提出各种疑问，并提出"取消学前班"的政策，但就当时农村学前教育的发展水平来看，学前班还不能结束自己的使命，应继续发挥其在农村学前教育中的重要价值。学前班指为5~6岁幼儿提供入小学"知识"准备，并区别于幼儿园和小学的独特教育形式，可设在小学，也可单独设立，有公办和民办两种办学形式。20世纪80年代，我国农村经济、文化、教育发展较为落后，农村幼儿文化基础与城市幼儿相比薄弱得多，而学前班教学内容与基础教育课程内容一致性高、办学条件较低、涵盖年龄段较单一，与当时农村经济和教育现状极为契合。因此，在城乡发展较为不均衡的情况下，为解决农村学前儿童的入学问题，提升农村幼儿的文化基础，为其进入小学做足文化知识准备，"学前班"的确是当时解决上述问题的重要途径。据统计，20世纪末，农村学前班幼儿人数占农村在园人数的72.5%，"学前班"逐渐成为农村学前教育的主要场所。②

三、规范发展（2001—2009年）

随着21世纪的到来，世界政治格局、经济局势和国际贸易形势呈现平稳发展态势，具体表现为世界经济增长平稳、各国家间发展差距有所缩小、失业率下降、经济全球化趋势明显。中国也由政治型、计划型农业经济向市场型经济进行转变，农业生产结构、经营结构调整成为农村经济的主旋律，农业经济面临新一轮的改革期。在国内外政治、经济、文化平稳发展的大背景下，学前教育事业得以规范发展。20世纪90年代至21世纪初，随着"学前班"的普及，学界也逐步对"学前班"存在的合理性提出了疑问，指出其作为农村学前教育主体所存在的问题。蔡旻君从班额情况、师资情况、课程设置、教学情况、办

---

① 胡妙. 甘肃省贫困地区农村学前班发展困境与对策研究 [D]. 重庆：西南大学，2011.
② 张地容. 从"学前班"到"乡镇中心园"：农村学前教育主体的转变 [J]. 当代学前教育，2012（2）：4-6.

班条件、教材使用情况、社区管理、督导评估等八方面揭示了农村学前教育的现状,并阐明了农村学前班师资匮乏、教学实施"小学化"和地方教育部门不够重视是造成当前现状的主要原因,可以以学前班儿童语言能力发展为突破口,进行优化研究,进而改善农村学前教育现状。① "学前班"这一学龄前教育形式逐步发展和普及,但由于学界对学前班的性质、功能方面存在误解,将其定位成为小学做好知识准备、社会准备的学校教育,无形中推动其向"小学化"方面发展,让学龄前幼儿提前接受了小学教育。② 学者闫悦调查发现甘肃省农村学前教育主要以学前班为主,学前班在实施过程中存在许多不足,主要表现为教学重知识轻情感、教育管理行为批评多表扬少、教师教育观念滞后、教师行为刻板、家庭沟通障碍、学习环境单一等。③ 牛桂红、李红婷、李香玲、李小琴、章柳英等多位学者,在对各地农村学前班实际调研后发现,存在管理不够重视、优质师资匮乏、教学形式小学化等问题。最后,还有学者专门针对"学前班"的课程进行了研究。学者章柳英指出农村学前班主要依托小学建立,因此无法摆脱小学教学内容、教学方式等方面的束缚,直接采用小学的语文、数学教材,以"拼音"和"计算"为主要教学内容,目的在于为幼儿进入小学一年级做好知识准备,虽然配备学前班教学用书,却忽视幼儿的身心发展特点,忽略"游戏"对于幼儿发展的重要作用,以考试成绩的好坏来评价幼儿和教师教学能力,逐步走入"小学化"的错误教育空间。④ 陶岚清、李玉乔提出就农村学前班小学化、成人化等问题,对学前班的课程进行改革,他们指出可以结合皮亚杰认知发展理论、陈鹤琴教育思想,更新教育观和儿童观,调整教育目的和教学计划,将学前班课程看成一个系统,发挥其整体育人的功能。⑤ 陈幸军通过调研文家乡中心小学学前班课程得出,当时学前班的课程主要以"读写算"为主要内容,教学形式主要以演示、讲解为主,课程评价主要以是否达到升入小学的知识储备为依据,对幼儿实行书面化考试,这在一定程度上提升了学龄前儿童的

---

① 蔡旻君. 促进贫困地区农村学前班儿童言语发展的研究与实验 [D]. 兰州:西北师范大学,2003.
② 朱慕菊. 学前班管理手册 [M]. 北京:北京师范大学出版社,2002:7.
③ 闫悦. 甘肃省农村学前机构过程性教育质量研究 [D]. 兰州:西北师范大学,2005.
④ 章柳英. 江西省农村学前教育存在的问题与对策 [J]. 江西教育科研,1999(1):62-64.
⑤ 陶岚清,李玉乔. 周官屯学校学前班课程改革初探 [J]. 河北师范大学学报(社会科学版),1990(2):65-69,58.

知识水平，但长此以往却不利于儿童各种能力的发展。因此，学前班课程应当结合幼儿的生理心理需求和文化背景，在以综合性主题互动为课程形式提高儿童各方面素质的基础上，为小学教育打好基础。[①] 孙民从分别针对课程建设的目标、内容、组织形式、教学方法等，提出了相关策略，认为目标确立应实现社会发展需求和儿童身心发展阶段的统一，内容选择要考虑全面性与价值性、先进性与地方性，组织形式要符合儿童认知水平、切合教学内容特点，教学方法应注意多样性、系统性、操作性和发展性。[②] 可见，在"学前班"实施后，学者们对其课程现状进行了反思，指出其课程不足，相关调整策略逐步向幼儿园教育特性靠拢。

因此，产生于经济相对落后的恢复发展时期的"学前班"的地位和合理性也逐步受到学界和公众质疑。2006年起，全国各地掀起了取消"学前班"的热潮，学前班在21世纪初期逐步退出农村学前教育事业历史舞台。

20世纪80年代，教育部首次提出要分期分批办好公社（乡）中心幼儿园，使之成为农村幼儿园的骨干和教学研究基地，起到以点带面的作用。此次提出的乡镇中心幼儿园虽未落地实行，但使得农村学前教育以"中心点"带动周边村级幼儿园发展的乡镇中心幼儿园的定位和价值初步进入学界视野。随着农村经济发展，学界对以"学前班"作为农村学前教育的主要形式之一，加之广大农民对幼儿教育也越加重视，由此国家对农村学前教育的发展和主体进行了一系列调整。1997年，国家教委印发的《全国幼儿教育事业九五发展目标实施意见》再次对农村学前教育提出要求，到2000年应实现每个乡镇至少建立一所乡镇中心幼儿园，该幼儿园还应发挥为村级幼儿园进行管理和引领的重要作用。[③] 21世纪初，国务院、教育部进一步确立了乡镇中心幼儿园在农村学前教育发展中的重要地位。2003年，国务院办公厅转发教育部等部门（单位）《关于幼儿教育改革与发展指导意见的通知》，要求县级以上教育部门要加强幼儿教育管理，要办好乡镇中心幼儿园，发挥其对村级幼儿教育的指导作用。[④] 2009年3

---

① 陈幸军. 农村一年制学前班课程实验报告［J］. 学前教育研究，1994（5）：33-36.
② 孙民从. 农村学前班课程建设的策略［J］. 学前教育研究，1995（4）：18-20.
③ 国家教育委员会. 全国幼儿教育事业九五发展目标实施意见［EB/OL］. 中华人民共和国教育部，1997-07-17.
④ 国务院. 关于幼儿教育改革与发展指导意见的通知［EB/OL］.（2003-01-27）. http：//www.gov.cn/gongbao/content/2003/content_ 62048.htm.

月，在十一届全国人大二次会议上，庞丽娟教授曾提出农村地区学前教育发展亟须经济支持，中央应为其设立专项资金，作为促进其发展的重要保障。同时，大会还提出应重视乡镇中心幼儿园的示范、引领和管理功能，在乡镇中心幼儿园未来的建设中积极渗透其作为农村学前教育资源中心的作用。乡镇中心幼儿园的发展资金、方向和功能的进一步明确，使得乡镇中心幼儿园建成落地成为可能。国家政策对乡镇中心幼儿园的功能做出了明确定位，学界也在实际调研中探索其"中心"作用的发挥。如学者郑名对西北农村学前教育中几种主要托幼形式进行了探讨和比较，分别是小学附设学前班、村级幼儿园和乡镇中心幼儿园，通过比较发现乡镇中心幼儿园由于地理位置和经济发展水平等方面较村级地区更具优势等原因，享有更加优质的学前教育资源，其物质资源和教师资源都较好。而村级幼儿园和学前班在教学形式上更加接近小学的教学模式，小学化倾向严重，所以乡镇中心幼儿园应当充分运用和发挥其优质资源条件，辐射、引领周边地区的村级幼儿园的建设和发展，实现"中心—周围"的网状式优质资源共享体系。[①] 王晓芬和石廷希重点从乡镇中心幼儿园的价值和功能着手，探讨了乡镇中心幼儿园在发挥自身辐射引领功能时所呈现的现实困境，具体而言，存在四个方面问题，分别是对辐射引领功能定位不清晰、引领方案缺乏规划性、引领活动缺乏多样性、引领活动实施后监管不到位，并提出了增强中心幼儿园责任感、分层制订示范计划、开展多形式示范活动和加强管理力度的改进策略。[②] 林静和田景正针对湖南省东部地区乡镇中心幼儿园的教育教学质量和对周边村级幼儿园的辐射引领功能进行实地调研后发现，乡镇中心幼儿园存在总体办园水平较低、教学质量较差、教师数量少、师资质量不高、辐射示范活动形式单一、管理制度不健全等问题，建议建立示范活动实施后的监督管理机制，建构以乡镇中心幼儿园为核心的优质资源共享教育服务网。[③]

在国家大力发展农村学前教育的前提下，当前乡镇中心幼儿园已得到了很大的发展，同时学界在20世纪末至21世纪初对乡镇中心幼儿园的价值，以及

[①] 郑名，马娥.西北农村幼儿园办园模式分析与现实选择［J］.中国教育学刊，2006（9）：63-65，68.

[②] 王晓芬，石廷希.发挥乡镇中心幼儿园示范作用的对策探析［J］.教育导刊（幼儿教育），2008（6）：34-36.

[③] 林静，田景正.乡镇中心幼儿园建设中的困境及对策［J］.当代教育理论与实践，2012，4（2）：8-10.

在规范实施过程中呈现的问题、对策进行了研究。学者刘焱、廖浩然、吕苹、耿志涛、李兵、霍树刚、明清、王红霞、王波、潘仲茗、沈芝莲、欧艳松、明清、王健敏均有涉足。其中，王波指出乡镇中心幼儿园能为农村一部分幼儿提供科学、系统、全面的学前教育，兴办乡镇中心幼儿园是国家发展的必然需求，也是农村学前教育质量提升的重要途径，其不仅能使乡镇区域的幼儿接受好的学前教育，还能辐射引领周边乡村地区幼儿园的建设和发展。[1] 1988年，中央教科所与荷兰伯纳德·范里尔基金会合作开展的"河北省农村幼儿教育体系研究"就师资培训、管理改革、机构教育、家庭教育等问题在较大范围内对农村幼儿教育进行了长时间的改革试验并取得了宝贵的经验，其中，对乡镇中心幼儿园在教师培训和教育管理中的作用进行了一些经验的总结。潘仲茗和沈芝莲提到乡镇中心幼儿园在师资培训方面的作用主要表现在示范、培训、咨询、信息和宣传等五个方面，另外谈到河北省有些地区把乡镇中心幼儿园的作用归纳为"三大作用"，即保教示范、培训基地、教研中心，乡镇中心幼儿园在农村幼教管理模式中承担起指导和管理农村幼教的任务。[2] 张赛园对县域幼儿园教育资源配置进行了现状分析和对策制定，同时论城乡学前教育发展时，认为要将乡镇中心幼儿园作为农村学前教育的中心，重视其辐射引领功能的发挥。[3] 欧艳松对乡镇中心幼儿园园长的任职条件、职责范围和近期应开展的几项工作做了初步探讨。[4] 学者刘焱教授提到了乡镇中心幼儿园与其他不同体制幼儿园的教育质量相比，存在明显差距，原因主要为乡镇中心幼儿园获取的教育政策、教育经费、教学师资等方面数量较少或质量较差。[5] 学者廖浩然指出了在教育资源供给不均衡的现状下，我国不同地区和不同层次的幼儿园教育呈现非均衡发展状态。[6] 吕苹对浙江省农村幼儿园发展现状进行调研，结果显示农村地区幼儿园主

---

[1] 王波. 积极兴办乡镇中心幼儿园 大力发展农村幼教事业 [J]. 云南教育, 1994 (11): 10.
[2] 潘仲茗, 沈芝莲. 农村幼儿教育体系研究 [M]. 北京: 教育科学出版社, 1999: 11.
[3] 张赛园. 县域幼儿教育资源合理化配置的研究——以浙江省A县为例 [D]. 上海: 华东师范大学, 2008.
[4] 欧艳松. 谈谈乡镇中心幼儿园园长 [J]. 学前教育研究, 1996 (1): 51-52.
[5] 刘焱, 李志宇, 潘月娟, 等. 不同办园体制幼儿园班级教育环境质量比较 [J]. 学前教育研究, 2008 (8): 7-11.
[6] 廖浩然, 田汉族, 彭世华, 等. 我国幼儿教育非均衡发展现状与对策分析 [J]. 学前教育研究, 2008 (2): 17-21, 34.

要以乡镇中心幼儿园为主，若要提升农村学前教育质量，必须加大对乡镇中心幼儿园的财政投入，推进乡镇中心幼儿园的公立化。此外，在扶持管理、师资待遇等方面要向农村地区倾斜，进一步提升农村学前教育质量。① 耿志涛提出应进行园本建设，重塑教研队伍，采用多元教研方式促进乡镇中心幼儿园保教质量提升。② 李兵认为应当改进当时农村教育实践中乡镇中心幼儿园单一发展模式，使其既具有教书育人的学校教育职能，又能建设乡镇中心幼儿园集团式发展运作模式并发挥其示范引领功能。③ 王健敏通过对浙江省乡镇中心幼儿园现状调研，发现该省乡镇中心幼儿园在不同地区存在较大差异、总体发展水平较低，究其原因在于多头管理缺失、师资水平较低等。最后，通过剖析浙江安吉、西湖区平湖等地区的成功案例得出应从明确政府各级部门职责、完善农村学前教育体制、明确乡镇中心幼儿园投入体制和提升农村幼儿教师待遇等四个方面促进乡镇中心幼儿园的发展。④ 明清针对重庆市其中一个农业大县，从四个方面制定了乡镇中心幼儿园发展的策略，一是根据实际制定建设规划，二是克服困难因地制宜地改善办园条件，三是立足整体建设幼儿教育师资，四是开展层层教研提升教学质量。⑤ 霍树刚提出了乡镇中心幼儿园在建设时应关注园所领导、园所悬置和中心功能等三方面问题，通常乡镇中心幼儿园应具备足够的设施设备、精干领导班、高素质师资队伍和完善办园制度等四个基本条件。⑥ 王红霞对乡镇中心幼儿园存在的园所管理力量薄弱、师资水平较低和教育资源较少等问题进行了分析，而后提出了可以从政策支持、体制完善、增加培训等方面相对应地解决现存相关问题。⑦ 庄新宇提出乡镇中心幼儿园要适应城镇化进程，必须提升中心幼儿园教育质量，具体而言，一是要充分挖掘乡村课程资源，二是要促进

---

① 吕苹. 浙江省农村幼儿教育发展策略研究 [J]. 教育研究，2007（8）：91-94.
② 耿志涛. 重塑教研组：乡镇中心幼儿园发展的动力 [J]. 教育导刊（下半月），2010（3）：56-59.
③ 李兵. 农村中心幼儿园建设发展的意义与模式 [J]. 教育科学论坛，2006（8）：46-47.
④ 王健敏. 加强乡镇中心幼儿园建设，促进农村幼教事业发展的对策研究 [J]. 幼儿教育（教育科学版），2006（5）：8-14.
⑤ 明清. 创造条件建设好乡镇中心幼儿园 [J]. 幼儿教育，1992（5）：23-24.
⑥ 霍树刚. 建设农村乡（镇）中心幼儿园的思考 [J]. 学前教育研究，1995（4）：24-25.
⑦ 王红霞. 当前乡镇中心幼儿园存在的问题及对策 [J]. 教育导刊（幼儿教育），2007（9）：32-33.

幼儿社会领域能力的发展,三是多形式改进家长教育观念。①

国家建设乡镇中心幼儿园政策的制定,加之学界对乡镇中心幼儿园理论价值、实践困境、调整策略的相关研究,使乡镇中心幼儿园在各省的农村教育实践中铺展开来。为切实提升农村学前教育质量,加快乡镇中心幼儿园的建设,许多省、市、县均制定了《乡镇中心幼儿园标准》。例如,2005年,长春市从乡镇中心幼儿园管理体制、中心幼儿园内部管理规章制度、专项经费、规模与编制、工作人员要求、园舍设备、保育教育工作、卫生保健工作等方面制定了乡镇中心幼儿园建设标准。2009年,山西省发布《关于加强乡镇中心幼儿园建设工作的意见》,按照《山西省乡镇中心幼儿园基本标准(试行)》中的"设置与规模""园舍建设""设备设施""人员配备""卫生保健""教育教学""行政管理"等七个指标,对乡镇中心幼儿园进行评估验收。在规范实施乡镇中心幼儿园建设的同时,各省、市、县也积极地对乡镇中心幼儿园建设的经验进行了总结。例如,2009年,舟山市《关于我市乡镇中心幼儿园情况的视察报告》中对舟山市乡镇中心幼儿园的基本情况进行了回顾,指出存在学前教育教师资源严重不足、发展不均衡、学位不足等问题,并提出了相关指导建议。2009年,温州市教育局副局长吴恕成在《加大乡镇中心幼儿园建设和管理的力度努力推进学前教育的优质均衡发展——在全市乡镇中心幼儿园建设经验交流会上的讲话》中肯定了乡镇中心幼儿园建设的成效并总结了相关建设经验,对下一步建设工作任务做出了要求。泰州市教委在《切实加强乡镇中心幼儿园的改革》中总结了该市乡镇中心幼儿园管理制度模式改革及内部规章制度改革的经验。在国家政策支持和学界理论观照的过程中,我国乡镇中心幼儿园逐步规范发展。

四、稳步发展(2010—2019年)

2010年以来,国际形势在不同地域呈现不同特点,面临复杂的新形势、新挑战,我国积极运筹外交全局,提出实现中华民族伟大复兴的中国梦的伟大构想,为学前教育发展提供了有利的内外部条件。2010年,中共中央、国务院颁布了《国家中长期教育改革和发展规划纲要(2010—2020年)》,其中指出在

---

① 庄新宇,陈敏. 适应城镇化需要,提高乡镇中心园教育质量[J]. 学前教育研究,2008(4):15-16.

社会主义现代化建设中,教育和教师是关键点,这将教育提升到了现代化建设中战略性的历史新高度。同年,国务院印发了《关于当前发展学前教育的若干意见》,强调要更加重视学前教育在整个教育体系中的重要位置,形式多元地扩充和建构学前教育资源供给主体和体系,多种形式建设幼儿园教师队伍,加强幼儿园管理和监管体系,解决学前教育薄弱地区和薄弱环节的幼儿园建设和发展问题。另外,该《意见》中还特别强调应加强农村学前教育资源建设,将学前教育作为新农村建设的重要工作,乡镇地区和大村落应独立建立一所乡镇幼儿园,小村落应设立乡镇幼儿园分园或与乡镇幼儿园联合办园。学前教育相关政策的颁布使其迎来了前所未有的发展机遇。乡镇中心幼儿园作为引领农村学前教育发展的中坚力量,其发展也从此备受关注,农村学前教育的价值逐渐在理论与实践中被确认。对此,学者彭俊英和鄢超云对四川省30所乡镇中心幼儿园进行了调查,提出了"怎样的幼儿园才是乡镇中心幼儿园""乡镇中心幼儿园是要独立建制还是依附小学"及"乡镇中心幼儿园发展所需帮助"等问题,相关理论思考也为乡镇中心幼儿园的建设提供了理论路径。[①] 陕西省计划5年新建和扩建1200所乡镇中心幼儿园,甘肃省于2011年新建80所乡镇中心幼儿园,[②] 贵州省制定了《贵州中长期教育改革与发展规划纲要(2010—2020年)》,提出扩建1000余所乡镇中心幼儿园。[③] 2015年,全国农村幼儿园达15.5万所,在园幼儿2775万人,分别比5年前增加了4.99万所、786.5万人,农村在园(班)幼儿比上年增长4.9%。[④] 2016年发布的《关于加快中西部教育发展的指导意见》指出,要积极提升农村学前教育质量,加强农村学前教育体制建设,提高入园率,建立县、乡、村布局合理的农村幼儿园,合理利用小学教育资源、村集体公共资源建立多种形式的农村托幼机构,实现每个乡镇至少有一所公办乡镇中心幼儿园的目标,推进乡镇中心幼儿园建设,基本实现学前教育在农村

[①] 彭俊英,鄢超云. 关于发展乡镇中心幼儿园的一些思考——基于对四川省30所乡镇中心幼儿园的调查 [J]. 幼儿教育,2011 (7):10-12.

[②] 新华社. 陕西计划5年新建改扩建1200所乡镇中心幼儿园 [DB/OL]. (2010-11-19). http://www.gov.cn/govweb/jrzg/2010-11/19/content_1748896.htm.

[③] 贵州省教育厅. 贵州中长期教育改革与发展规划纲要(2010—2020年)[EB/OL]. (2011-05-19). https://jyt.guizhou.gov.cn/zfxxgk/fdzdgknr/ghjh/zxgh/201712/t20171206_16128159.html.

[④] 教育部. 中国教育概况——2015年全国教育事业发展情况 [EB/OL]. (2016-12-19). http://www.gov.cn/shuju/2016-12/19/content_5149958.htm#2.

地区的全覆盖。① 2018年发布的《中共中央国务院关于学前教育深化改革规范发展的若干意见》强化和扩展了上述文件的相关要求。提出应科学规划农村学前教育布局，根据人口分布情况开办不同类型的托幼机构，乡镇至少办一所公办乡镇中心幼儿园，大村独立建园，小村联合办园，可根据实际情况举办流动幼儿园和季节班。② 根据《中西部教育发展评估报告》显示，2018年，中西部地区23个省份中，共有25419个乡镇，乡镇中心幼儿园17397所，公办乡镇中心幼儿园覆盖率达68.4%；共有2169个区县制定了乡镇中心幼儿园业务管理措施，占比92.4%。③ 可见，2010年以来，国家高度重视乡镇中心幼儿园在农村学前教育发展中的重要作用，积极出台相关政策保障乡镇中心幼儿园的建设和发展。2010—2019年，乡镇中心幼儿园发展处于上升的态势，办园数量、覆盖范围、教师人数、幼儿人数等方面都在稳步提升。

在政策的执行过程中，无论是乡镇中心幼儿园的园所数量、教师数量还是幼儿人数都在稳步提升，但在其建设实施中也显现出许多问题，如各省份的乡镇中心幼儿园发展不均衡、师资质量仍未得到较大改观、教育教学管理质量仍不高等。学界对乡镇中心幼儿园"高质量"发展进行了相关研究。张地容、张维娜和杨红指出，近年来，贵州省在国家政策的引领下，迅速建立了325所乡镇中心幼儿园，但由于贵州农村学前教育基础薄弱等原因，建园数量虽然呈现直线增长趋势，但在贵州679个乡镇中仍有一半以上乡镇还未建立中心幼儿园，且已建立的中心幼儿园仍存在教师数量不足、管理薄弱、重保轻教或重教轻保两个极端倾向等问题。可见在全国乡镇中心幼儿园迅速普及的背景下，仍存在各省或各地域发展不均衡等情况。首先，学者们从乡镇中心幼儿园的总体发展层面对其质量提升进行了研究。张晗通过调研得知A县共12个乡镇，截至2013年，已有8个乡镇中心幼儿园投入使用，其余4所中心幼儿园也正在建设中，建园数量虽已在国家政策大力支持下稳步提升，但在建设或办园过程中，仍然存在教师专业性较低、办园环境差、设施不完善、招生半径过大等问题，无法

---

① 国务院. 关于加快中西部教育发展的指导意见 [EB/OL]. (2016-06-15). http://www.gov.cn/zhengce/content/2016-06/15/content_5082382.htm.
② 国务院. 学前教育深化改革规范发展的若干意见 [EB/OL]. (2018-11-15). http://www.gov.cn/zhengce/content/2018-11/15/content_5340776.htm.
③ 张地容，张维娜，杨红. 贵州省乡镇中心园的教育现状及其应对策略 [J]. 教育与教学研究，2014，28 (1): 125-128.

保障乡镇中心幼儿园教育质量的发展。① 学者徐微采用问卷调查、访谈调查为主，观察为辅的研究方法，对襄阳市下属县的乡镇中心幼儿园进行了调研，研究发现园所环境达到要求，师资队伍数量有所增加，但存在学前教育专业教师较少，保育教育质量不高、教师科研能力较低等问题。② 学者李雪通过对吉林省乡镇中心幼儿园进行调研发现，中心幼儿园发展仍存在管理机制不完善、园所自主管理权缺乏、师资力量薄弱、教学内容小学化等问题。③ 学者吕猛主要针对乡镇中心幼儿园由管理机制造成的一系列园长自主权不够、园长专业引领不够、教师素质参差不齐等方面现状进行了剖析，也建议通过从管理体制入手，明确政府职责，提升园长专业化水平和核心领导力，加强教师队伍建设，提升家园共育工作效率，从而提升乡镇中心幼儿园办园质量。④ 杨晓晓从乡镇中心幼儿园内涵建设的角度进行研究，她认为陇南市乡镇中心幼儿园的数量虽然在稳步提升，从14所增加到195所，扩大了近14倍，但在乡镇中心幼儿园的内涵式发展和质量提升方面仍然有巨大的发展空间，具体可在教育教学活动、游戏活动、生活活动等保教质量方面进行提升，合理安排教学科研计划和任务，推动乡镇中心幼儿园内涵式发展。⑤ 除上述从乡镇中心幼儿园整体上剖析现状问题的研究外，亦有学者集中研究乡镇中心幼儿园师资存在的问题并提出了解决策略。幼儿园教师专业化程度对幼儿园教育质量的提升起着至关重要的作用，乡镇中心幼儿园教师数量的多少和教师专业化程度的高低直接影响着乡镇中心幼儿园发展水平的高低。因此，学者们极为关注乡镇中心幼儿园教师专业化水平，现有相关研究主要涉及教师数量、教师专业能力和师资队伍培训等方面内容。孔稚凤重点考察了成都市乡镇中心幼儿园"标准化"建设的问题，主要探究硬件投

---

① 张晗. 乡镇中心幼儿园建设现状及对策研究——以山东省A县为例[J]. 早期教育（教科研版），2015（10）：50-54.
② 徐微. 乡镇中心幼儿园建设现状与发展路径探析——以襄阳市为例[J]. 湖北文理学院学报，2017，38（3）：70-75.
③ 李雪. 吉林省乡镇中心幼儿园发展的困境与对策思考[J]. 长春师范学院学报，2012，31（11）：157-158.
④ 吕猛. 湖北省乡镇中心幼儿园的发展现状及问题研究[J]. 现代职业教育，2017（36）：98-99.
⑤ 杨晓晓. 农村乡镇中心幼儿园的现实困境与解决策略——基于陇南市礼县乡镇中心幼儿园调研[J]. 四川职业技术学院学报，2016，26（5）：152-154.

入和师资管理的标准化问题,研究发现师资数量缺乏、专业素质不高等问题。[1] 李雪对吉林省乡镇中心幼儿园的师资进行了调研,发现师资力量薄弱主要由编制教师少、转岗教师多、教师待遇不高、师资培训资源短缺、缺乏师资培训机制等原因造成。[2] 姚文峰认为,乡镇中心幼儿园编制教师少、教师待遇低、同工不同酬是造成乡镇中心幼儿园师资专业水平低、幼儿园内部管理冲突的主要原因。[3] 高斌指出,教师数量不足、专业化水平不高、聘用考核机制不合理、培训较少、待遇较差是造成乡镇中心幼儿园教师队伍建设问题突出的重要原因。[4] 关爱玲指出,通过对云南省建水县乡镇中心幼儿园教师生存与就业发展现状进行调研发现,乡镇中心幼儿园教师队伍呈现出年轻化、可塑性强等特点,但同时也存在一些共性问题,如男女比例失衡、工作任务过多、学历达标率高但专业化水平不够、科研能力和教育观有待提升。[5] 谢哲以某乡镇中心小学附属幼儿园转岗教师为对象,对转岗教师的专业发展进行了叙事研究,结果表明转岗教师专业化发展明显存在缺乏岗前培训、适应过程短、小学化严重、身份认同度低、考核晋升空间小等五大方面阻碍。[6] 张青允提出,乡镇中心幼儿园存在不同园所师资数量两极分化严重、教师队伍缺乏主动性和凝聚力、专业化提升缓慢等几个方面的问题。[7] 学者刘宾、闵兰斌针对新疆地区农村幼儿园教师在职培训进行了研究,结果显示在职培训逐年增多、形式越来越多样化、培训内容覆盖面也越来越广,但同时也存在培训脱离教育教学实际、培训实用性较低、未发挥中

---

[1] 孔稚凤. 成都市农村乡镇中心幼儿园标准化建设现状及发展对策研究 [D]. 成都:四川师范大学,2011.

[2] 李雪. 吉林省乡镇中心幼儿园发展的困境与对策思考 [J]. 长春师范学院学报,2012,31(11):157-158.

[3] 姚文峰. 乡镇中心幼儿园发展现状调查与政策建议 [J]. 现代教育论丛,2012(Z2):39-42.

[4] 高斌. Y县C镇中心幼儿园教师队伍管理问题及对策 [D]. 曲阜:曲阜师范大学,2012.

[5] 关爱玲. 云南省建水县幼儿园教师生存与专业发展现状研究 [D]. 昆明:云南师范大学,2014.

[6] 谢哲. 幼儿园转岗教师专业发展的叙事研究——以某乡镇中心小学附属幼儿园教师为例 [D]. 西安:陕西师范大学,2017.

[7] 张青允. 乡镇中心幼儿园发展现存问题及对策——基于一位乡镇中心幼儿园教师的访谈 [J]. 科学大众(科学教育),2017(6):84-85.

心幼儿园示范引领功能等问题。① 学者李敏以乡镇中心幼儿园园长为研究对象，针对园长"跟岗培训"进行了研究，这是一种能让园长深入幼儿园实践全面了解幼儿教育的一种培训方式，但因为跟岗时间较短、跟岗内容流于形式等原因，使得园长跟岗培训存在一定问题，因此应该延长跟岗时间、建立"双导师制"培训模式、加强培训内容的实用性，该培训模式也可用于一线幼儿园教师师资培训中。② 阳艳波以乡镇中心幼儿园园长为研究对象，从职前培养和在职培养等两方面阐明了园长培养的策略。在职前培养方面，一是要从院系设置上将学前教育和特殊教育专业进行整合，二是要在学前教育专业和特殊教育的课程设置上进行互设互开，三是从法律制度上出台全纳式教育教师的专业标准、认证体系和考核机制；在职培训方面，以全纳式教育为主要内容，开展县城培训、体验式培训和专题网络培训。③ 乡镇中心幼儿园的教育教学管理的相关研究。罗喆针对乡镇中心幼儿园中主要承担教育教学任务的教师主体进行研究，以四川省荥经县为主要调研对象，观察和分析该地区乡镇中心园教师在教育教学活动中存在的问题，结果表明教师在教学活动中存在不擅长制订教育教学计划、教学准备不充分、对乡土教育资源利用不足、教学形式较少、教学内容与幼儿年龄阶段不符、教学方法使用不恰当、教学过程师幼互动效率低、教学评价主体单一等现实困境。④ 程敏以乡镇中心幼儿园学习环境创设为突破口，探讨幼儿教师教育教学整体水平，提出幼儿教师对于学习环境的影响主要体现在学习环境创设的具体过程中，提高幼儿教师学习环境创设质量应从具体的实践出发，主要从空间与设施、个人日常照料、语言与推理、活动、互动、课程结构、教师与家长等七个方面对幼儿教师学习环境提出对策与建议。⑤

由上可知，"乡镇中心幼儿园"逐步取代"学前班"在农村学前教育中的

---

① 刘宾，闵兰斌. 新疆农村幼儿园教师在职培训的特点、问题及对策 [J]. 学前教育研究，2013（3）：70-72.
② 李敏. 乡镇中心幼儿园园长"跟岗培训"中存在问题与对策思考 [J]. 陕西学前师范学院学报，2015，31（3）：25-28.
③ 阳艳波. 乡镇中心幼儿园业务园长培训需求分析——以湖南省长沙市为例 [J]. 教师，2018（2）：111-112.
④ 罗喆. 乡镇中心幼儿园教学活动情况调查研究——以四川省荥经县为例 [D]. 西安：陕西师范大学，2016.
⑤ 程敏. 乡镇中心园学习环境现状调查研究——以大班为例 [D]. 福州：福建师范大学，2017.

重要地位，成为农村学前教育的新主体。2010—2019年，学前教育相关政策均对农村学前教育中乡镇中心幼儿园的建设提出了具体要求，可见乡镇中心幼儿园在农村学前教育合理布局及质量提升中的示范引领作用，其数量要求和辐射职能成为教育政策颁布的核心要素。依据人口密度和农业经济发展需求，建立县、乡、村三级布局合理的全覆盖的学前教育服务网络。每个乡镇至少建立一所公立乡镇中心幼儿园，大村建独立幼儿园，小村建合作幼儿园，充分发挥乡镇中心幼儿园在园所管理、课程建设、师资培训等方面的示范引领功能，探索乡镇中心幼儿园和村级幼儿园之间的合作发展模式。乡镇中心幼儿园不仅是农村学前教育的新主体，而且对村级幼儿园提供示范引领的辐射作用，在农村学前教育发展中起着主导作用。这种政策的转变符合我国经济发展的进程和需求，是当代学前儿童发展的内在需求。随着乡镇中心幼儿园在各个乡镇的建立，其在实施过程中也显现出较多问题，学界也提出了相关建议，促使其向高质量发展阶段迈进。

五、高质量发展（2020年至今）

2020年前后，国际形势复杂演变，我国面临着百年未有之大变局，面对动态的全球形势，党中央积极找准稳定动荡世界之锚，提出一系列外交方案和全球治理方案，成为我国繁荣发展之源。2020年，完成了党的第一个百年奋斗目标，全面建成小康社会。2021年，取得了脱贫攻坚战全面胜利，向全面推进乡村振兴迈进。全面小康和脱贫攻坚战全面胜利，意味着我国社会各项事业发展从"有没有"转向"好不好"的阶段，从高速度发展向高质量发展转变。

2018年，中共中央、国务院下发的《关于学前教育深化改革规范发展的若干意见》提出，到2020年，全国学前三年毛入园率达到85%，普惠性幼儿园覆盖率（公办园和普惠性民办园在园幼儿占比）达到80%。广覆盖、保基本、有质量的学前教育公共服务体系基本建成。该《意见》指出，截至2035年，全面普及学前三年教育，建成覆盖城乡、布局合理的学前教育公共服务体系，形成完善的学前教育管理体制、办园体制和政策保障体系，为幼儿提供更充裕、更普惠、更优质的学前教育。这是建设高质量学前教育体系的基本要求。[①] 2021

---

① 国务院. 学前教育深化改革规范发展的若干意见［EB/OL］.（2018-11-15）. http：//www.gov.cn/zhengce/2018-11/15/content_ 5340776.htm.

年，国务院常务会议审议通过了《中国儿童发展纲要（2021—2030年）》，指出推进学前教育全面普及，继续实施学前教育行动计划，重点补齐农村地区、欠发达地区、民族地区以及城市薄弱地区的普惠性资源短板，基本实现学前教育公共服务体系全覆盖。① 同年，教育部等九部门印发《"十四五"学前教育发展提升行动计划》，提出完善农村学前教育资源布局，办好乡镇公办中心幼儿园，通过依托乡镇中心幼儿园举办分园、村独立或联合办园、巡回支教等方式满足农村适龄儿童入园需求，充分发挥乡镇中心幼儿园的辐射引导作用，实施乡（镇）、村幼儿园一体化管理。②

可见，乡村（镇）的学前教育是我国未来很长时间内学前教育行动的重点方向之一。当前，我国乡镇中心幼儿园建设正在经历着从"稳步发展"到"高质量发展"的重要阶段。

---

① 国务院. 中国儿童发展纲要（2021—2030年）[EB/OL].（2021-09-27）. http：//www. gov. cn/xinwen/2021/09/27/content_ 5639545. htm.

② 教育部. "十四五"学前教育发展提升行动计划 [EB/OL].（2021-12-14）. http：// www. moe. gov. cn/srcsite/A06/s7053/202112/t20211216_ 587718. html.

第二章 贵州乡镇中心幼儿园发展历程

贵州地处我国西南内陆地区腹地，属全国唯一"三不沿"省份，既不沿海，也不沿边，又不沿江，特殊的地理环境严重制约着贵州政治、经济和文化的发展，也在一定程度上影响着人们的生活方式和思维方式。自古以来，相比于沿海发达地区，贵州教育事业发展相对滞后。而在各学段教育体系中，幼儿教育则更为薄弱。1905年，达德民立小学堂更名为达德学堂，2月增设初等预备科（幼稚班），选取年龄较小的学生或未曾上过私塾的幼儿入学，不仅标志着民国时期贵州幼儿教育的开端，也标志着贵州幼儿教育机构发展的开端，至此，在全国幼儿教育改革此起彼伏的背景下，贵州幼儿教育以自己的方式发展着。

然而，就广阔的贵州农村地区而言，幼儿教育几乎仍长期处于真空状态，幼儿教育则以传统的家庭教育为主。随着《国家中长期教育改革和发展规划纲要（2010—2020年）》和《国务院关于当前发展学前教育的若干意见》相继颁布，贵州省随即颁布了《贵州省中长期教育改革与发展规划纲要（2010—2020年）》和《贵州省人民政府关于加快发展学前教育的实施意见》黔府发〔2011〕5号两个重要文件，均提出了重点发展农村学前教育，使长期处于真空状态的贵州农村学前教育迎来真正的春天，至此，贵州农村学前教育得以"跨越式"发展，多个数据已超过全国平均水平。其中，贵州乡镇中心幼儿园的发展也受到极大的重视，2010年至今，贵州乡镇中心幼儿园得以迅速设立，并逐渐规范发展和快速提升。

一、初步孕育（1949—1977年）

为了挽救危难中的中国，1903年，我国出现了官办的新兴学前教育机构——"湖北武昌幼稚园"（1904年后更名为"蒙养院"），此后，全国各地陆续办起了学前教育机构——蒙养院，先是湖北、湖南，然后是上海、江苏、广东等地。① 尽管如此，由于贵州省地处云贵高原，高山险阻，交通不畅，经济凋敝，民族文化多元，外界教育文化难以进入，幼儿教育则在家庭生活实践中发生。可以说，1949年以前，贵州省内鲜有专门实施学前儿童教育的机构。新中国成立后，我国进行了社会主义改造，中小学校逐渐在贵州广袤的农村地区艰难推行，而学前教育则依附在小学教育机体之中逐渐发展。

新中国成立初期，国家优先发展城市，1951年，贵州省建立了第一所城市幼儿园——贵州省保育院，随后政府在部分州、市（县）相继成立了多种形式的幼儿园。1956年，内务部、教育部颁布《关于托儿所、幼儿园几个问题的联合通知》，贵州省教育厅等多部门根据上述文件针对农村经济现状，实施了"坚持公办和民办'两条腿走路'的办园方针"和"根据农业经济发展需求，建立农忙时节季节性托幼机构，以保障农村妇女及儿童权利"等政策。1958年，在"大跃进"的历史背景下，农村地区大量妇女走出家门参加劳动，在儿童无人看管的情况下，各类托幼机构在农村地区急速增长，但该时期的幼儿园建设是脱离实际和盲目跟风的。1961年，由于资金短缺、教学资源匮乏等原因，在"大跃进"时期建立起来的农村幼儿园接连关闭，数量迅速下滑。1966—1976年，在"文化大革命"历史时期，贵州省学前教育发展受到阻碍。该时期贵州省农村学前教育发展受到重创，仅保留下了少数城镇幼儿园。

由上可知，1949—1979年，贵州省农村学前教育发展先后经历了社会主义改造、"大跃进"、"文化大革命"等历史时期，农村托幼机构建设虽经历了一定波折，但却完成了从"从无到有""由少到多"的蜕变。在农村各大队、小队建幼儿园或农忙时节办季节班的背景下初步孕育着乡镇中心幼儿园。

二、逐渐萌芽（1978—2009年）

1978年，随着十一届三中全会召开，我国各项事业得以解放和恢复。改革开放的春风，使我国学前教育事业发展迎来了新生，逐步化解了"文革"十年的历史遗留问题，同时也逐步改变了以"计划"包揽学前教育资源供给的局面，形成多主体发展农村学前教育事业的良好态势。

1979年，中共贵州省委、省革委转发了《关于贯彻执行全国托幼工作会议

---

① 张明红. 学前儿童社会教育与活动指导：第3版［M］. 上海：华东师范大学出版社，2021：2.

精神的请示报告》，对我省托幼工作提出以下意见：一是要重视并宣传举办托幼机构的重要意义；二是要加强党和政府对托幼机构的领导和管理，将相关工作纳入工作日程；三是坚持"公办"和"民办"两条腿走路；四是解决教师在待遇等方面的实际问题；五是在各大中专院校创办"幼儿教育"相关专业，积极培育大量幼儿教师。[1] 我省结合"全国托幼工作会议"相关内容提出的意见，使政府相关部门及公众重新正视了学前教育的重要价值，也为学前教育资源供给提供了政策支持，从整体上为农村学前教育发展打下了坚实的基础。1983年，据统计，贵州全省幼儿园发展到722所，班级数2830个，在园幼儿数9.98万人，教职工数7392人（教养员4518人）。在722所幼儿园中，城市幼儿园131所，县镇幼儿园185所，农村幼儿园406所，农村幼儿园占幼儿园总数的56.2%。[2] 可见，农村幼儿园数量在稳步增长。1987年4月，省教委发出《关于认真贯彻落实国家教委〈关于进一步办好幼儿学前班的意见〉的通知》，要求把幼儿教育事业（农村主要是学前一年教育）的发展纳入教育总体发展规划中统一部署。[3] 进入21世纪后，随着乡村村小的并校，多数"小学点"变成了实施"学前一年教育"的主要场所，学前班在此背景下应运而生。

三、迅速普及（2010—2015年）

20世纪初期，《幼儿园教育指导纲要（试行）》的颁布，进一步明确了重点发展农村学前教育的重要任务，指出要采取多种形式普及乡村学前教育，扩大学前教育资源供给。此外，贵州是西部贫困省份之一，积极抓住了相关西部政策，使得农村学前教育迎来了新的发展机遇，贵州乡镇中心幼儿园得以迅速普及，经历了从无到有的阶段。2009年以前，贵州农村幼儿园主要以"学前班"的形式存在。2010年，随着全国学前教育深化改革的到来，也成为贵州乡镇中心幼儿园建设的开局之年，贵州省在国家颁布《国家中长期教育改革和发展规划纲要（2010—2020年）》和《国务院关于当前发展学前教育的若干意见》的背景下，相应制定了《贵州省中长期教育改革与发展规划纲要（2010—2020年）》和《贵州省人民政府关于加快发展学前教育的实施意见》黔府发

---

[1] 任吉麟. 贵州教育年鉴 1949—1984 [M]. 贵阳：贵州人民出版社，1986：374.
[2] 任吉麟. 贵州教育年鉴 1949—1984 [M]. 贵阳：贵州人民出版社，1986：19-24.
[3] 任吉麟. 贵州教育年鉴 1949—1984 [M]. 贵阳：贵州人民出版社，1986：275.

〔2011〕5号，其中指出到 2020 年，贵州将财政支持新建、改扩建 1000 余所乡镇中心幼儿园，使全省每个乡镇建有 1 所以上的中心幼儿园，努力推进乡镇中心幼儿园建设工程。① 这一政策的颁布与推行，拉开了贵州省乡镇中心幼儿园建设的序幕。

据统计，2011 年以来，贵州省共投入 33.6 亿元扩充学前教育资源，我省幼儿"入园难"状况获得初步缓解。两年间，全省新增乡镇中心和城市社区公办幼儿园 600 所，2013 年，将达 1000 所；新增村级幼儿园 586 所，2013 年，将达 700 所；建立巡回支教点 60 个。②

截至 2013 年，贵州省的 50 个县中有 679 个乡镇，其中有乡镇中心幼儿园的乡镇为 325 个，占乡镇总数的 48%。大约 52% 的乡镇没有自己独立建制的中心幼儿园，只有在小学附设的学前班，如赤水市（县级市）下面的 9 个乡镇中只有 4 个镇有独立建制的中心幼儿园；普安县下面的 9 个乡镇中有 5 个乡镇有独立建制的中心幼儿园。从上述数据可知，贵州乡镇中心幼儿园普及程度并未过半，意味着一半以上农村地区的学前教育处于"无园引领"的尴尬局面，难以落实政策中要求的发挥乡镇中心幼儿园的示范引领功能。贵州省的 50 个县（市）中共有 325 所乡镇中心幼儿园，在园幼儿约 65000 人，在岗教师约 2600 人，师生比为 1∶25。如某中心幼儿园在园幼儿 200 多人，共 9 名教师，其中 6 名为正式职工，工资不到 1200 元/月，其余 3 名教师为临聘教师，初中文化，工资 400 元~500 元/月。据调查的 2600 名教师中，具有学前教育专业背景的只有 1300 人，占总数的 50%；本科以上学历的 650 人，占总数的 25%，大专学历的 1250 人，占总数的 48%，中专学历、高中学历和初中学历的共占 27%。③ 据上述调研可知，贵州省乡镇中心幼儿园师资匮乏，具体表现为数量上难以达到幼儿园标准的师幼比，质量上专业背景与本科学历教师占比较低，优质师资匮乏为乡镇中心幼儿园的规范发展和持续发展带来了阻碍。贵州在乡镇中心幼儿园的建设初期，

---

① 贵州省教育厅. 贵州中长期教育改革与发展规划纲要（2010—2020 年）[EB/OL].（2011-05-19）. https://jyt.guizhou.gov.cn/zfxxgk/fdzdgknr/ghjh/zxgh/201712/t20171206_16128159.html.

② 贵州省教育厅. 贵州省 2011 年教育年鉴[EB/OL].（2012-09-14）. https://jyt.guizhou.gov.cn/zfxxgk/fdzdgknr/tjxx/201805/t20180525_16244598.html.

③ 张地容，张维娜，杨红. 贵州省乡镇中心园的教育现状及其应对策略[J]. 教育与教学研究，2014，28（1）：125-128.

在资金投入、教师编制、师资质量等方面有着较大困难，但办园数量、教师人数和幼儿人数都在稳步提升，也逐步取代学前班，成为规范农村学前教育的新兴教育形式。作为贵州农村学前教育的新主体，乡镇中心幼儿园正在逐步走向规范。

四、规范发展（2016—2019年）

2017年，为加大对我省20个极贫乡镇学前教育精准扶贫力度，加强学前教育阶段师资队伍建设，提高学前教育教学质量，在北京乐平公益基金会的积极支持下，省教育厅在贵州教师教育学校顺利开展极贫乡镇学前教育师资前期培训工作。①

2016年，贵州计划再建300个农村幼儿园。根据人口密度，合理布局农村幼儿园，在常住人口3万人以上的乡镇中心办好2所以上公办幼儿园，重点在常住人口2000人以上且有实际需求的村建设公办幼儿园。②

2019年，我省为巩固2011年以来农村学前教育发展已取得的成果，进一步提升农村学前教育质量，根据《中共中央国务院关于学前教育深化改革规范发展的若干意见》中"大力发展农村学前教育，完善县乡村三级学前教育公共服务网络"的要求及《贵州省推进教育现代化建设特色教育强省实施纲要（2018—2027）》中"每个乡镇至少建立1个农村幼儿园集团化管理资源中心"的目标任务，③ 制定了《贵州省农村幼儿园集团化管理资源中心建设指导意见（试行）》，计划到2025年，每个乡（镇）至少建成1个资源中心。人口较大乡（镇），可以依托第2所、第3所中心幼儿园和片区幼儿园等建立多个资源中心。乡镇中心幼儿园资源中心的建设赋予了乡镇中心幼儿园"全新功能"，促使乡镇

---

① 贵州省教育厅.贵州省教育厅顺利开展极贫乡镇学前教育师资前期培训工作[EB/OL].(2017-05-05). https://www.guizhou.gov.cn/home/gzyw/202109/t20210913_70357124.html.

② 贵州省教育厅.贵州省推进教育现代化建设特色教育强省实施纲要（2018—2027）[EB/OL].（2018-12-15）. https://jyt.guizhou.gov.cn/xwzx/tzgg/201812/t20181215_16573822.html.

③ 国务院.学前教育深化改革规范发展的若干意见[EB/OL].（2018-11-15）. http://www.gov.cn/zhengce/2018-11/15/content_5340776.htm. 贵州省人民政府.贵州省推进教育现代化建设特色教育强省实施纲要（2018—2027年）[EB/OL].（2018-12-15）. https://jyt.guizhou.gov.cn/xwzx/tzgg/201812/t20181215_16573822.html.

中心幼儿园以"集团化"办园的形式发挥其辐射引领功能,在以往进行园所管理、课程指导和师资培训指导方式的基础上,建立"物资资源库"和"云端共享资料库",建构乡镇中心幼儿园和村级幼儿园更为紧密的联系路线,实现农村学前教育的一体化管理体制,使村级幼儿园能切实地、及时地获得乡镇中心幼儿园的引导和辐射,对振兴乡村学前教育有着重要的现实意义。

2019年,学者梁小丽、樊婷婷在对贵州农村幼儿教师质量保障机制研究中得出以下结论:调查的21所农村幼儿园里,有4所幼儿园存在无编制的幼儿教师,占总数的19%,同时,部分幼儿园无编制教师在幼儿园的比例较高,如平塘县克度镇中心幼儿园无编制的幼儿教师达到了25%,目前农村在职幼儿教师基本达到中专及以上学历,本科学历的幼儿教师有111人,占总数的34%,本科以下学历的幼儿教师有214人,占总数的66%。[1] 上述研究结论意味着,2019年,在整个贵州省农村幼儿园中大概还有19%的农村公立幼儿园存在没有编制的幼儿园教师,这些幼儿教师的工资待遇问题也必然会直接影响其教师质量。这些无编制幼儿教师在职称晋升和工龄方面,无法得到保证,其工作积极性大大降低。从一定意义上来说,这么大比例的无编制幼儿教师必然影响此幼儿园教师队伍的整体质量,进而影响幼儿园的保教质量。调查中还提到,全部农村在职幼儿教师的学历都达到了中专及以上,但中专学历和中专学历进修为大专学历的比例较大。[2] 可见,目前贵州省农村在职幼儿教师本科及以上学历的比例并不高,且一部分幼儿教师的本科学历是通过函授或自考的途径获得的,这个学历相对于其他行业要求而言是较低的。由上可知,贵州乡镇中心幼儿园正在快速发展,但高速度增长的同时也面临着教师编制匮乏、师资队伍质量低等方面的挑战。

五、扩容提质(2020年至今)

为推动全省学前教育迈入高质量发展新阶段,解决上述乡镇中心幼儿园发展窘境。"十四五"期间,贵州学前教育将继续坚持农村以公办幼儿园为主体、城市新增幼儿园以公办为主的原则,以学前教育普及普惠国家督导评估为抓手,

---

[1] 梁小丽,樊婷婷. 农村幼儿教师质量保障机制研究——基于贵州普及学前教育进程中的调查[M]. 成都:西南交通大学出版社,1999:105.

[2] 梁小丽,樊婷婷. 农村幼儿教师质量保障机制研究——基于贵州普及学前教育进程中的调查[M]. 成都:西南交通大学出版社,1999:107.

大力发展公办幼儿园，不断扩大普惠性学前教育资源供给，推动公办学前教育扩容提质。

本课题认为乡镇中心幼儿园的"扩容提质"中"扩容"是扩建与新建农村幼儿园（包括乡镇非中心幼儿园、民办园等），扩展乡镇中心幼儿园管理容量。"提质"分为两个部分，不仅包括提升乡镇中心幼儿园自身内部的保教质量，还包括乡镇中心幼儿园的"中心"质量，即指导质量、引领质量、管理质量和监督质量等。

为进一步调整优化教育资源布局结构，加强城乡教育资源统筹利用。2020年，贵州省颁布了《省教育厅关于统筹优化教育资源布局结构的指导意见》，依据人口密度需求，建立县、乡、村三级布局合理的全覆盖学前教育服务网络。每个乡镇至少建立1所公立乡镇中心幼儿园，大村建独立幼儿园，小村建合作幼儿园，常住人口3万以上乡镇建2所以上公办中心幼儿园，人口2000人以上村建公办幼儿园，充分发挥乡镇中心幼儿园在园所管理、课程建设、师资培训等方面的示范引领功能，探索乡镇中心幼儿园和村级幼儿园之间的合作发展模式。①

2021年，贵州省农村学前教育在集团化办园和乡镇中心幼儿园的辐射引领下，建立了多元形态的乡村幼儿园，建构了农村学前教育资源管理中心，逐步解决了村级幼儿园匮乏问题。使得村级幼儿园的数量逐步增多、质量稳步提升，基本实现农村幼儿在家门口就能接受质量好的学前教育的愿景。截至2020年年底，全省在园幼儿从2010年的76万人增加到158万人，学前三年毛入园率从2020年的50%增加到90.3%，公办园占比从28.6%增加到54.2%，公办园在园儿童占比达56%。② 截至2021年年底，全省幼儿园已达11305所，比上一年增加了288所，增长2.61%；在园幼儿1655347人，比上一年增加了66883人，增长率为4.21%。学前教育毛入园率达到91.4%，比上一年提高了1.1%，③ 赶超

---

① 贵州省教育厅.省教育厅关于统筹优化教育资源布局结构的指导意见［EB/OL］.（2020-05-13）. https：//www.guizhou.gov.cn/zwgk/zfgb/gzszfgb/202010/t20201027_70524059.html.

② 贵州省教育厅.贵州：学前教育弯道取直后发赶超［EB/OL］.（2019-12-22）. http：//www.moe.gov.cn/jyb_xwfb/moe_2082/zl_2019n/2019_zl29/201912/t20191223_413111.html.

③ 贵州省教育厅.2021年贵州省教育事业发展概况［EB/OL］.（2022-08-30）. https：//jyt.guizhou.gov.cn/zfxxgk/fdzdgknr/tjxx/202208/t20220830_76284843.html.

全国平均水平。其中，贵州乡镇中心幼儿园同样发展迅速，其"中心"功能不断得以凸显。

总之，按照全国乡镇中心幼儿园发展及 2022 年为全面落实《国务院关于支持贵州在新时代西部大开发上闯新路的意见》国发〔2022〕2 号"推进学前教育普及普惠安全优质发展"要求，根据教育部等九部门联合印发的《"十四五"学前教育发展提升行动计划》教基〔2021〕8 号精神，贵州省结合自身实际，由教育厅等十二部门印发了《贵州省"十四五"学前教育发展提升行动计划》，文件提出了贵州"十四五"学前教育工作重点目标是：覆盖城乡、布局合理、公益普惠的学前教育公共服务体系进一步健全，学前教育经费保障机制进一步完善，乡（镇）、村幼儿园一体化管理机制基本建立，普及普惠县积极稳妥创建，幼小科学衔接机制初步形成，"小学化"倾向基本消除，实现学前教育办学方向正确、办园行为规范、普惠格局完善、保教质量提高、幼儿全面发展。文件明确指出，截至 2025 年，每个乡（镇）要建成 1 个及以上农村幼儿园集团化管理资源中心，① 同时还要指出下一步工作的主要任务和保障措施。

从全国幼儿教育发展及贵州实践来看，两者的发展步伐并不一致。早期，全国范围内早已孕生制度化幼儿教育机构，1903—1951 年，先后更名为"幼稚园""蒙养院""蒙养园""幼稚园""幼儿园"等。而贵州省内的专门幼儿教育机构甚少，农村幼儿教育机构更是匮乏，贵州幼儿教育更多在家庭场域之中展开，或者依附于"私塾"及小学教育机体之中发展。然而，2010 年以来，随着国家及贵州省政府对发展贵州学前教育的重视，尤其是农村学前教育。贵州省学前教育发展极为迅速，三年毛入园率已连续几年赶超全国平均水平，凸显出贵州人民大力发展学前教育的决心与信心。

在这一背景下，贵州乡镇中心幼儿园将势必在《"十四五"学前教育发展提升行动计划》教基〔2021〕8 号的保驾护航下，跟随着贵州磅礴的学前教育发展浪潮，不断彰显出自身作为"中心"的作用，逐渐从"高速增长"到"高质量发展"转向，以自身的独特底层力量支持贵州在新时代西部大开发上"闯新路"，在乡村振兴上"开新局"，在实施数字经济战略上"抢新机"，在生态文明建设上"出新绩"。

---

① 贵州省教育厅. 贵州省"十四五"学前教育发展提升行动计划［EB/OL］.（2022-05-07）. https：//jyt.guizhou.gov.cn/zfxxgk/fdzdgknr/ghjh/zxgh/202205/t20220509_73871666.html.

第三部分　宏观调查：贵州乡镇中心幼儿园教育质量——现状、困境与对策

随着我国经济与社会的飞速发展，人们对教育的需求逐渐向学前阶段延展，且日益高涨。2010年11月21日，国务院颁布了《关于当前发展学前教育的若干意见》国发〔2010〕41号，文件明确提出"统筹规划，实施学前教育三年行动计划"，2020年年底，第三期"行动计划"实施完毕，2022年，我国学前三年毛入园率已达89.7%，2021年，贵州省学前三年毛入园率达91.4%，其中，具有示范引领作用的"乡镇中心幼儿园"发展同样迅速，近十年来，从无到有、从有向优，并扮演着极其重要的角色。因此，宏观地考察贵州乡镇中心幼儿园教育质量现状，探索其发展的成效与困境，尝试寻找其发展路径，对贵州农村学前教育发展，乃至乡村可持续振兴具有重要意义。

鉴于此，本部分采用问卷与现场访谈两种具体调查研究方法，以贵州省内具有一定代表性的240所乡镇中心幼儿园为调研对象，其中，重点访谈了76所幼儿园的园长（或副园长），整个研究主要以"结构性质量""过程性质量""功能性质量"三维度依次展开。"结构性质量"主要包括基础设施、班级形态、师资结构等；"过程性质量"主要包括教师观念、教学行为及课程实施等；"功能性质量"主要包括示范引领、管理与指导，着重以集体教研活动为着力点。

经过大量问卷调查与现场访谈，我们发现，当前贵州乡镇中心幼儿园发展速度快，文化底蕴浅，教育质量较低，等等，具体表现为：

（1）建园较晚，规划较为合理，基础硬件建设较好，但资源利用率较低。

（2）传统学校教育观残存，教师学前观念有偏差，教育活动需外力动力支持。

（3）园长多较年轻，工作热情较高，但专业化程度较低，制约其工作质量。

(4) 幼儿园发展较快，师资队伍供不应求且教师专业成长缺乏有效保障。

针对以上现状和问题，研究者结合现实考察，从几个方面提出了提升乡镇中心幼儿园教育质量的建议：

(1) 提升设施利用率，使其释放教育功效，保证幼儿充分享用教育资源。

(2) 引导家园健康的学前观，完善课程实施过程，使教育不偏离价值初衷。

(3) 调配与应用多方资源，促进教师专业成长，使之成为幼儿园质量的动力源。

(4) 增强师资投入力度，提升师资整体质量，不断增强幼儿师资的能动力。

总之，本部分研究仅是一种宏观研究，目的在于以"飞鸟之眼"考察贵州乡镇中心幼儿园的整体发展水平，在较短时间内获得研究数据，"大数据"背后蕴含"后台"意义，需要后继的置身式"田野实践"予以考证。

第一章 贵州乡镇中心幼儿园教育质量发展现状

一般而言，幼儿园教育质量是指幼儿园教育活动是否能满足幼儿身心健康发展的需要及满足幼儿身心健康发展需要的程度。[①] 它分为两个主要维度，即结构性质量和过程性质量，这是幼儿园内部的教育质量，而就乡镇中心幼儿园而言，其"中心"的称谓就蕴含着其教育质量不仅具有一般幼儿园共有的结构性质量和过程性质量，而且还包括功能性质量，即示范、引领、管理与指导等功能的释放成效。当然，结构性质量与过程性质量两者也客观地蕴含着示范、引领等功能性质量元素。

一、乡镇中心幼儿园结构性教育质量现状

乡镇中心幼儿园教育的结构性质量，聚焦于班级规模、硬件设施、师幼比等静态要素。结构性质量是幼儿园运行的基本构件，也是乡镇中心幼儿园教育质量提升的基础性要件，是乡镇中心幼儿园教育质量的显性指标，它在很大程度上直接或间接地影响着幼儿的身心全面发展。本部分结合课题组的调查数据，主要从以下几个层面解析贵州乡镇中心幼儿园的结构性教育质量现状。

（一）建筑与设施

1. 幼儿园建设与规模

为贯彻落实《国家中长期教育改革和发展规划纲要（2010—2020 年）》《国务院关于当前发展学前教育的若干意见》《贵州省中长期教育改革和发展规划纲要（2010—2020 年）》精神，推动贵州省学前教育又好又快发展。贵州省颁布了《贵州省人民政府关于加快发展学前教育的实施意见》，明确提出"坚持公益性和普惠性，按照《贵州省乡镇、街道办事处中心幼儿园建设规范指导原则（试行）》的要求，新建和改扩建一批幼儿园，加快形成布局合理、公办民

[①] 中央教育科学研究所学前教育研究室. 幼儿园教育质量评价手册 [M]. 北京：教育科学出版社，2009，7.

办并举、城市农村共同推进、质量达标的学前教育公共服务体系"。随着各项有关政策的颁布与推行，贵州省各个地区均开始新建、扩建和改建乡镇中心幼儿园，截至2015年年底，贵州省已基本实现了"全省所有乡镇、街道办事处至少有一所以上中心公办幼儿园"的目标，比原计划提前了5年。几乎所有乡镇中心幼儿园中，在基础建设与规模上均发生了很大改观。

据调查，由于贵州乡镇中心幼儿园多为新建与扩建，园址均符合《贵州省幼儿园基本办园条件标准（试行）》，规划设计都较为规范、合理，而且占地面积和建筑面积均较大，大多数幼儿园建筑以三层架构为主，建筑面积多为1500平方米及以上。幼儿园的班级数量为6~18个，建筑面积1500平方米以下幼儿园中最少的班级数量为3个。根据《托儿所、幼儿园建筑设计规范（2019年版）》规定，幼儿园在园幼儿人均面积不得低于15平方米，而不论是新建幼儿园或扩建与翻新幼儿园都能达到这一标准，如表3-1所示。

表3-1 乡镇中心幼儿园占地面积基本情况

建筑面积（平方米）	幼儿园数	总面积（平方米）	班级数	幼儿数	人均面积（平方米）
0~1500	74	1620	3	105	15.4
1500~2000	82	6681	10	431	15.5
2000~2500	31	8960	14	530	16.9
2500以上	53	27930	37	1410	19.8

＊幼儿数为每一区间取一所幼儿园

2. 户外场地与设备

由于乡镇中心幼儿园所处区位特色，有独有的资源优势，18%的乡镇中心幼儿园可与中心小学共享活动操场，相较于城市幼儿园，乡镇中心幼儿园的户外活动场地更大，也更为安全。86%的幼儿园操场均铺了塑胶草皮与塑胶直跑道，方便幼儿进行体育运动及各种游戏活动，但操场并无相应保护措施，颜色普遍较为鲜艳。也有极少部分幼儿园将操场进行分区，一部分是水泥地面，另一部分是塑胶草坪，便于开展不同活动。

据现场调研获知，贵州乡镇中心幼儿园的户外活动设备基本达到《贵州省幼儿园（学前班）玩教具配备表》要求的标配设施，许多幼儿园还配备了安吉游戏玩教具。但由于师资力量薄弱及资金投入不足等原因，我们在调研中发现，乡镇中心幼儿园的玩教具大同小异，几乎未能突显其乡镇特色，我们没有看到幼儿园自主基于乡村资源开发的、与幼儿生活紧密关联的玩教具，这将是乡镇中心幼儿园高质量发展亟须解决的问题。

如图3-1所示，各幼儿园配备的户外活动设施基本能满足幼儿的户外活动需求，囊括了各类活动。其中，滑梯和球类器械几乎是每个园所都配备的，相较而言，橡胶类和其他类要略显不足。通过户外活动现场观察，发现由于户外活动设施数与幼儿数之间不够匹配，偶有幼儿争抢现象。

总之，贵州乡镇中心幼儿园虽户外活动空间大，但活动设施配备相对较少，均未能自发开发独具乡镇特色的设施设备。

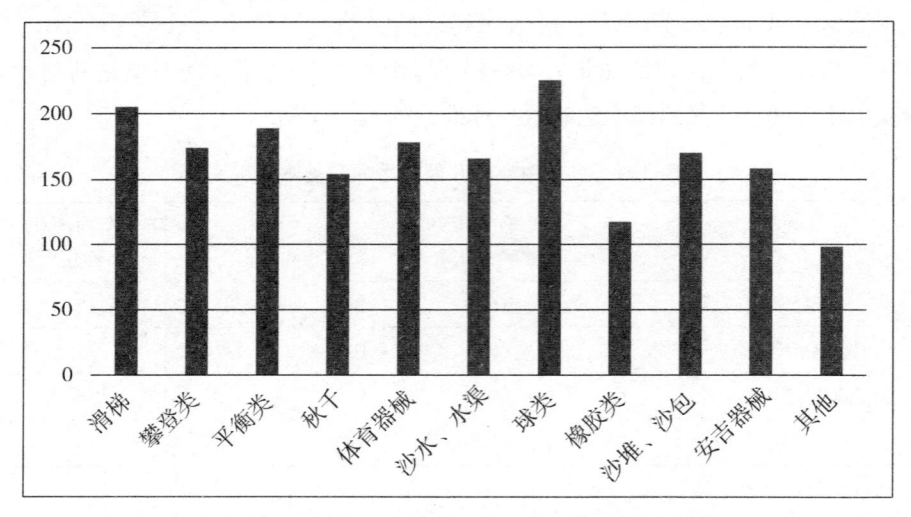

图3-1 乡镇中心幼儿园户外活动设施情况表

3. 活动室建设

根据《幼儿园工作规程（2016年版）》和《贵州省学前教育（幼儿园）建设规范指导手册（试行）》相关要求，除标配教学活动室外，乡镇中心幼儿园应结合自身条件，单设"游戏室""美工室""音乐室""体育室"等不同类型的活动室，以满足不同兴趣爱好的幼儿需求，这不仅丰富了他们的在园生活体验，也可能潜在地开发他们的多元智能。

如表3-2所示，在活动室的建设里，图书区和绘画区是乡镇中心幼儿园的高频选择，且平均每周的使用频率相对较高，但仍有6.7%的乡镇中心幼儿园尚未设置额外的幼儿园活动室。

表 3-2 乡镇中心幼儿园活动室情况统计表

项目	图书区	绘画区	科学区	表演区	多功能室	其他活动室	都没有
园所数量	197	158	107	115	119	54	16
平均使用次数/周	7	6	3	4	5	2	0

（二）班级形态

1. 班级规模和师幼比

这里所谓班级规模，是指幼儿园一个班级或一个教学团体的幼儿人数。班级规模不仅可能影响教师教学、游戏及生活的管理，也可能影响教育活动效果，还可能影响幼儿的在园生活体验质量。甚至有学者认为，班级规模不仅会影响幼儿"自然性"成长，也会影响幼儿的"社会性"成长。

2012 年 3 月，贵州省教育厅印发的《贵州省幼儿园基本办园标准（试行）》黔教学前发〔2012〕99 号明确规定："班级规模，应符合国家相关规定，每班幼儿人数一般为：小班（3~4 岁）25 人，中班（4~5 岁）30 人，大班（5~6 岁）35 人。各地可根据实际情况增减班级规模，在此标准上每班最多不超过 5 人。"

如表 3-3 所示，当前，贵州乡镇中心幼儿园内设的实际班型和《贵州省幼儿园基本办园标准（试行）》的规定差异较大，小班幼儿人数随着幼儿园面积的增加而增加，中班和大班幼儿人数多在 30 人以上，存在班额较大的问题。我们在调研时，其中一位乡镇中心幼儿园园长对此深表无奈：

> 我们园在建园时设计每个年级 3 个班，大中小共 9 个班级，预留了 3 个班级，总共 12 个班级，就这样的办学规模；幼儿园的活动场所和玩教具等设施设备都是统一按标准来配备的，甚至还远高于省厅给的标准，当时，我们想，生源主要是在这个乡的工作人员以及周边寨子的娃娃，那达标就肯定没有问题的啦！哪知道，后来并不是这样子的嘞！许多老远地方的家长都送娃娃过来读，本身他们那里也是有幼儿园或者幼儿班的，但他们觉得我们这里可能要好一些嘛，就送过来了，因为现在许多家都有车子的，至少也有架摩托车嘛，去哪里都很方便，他们也就半个小时就能到这里。若我们因幼儿数超了标准不收，他们也会想方设法找各种关系，我们地方小啊，转一圈大家都是亲戚嘛，最后还是不得不收下，这样，娃娃就越来

越多了，搞得我们幼儿园现在好多项目都不达标，计划赶不上变化啊！"（访谈记录：Y2022年10月15日）

表3-3　乡镇中心面积最大幼儿园班级规模情况统计表

项　目	调查班级 （幼儿人数）	小班幼儿 （30~35人）	中班幼儿 （35~40人）	大班幼儿 （40~45人）
数　量	37	10	12	15

表3-4　乡镇中心中间随机某幼儿园班级规模情况统计表

项　目	调查班级 （幼儿人数）	小班幼儿 （30~35人）	中班幼儿 （30~35人）	大班幼儿 （35~40人）
数　量	10	4	3	3

表3-5　乡镇中心面积最小幼儿园班级规模情况统计表

项　目	调查班级 （幼儿人数）	小班幼儿 （20人）	中班幼儿 （36人）	大班幼儿 （49人）
数　量	3	1	1	1

所谓"师幼比"就是幼儿园班级中成人数与幼儿量的比例，这里是指乡镇中心幼儿园教师（包括教师和保育员）数与幼儿数的比例，或指幼儿园某一年级教师数与幼儿数的比例。幼儿园"师幼比"是影响幼儿园教育质量的重要结构性要素。若将教师比作一种资源，那么显而易见的是，幼儿园的幼儿越多，其所能分配的资源就相应越少，幼儿园的整体教育质量就越低。当然，这看似成反比关系，但这种类比是有限度的，由于教育影响变量的复杂性，并非幼儿数量越少，幼儿园教育质量就一定越高。总之，不恰当的"师幼比"，肯定会影响幼儿园教育质量，制约幼儿园教育改革与发展。

在《全日制、寄宿制幼儿园编制标准（试行）》中明确规定：全日制幼儿园教职工与幼儿的比例为1∶6~1∶7。但我们在调研中发现，当前贵州乡镇中心幼儿园的师幼比远超以上标准，原因大都与以上"园长的无奈"一样，"计划赶不上变化"。在调查的240个幼儿园中，就有21个不能保证每个班级都有保育员，剩余的219个幼儿园中，160个幼儿园完全能保证每个班级配有两教一保，剩下的 59 个园所尚不稳定。

表 3-6 乡镇中心幼儿园师幼比情况统计表

项目	班级数量	幼儿数量	教职工数	师幼比
大班	15	600	45	3∶40
中班	12	460	36	9∶115
小班	10	350	30	3∶35

＊教职工数为班级教师和保育员总数

2. 班级环境及活动区

我们知道，环境对早期儿童的影响最为深远，环境成为无声的"第三位老师"，这里"环境"必然是人为环境而非自然环境，否则不能称为"老师"，作为一种人为的、蕴含教育性的"班级环境"，其不仅是显性教育活动的场所，而且其教育性对幼儿发展有着隐性的推动作用。因此，良好的幼儿园班级环境不仅能促进幼儿的身心发展，也能增加幼儿与同伴的互动，让幼儿在人与环境、人与人的互动中得到成长。

班级环境整体布置。就贵州而言，乡镇中心幼儿园大多为新建幼儿园，因此短期内很难找准自己园所的环境定位，多是借鉴或仿照其他幼儿园，尤其是城区幼儿园。而且，许多乡镇中心幼儿园的班级环境创设多由班级教师承担，教师精力有限，一方面，其要忙于教育活动，另一方面，其又要兼顾环境创设，因此，我们调研发现，部分幼儿园的班级环境创设略显单调、刻板，创设的主题不清晰、不连贯，环境教育性不突出，内容更换率也较低，如图 3-2、图 3-3 所示。

图 3-2 乡镇中心幼儿园大班教室布置 　图 3-3 乡镇中心幼儿园中班环境创设

我们在调研时发现，大部分幼儿园里的教室空间很充足，部分空间配备了幼儿日常活动常用的多媒体设备、桌椅、录音机、钢琴等，部分空间放置着幼儿的床铺。教室墙壁上多张贴着幼儿的绘画和手工作品，但这些作品纸张多有泛黄痕迹，显然，这些作品存放了很长时间，在关于"班级环境创设"的访谈中，许多教师都表示：

"我们的环境都是根据幼儿园课程内容设计的，而且环创我们大部分都是让孩子一起参与，让他们自主选择自己喜欢的内容，但这样好难，过一段时间他们又不感兴趣了。""材料每次都会换，就感觉想不到他们喜欢什么，喜欢的东西又多，学校经费又不是很充足，我们也没办法。"（访谈记录：X2022年7月1日）"我们基本都是每月更换一次墙面设置。"（访谈记录：L2022年6月29日）"对于部分墙面内容，我们会一学期换一次。"（访谈记录：Q2022年6月30日）

由于各个乡镇中心幼儿园投入的建设基金不同，班级在基础设施配备上也有所不同，甚至有显著差异。但各个幼儿园对桌椅和玩教具的投入较大，具体设施配备如表3-7所示，而钢琴、教学触摸一体机、投影仪等相关教学活动设备相对较少。

表3-7 乡镇中心幼儿园班级基础设备情况统计表

项目	现状
桌椅	塑料（100%）
盥洗设备洗手设备	旱厕（6%）、冲水式（94%） 流动水洗手池（73%）、肥皂（73%）、毛巾（85%）
饮水设备	饮水机（76%）
教具	白板（30%）、黑板（75%）
书架	书架（94%）
玩具柜/架	玩具柜/架（97%）
基本电子教学设施	钢琴（43%）、电子琴（43%）、录音机（72%）、电视机（84%）、投影仪（12%）

活动区设置。活动区的布置和材料投放也是环境创设的重要组成部分，如表3-8所示，从我们调研的乡镇中心幼儿园中可以看出，大部分幼儿园的活动

区设置较为完善,许多幼儿园都会根据可获得材料创设班级活动区。阅读区和美工区在设置上都是最多的,而且使用频率比其他区域较高,表演区、建构区和科学区使用次数较少。

表3-8 乡镇中心幼儿园班级活动区情况统计表

项 目	表演区	建构区	阅读区	美工区	科学区	其 他
占班级总数百分比	48%	50%	82%	65%	44%	22%
平均每日使用次数	1	1.6	3	2.2	0.8	1.2

(三) 师资结构

"百年大计,教育为本;教育大计,教师为本。"从一定意义上说,师资质量决定着幼儿教育质量。当前乡镇幼儿园高质量发展的最大瓶颈在于师资,教师的专业程度和教学水平直接关乎着幼儿的全面发展;同样,师资队伍结构也会影响幼儿园教育质量提升。本研究从园长、教师和保育员三个层面聚焦师资力量,具体情况如下。

1. 园长基本情况

幼儿园园长是幼儿园管理的主体承担者,由于特殊的地位、责任、知识、经验、能力等因素,使其成为幼儿园的灵魂人物。唯有园长,才能将当下教育新理论带到幼儿园日常生活中,赋予幼儿园持续发展动力。可以说,幼儿园园长的能力很大程度上决定了幼儿园整体发展的高度,也是幼儿园质量可持续提升的关键保障。

相对而言,贵州经济社会发展滞后,这就导致农村学前教育发展更为薄弱,大多数乡镇中心幼儿园均是在2010年后创建的,几乎是"从无到有",发展速度极快。骨干幼儿师资培养难以跟上这一速度,在这一背景下,部分乡镇中心幼儿园园长聘用小学骨干教师。本课题调研的76位幼儿园园长(副园长)中,绝大多数年龄均为25~35岁,整体年轻化;虽学历均为大专及以上,但大多数第一学历的专业不是学前教育(幼儿教育)专业。其中,48位园长(副园长)有5年以上幼儿园教学工作经历,说明他们已达到一定专业化水平,如表3-9如示。

表 3-9 乡镇中心园园长（副园长）基本信息表

项目	职务		年龄				学历				任职时间		幼儿教育专业经验	
	园长	副园长	25岁以下	25~35岁	35~45岁	45岁以上	中专	大专	本科	研究生	5年以下	5年以上	5年以下	5年以上
人数	72		1	40	26	5	2	10	58	2	40	32	25	47
人数		4	0	2	2	0	0	1	3	0	3	1	3	1

2. 教师基本情况

对幼儿园而言，要将幼儿从"自然世界"领入"人文世界"，切实地促进幼儿全面和谐成长，就必须有优秀的师资保证。倘若说幼儿是幼儿园的"中心"，那么教师则是幼儿园的"支柱"。教师对幼儿园的重要性无论怎么拔高都不为过。[1]幼儿教师在师幼关系中，与幼儿最密切，对幼儿最重要，对幼儿人格的影响也最大。因此，幼儿教师质量对乡镇中心幼儿园质量提升最为关键。然而，就贵州而言，幼儿园的增长速度与幼儿师资的培养速度是不匹配的，以致当前贵州乡镇中心幼儿园师资数量不足、质量不高。

我们从现场调研中发现，绝大部分幼儿园的每个班级都配备"两教一保"。从整体来看，教师队伍以年轻人为主，20~30岁的教师为51%。单从教龄来看，3年工作经历以下的教师占43%，他们从事学前教育专业时间短，教育经验略显不足。在教师学历方面，仅有5%的教师学历层次在初中及以下，68%的教师学历层次均为大专及以上，近5年招进的教师学历层次都是专科以上，多数为本科，说明当前贵州乡镇中心幼儿园教师整体学历层次较高，但师资数量明显不足。在教师职称方面，有12%的教师没有职称（不包括临聘教师），其中，有部分教师的职称占用小学编制，如图3-4所示。

由于所有班级都配有"两教一保"，因此每位教师都有外出培训的机会，而且园所也会积极组织教研活动，力图使所有教师一起进步，一起成长。如表3-10所示，基本所有的教师都有机会接受培训。如图3-5所示，所调查的幼儿

---

[1] 刘铁芳. 什么是好的教育——学校教育的哲学阐释 [M]. 北京：高等教育出版社，2014（8）：97.

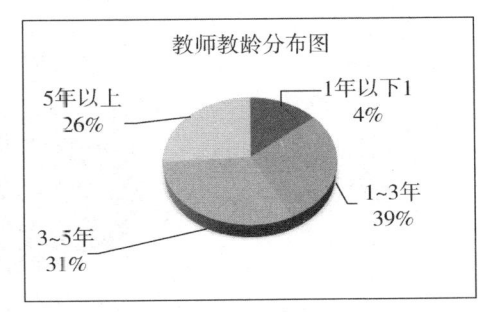

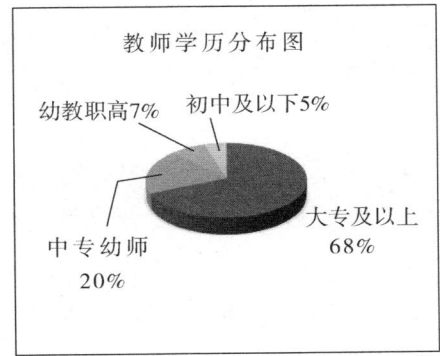

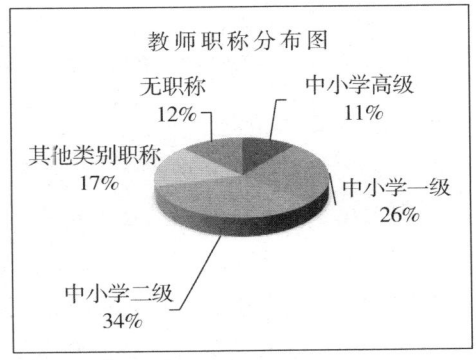

第三部分 宏观调查：贵州乡镇中心幼儿园教育质量——现状、困境与对策

教师年龄分布图
- 20岁以下 7%
- 20~30岁 51%
- 30~40岁 30%
- 40岁以上 12%

教师教龄分布图
- 1年以下 4%
- 1~3年 39%
- 3~5年 31%
- 5年以上 26%

教师学历分布图
- 初中及以下 5%
- 幼教职高 7%
- 中专幼师 20%
- 大专及以上 68%

教师职称分布图
- 无职称 12%
- 中小学高级 11%
- 中小学一级 26%
- 中小学二级 34%
- 其他类别职称 17%

图 3-4　幼儿中心幼儿园教师基本信息图

园，基本每周至少有 1 次教研活动。除进行园内教研活动外，部分园所还会组织教师去其他幼儿园参观学习。

　　"之前疫情不严重的时候，园长就会组织我们去其他幼儿园参观，如果时间充足还会跟岗学习。"（访谈记录：Z2022 年 6 月 30 日）"我们作为中心园既帮扶别人，也接受别人的帮扶，我们下村的时候就会观摩他们的主题课程，然后尽可能提出一些建议。""我们的年轻老师需要太多学习的机会，都是邀请教研所有资质的人下来培训。毕竟我是一个非专业的人，有幸做了园长，但对有些内容不太懂，就跟着他们一样都在学习。"（访谈记录：S2022 年 6 月 30 日）

表 3-10　乡镇中心幼儿园教师接受培训情况

项目	被调查教师总数	有培训进修机会	完全没有培训进修机会
数目	240	240	0
百分比	100%	100%	0

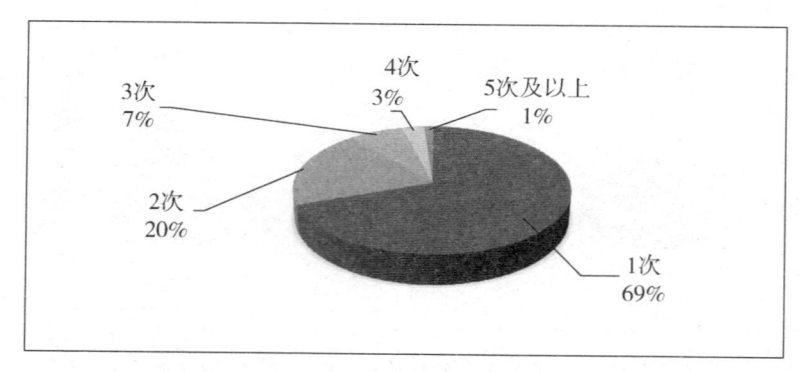

图 3-5　乡镇中心幼儿园每周教研活动情况

3. 保育员基本情况

保育员作为影响幼儿成长的重要部分，其作用是幼儿教师无法替代的。实质上，保育员是幼儿园教师队伍中的重要组成部分。然而，究其专业水平、地位与作用，保育员却成了幼儿园师资队伍建设中的短板，他们身陷幼儿教育"边缘人"的身份困境，以致幼儿园保教一体化质量出现"平原现象"，隐性制约着当前与今后幼儿园教育高质量发展。

在乡镇中心幼儿园，保育员的身份困境更为突出。如图 3-6、图 3-7、图 3-8 所示，我们调研的乡镇中心幼儿园中，大部分幼儿园在保育员招聘上，还是有所要求的，23%的幼儿园要求学历必须在高中及以上，53%的幼儿园要求持有

图 3-6　乡镇中心幼儿园保育员招聘条件分布

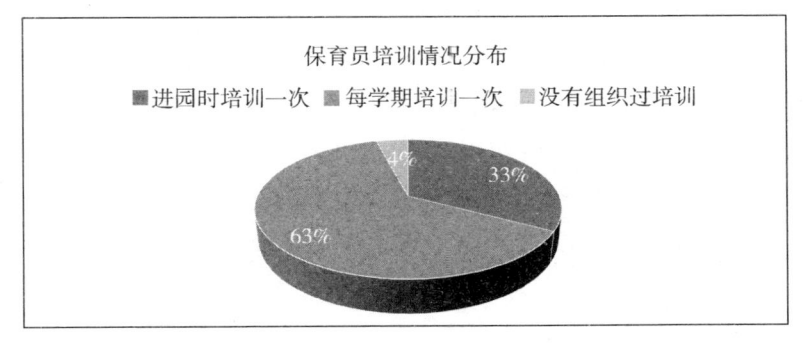

图 3-7　乡镇中心幼儿园保育员培训情况分布

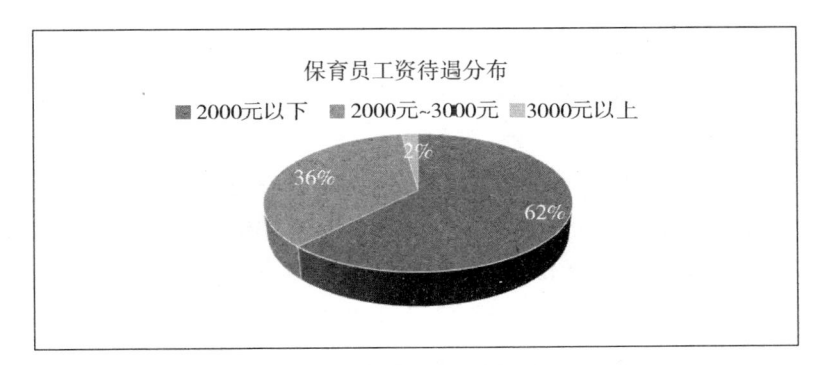

图 3-8　乡镇中心幼儿园保育员基本信息统计

保育员资格证，6%的幼儿园要求有相关从业经验，但也有18%的幼儿园对保育员招聘没有任何要求。尽管每个乡镇中心幼儿园的保育员招聘条件不尽相同，但几乎所有幼儿园都会组织保育员进行岗前培训，仅有4%的园所未组织过相关培训。

幼儿园班级常配有"两教一保"，当教师外出学习之后，更多的任务就会落在保育员身上，也就是说，保育员要承担保育员的本职工作、兼职教师日常工作，但却由于称谓不同，以致其工资待遇并未相应提升。调研发现，乡镇中心幼儿园保育员的工资普遍远低于专任教师的工资，62%的保育员工资待遇在2000元以下。与专任教师相比，保育员的待遇也难以有所突破，我国保育员相关的专业发展仅有"保育员资格证"，她们只能以"临聘""合同工"的身份工作。

"我们的保育老师会经常出去培训，等她回来就会第二次培训，不管是应急的一些措施，或是消毒工作，都需要学习。"（访谈记录：Y2022 年 6 月 28 日）"我现在拿到手每个月是 1300 元，跟我们班的老师肯定是有很大差距的，小 W 老师刚工作两年，已经拿 4000 多元的工资了，我们班 Y 老师工资就更高了，因为她的工作年限长嘛。"（访谈记录：L2022 年 6 月 27 日）"我们幼儿园保育员拿到手的工资一般都在 1800 元左右，我算是干得比较久的，在这个幼儿园工作 10 年了，虽然进了教育局的工勤岗，但拿到手的工资也只有 1730 元，老师们拿的绩效，我们是没有的。"（访谈记录：G2022 年 6 月 28 日）

二、乡镇中心幼儿园过程性教育质量现状

就本质而言，幼儿园质量是一个动态生成过程，因而对之评价不能仅持一种固定不变的尺度，应持一种发展眼光。作为一种动态"变量"，"过程性质量"是评判乡镇中心幼儿园教育质量的决定性因素。如果说，乡镇中心幼儿园的"结构性教育质量"属硬性指标或静态指标，那么，其"过程性教育质量"则可以说是乡镇中心幼儿园教育质量的软性指标或动态指标。结合本课题调研数据，整理已有相关文献，我们从"教师教育观念""教师教学行为""课程教学"三个维度探索乡镇中心幼儿园的过程性教育质量。

（一）教师教育观念

教师是幼儿园的第一资源，是幼儿园"过程性质量"评估的关键性变量。教师的教育观念就是教师的"教育世界观"，是教师开展的幼儿园全部教育活动的内在依据，它决定着师幼关系样态，影响着幼儿教育成效，同时也是幼儿教师职业发展的指南针，其教育观念一般反映在教育目的、教育内容和教育方法上。

在本课程研究中，我们使用 Nvivo12 软件对访谈资料进行整理和分析，得出乡镇中心幼儿园教师教育观念的相关编码，见表 3-11。①

---

① 高华. 乡镇中心幼儿园教育质量现状研究[D]. 沈阳：沈阳师范大学，2016：25-26.

表 3-11 乡镇中心幼儿园教师教育观念类型编码

教师教育观念类型	名称	编码	资料来源（个数）	开放式编码/参考点（个）
类型 1	教育目的 类型 1.1 类型 1.2 类型 1.3	看好孩子 教会幼儿识字算数 促进幼儿身心发展	13 37 28	8 10 7
类型 2	教育内容 类型 2.1 类型 2.2 类型 2.3 类型 2.4	与幼儿社会经验需求相关 识字、算数、背唐诗 有利于幼儿的长远发展 尊重幼儿自主选择	15 33 23 7	4 12 5 4
类型 3	教育方法 类型 3.1 类型 3.2 类型 3.3 类型 3.4	讲授法 讨论法 演示法 练习法	30 9 32 7	11 4 12 5
教师教育观念	教育观念组成		78	22

* 本课题有 78 个正式访谈对象，22 个开放式访谈对象，同一特征回答出现几次就有几个参考点。

1. 教育目的

所谓教育目的，就是指把幼儿培养成为什么样的人的总要求，就是教师教育活动的价值期待，就是教师教育观的显性表达。课题组对教师进行访谈后发现，绝大部分乡镇中心幼儿园教师基本从以下三个维度理解学前教育之目的：第一，大部分教师认为幼儿园教育的目的就是"为小学做准备"。第二，也有部分教师认为幼儿教育就是"为了促进幼儿身心健康发展"。第三，认为幼儿园教育是为了"照顾好孩子"的教师则相对较少。

"幼儿园的教育就是为了孩子上小学做准备，让他们不至于被落下。""幼儿园教育当然要教会孩子识字、算数了，不然上小学他们跟不上其他孩子怎么办。"（访谈记录：T2022 年 6 月 27 日）这样相似的回答在访谈里屡见不鲜。这一部分教师基本将幼儿园教育看作是小学教育的起点，小学化倾向严重。但也有教师认为"幼儿教育就是让孩子们在一起健康快乐地玩耍和成长"。（访谈记录：L2022年6月28日）这部分教师的教育理念相对科学，认识到了学前教育的本质就是为了促进幼儿身心健康发展，整体来看，仅有35%的教师持有这种理念。也有教师认为"幼儿园的存在就是帮着家长照看孩子，孩子们有地方可去，我们只要注意别让他们摔跤就行"。（访谈记录：E2022年7月2日）我们知道，持这一学前教育理念的教师数量相对极少，这一部分教师的教育观念相对落后，没有正确认识到学前教育的意义，仅把自己看作"保育阿姨""旁观者"。因此，由于教育目的的认知偏差，这部分教师缺乏幼儿园工作的价值感与意义感，把幼儿园工作仅当作不得已的谋生职业，继而常常产生职业倦怠，师幼关系淡漠。此外，若持这一教育观的教师没有得到有效疏导，他们极容易在幼儿园内四处"传染"，动摇其他教师的学前教育信念，最终制约幼儿园教育质量的提升。

2. 教育内容

教育内容是教育活动的最基本要素之一，是推动幼儿成长的精神资源。教育内容的选择，是一个幼儿教师的教育价值期待，其在很大程度上反映出他（她）对自身教育观念的践行程度。深究教育内容的选择，能够体现出教师的教育理念，也能够看出幼儿教师的能力水平，以及对幼儿的了解程度。在访谈中，教师对教育内容选择的依据主要聚焦于四个方面：教与幼儿知识经验相适应的基本常识、教会幼儿识字和算数、有利于幼儿的长远发展、尊重幼儿自主选择。

在这些选择依据里，让课题组感到疑惑的是，早在1904年我国第一个学前教育法规《奏定蒙养院章程及家庭教育法章程》就明确规定应设置"幼儿易懂的、有趣的、与小学迥然有别的"[①]幼儿园教育内容，时至今日，仍有很大一部分教师认为，应该"教会幼儿识字与算数"，若这一部分乡镇中心幼儿园教师发挥了"示范"作用，后果令人担忧。也有一部分教师认为，应该选择"有利于幼儿长远发展"和"与幼儿知识经验相适应"的内容。很少有教师想到"尊重幼儿自主选择"，这说明幼儿园教育内容"儿童视角"未深入人心。[②] 很大一

---

① 张明红. 学前儿童社会教育与活动指导 [M]. 上海：华东师范大学出版社，2014：2.
② 高华. 乡镇中心幼儿园教育质量现状研究 [D]. 沈阳师范大学，2016.

部分教师认为"既然进入了幼儿园,就应该让娃娃们学习知识,不然来幼儿园干什么,就算我们不做,家长也会要求我们。""我们也清楚幼儿园教育不应该过多小学化,但家长总会抱怨自己的娃娃每天在幼儿园只会玩,自己把娃娃送进来是为了学习而不是玩耍。"(访谈记录:K2022年6月29日)无论自愿或被迫,42%的幼儿教师还是不约而同地选择小学化相关知识作为教育内容。其中,若是自愿选择小学化内容的教师,多持有以下两种想法:一是教授小学的教育内容能够直观发现幼儿的"进步";二是上课会比组织活动能更好把控秩序。许多选择了教授"小学化"内容的幼儿教师都频频将这一行为归因于"家长和现实的压力",这恰恰有违福禄倍尔的"幼儿园(Kindergarten)精神",即"为儿童服务而非为家长服务"。有位教师认为"在幼儿园里就应该多让幼儿学习习惯和规则,为他以后的发展做准备"。(访谈记录:H2022年6月27日)这样的内容选择并非嵌合当下学前教育精神,它仅关注幼儿的社会性成长,忽视了对幼儿天性的看护,但符合"为了儿童"教育的基本立场。我们在访谈中发现,持有这一观念的教师占比约29%,这一部分教师仍然需要职后教育,使之从"为了儿童"到"基于儿童"的观念转变。

  幼儿教师对教育目的的理解和认知影响着他们对教育内容的选择。我们在调研中发现,部分教师认为,幼儿教育目的就是"促进幼儿身心健康发展",当然,他们在做教育内容的选择时,自然就倾向于那些"有利于幼儿长远发展"的内容。我们在访谈时,有教师认为"家长们把幼儿送到幼儿园来,不只是让幼儿来玩的,我们应该教他们基本的行为准则,比如,按时吃饭、好好听话、做个有礼貌的孩子"。(访谈记录:G2022年7月2日)这一部分教师则关注幼儿的社会性发展需要,因而他们的教育内容多选自幼儿周遭的生活世界的常识和生存技能,旨在将幼儿从自然世界领入人文世界,继而重构人文世界。也有教师认为"在这个阶段,幼儿对什么感兴趣,我们就应该教什么,现在不是提倡什么生成教育吗?不就应该关注幼儿的需要和兴趣"。(访谈记录:T2022年7月1日)显然,类似于这种观念的幼儿教师一般坚守"儿童本位",其观念已逐渐从"为了儿童"到"基于儿童"转变,他们的教育内容的选择也就自然是基于"幼儿的兴趣与需要",他们往往基于"幼儿的日常活动"探寻教育内容生成点,即形成"活动—课程—活动"无限循环的、动态的课程生成链条,而非教师自我以"为了儿童"的名义一厢情愿的内容设计。虽然这一选项是所有选项中最少的一部分,仅占9%,但却代表了未来学前教育的发展方向,成为贵州乡镇中心幼儿园高质量发展的"星星之火"。

3. 教育方法

教育方法是教师为完成一定教育目的而在教育活动中采用的手段。教育方法的运用体现了教师对教育目的、教育资源以及幼儿的熟悉程度，在一定程度上也反映了教师的学前教育观及其行动力。据访谈及参与观察，我们发现，贵州乡镇中心幼儿园教师运用的教育方法主要有四种，按使用次数依次排序为：讲授法、讨论法、演示法、练习法。显然，对绝大多数幼儿教师而言，最为传统、最易控制、最为熟悉的教育方法是"讲授法"，因此幼儿教师运用"讲授法"最多。例如，"一般就是我们进行集体教育，我讲他们坐着听。"（访谈记录：F2022年6月29日）"最常见的就是我们在前面讲，孩子们听，有些内容不讲孩子们不懂。"（访谈记录：Z2022年6月29日）除此之外，讨论法也是多数教师会选择的一种方法，教师营造宽松自由的讨论环境，鼓励幼儿大胆表达自己的观点。

教师虽然提到了演示法和练习法，但这两种方法基本不被选择。由于演示法多用于科学实验，但在乡镇中心幼儿园里很少有教师会选择进行专门的科学教育活动，多将简单的实验材料投放到科学区，供幼儿自由探索。"练习法"最难以掌控，教育成效最不明显，幼儿园也极少有需反复操作练习的内容，因而最不受幼儿教师们青睐。

从贵州乡镇中心幼儿园教师教育方法运用看，常常出现教育理念与教育方法不一致现象，在进行关于教育理念的访谈时，许多教师可以说出较为先进的教育理念，而在实际运用时，又常常使用传统的、最熟悉的方法，我们认为，此时"外力"推动作用，如教育质量监控，尤为重要。

4. 教师观念

这里的教师观念特指乡镇中心幼儿园教师对"中心"辐射作用的认识。对教师进行访谈之后发现，关于乡镇中心幼儿园的"中心"作用，大部分教师都非常清楚幼儿园所担负的责任，以及自己作为中心幼儿园一员的任务。"送课下乡，我们会带着老师去村里或者民办园上课，帮助她们解决一些问题。"（访谈记录：L2022年6月28日）"我们每个月都会对他们进行一次督导，也会举办一些玩自制教具的比赛，请他们来一起参加。还有一个入园的集体教研活动，也会组织观摩课，防止他们有一个小学化的倾向。"（访谈记录：W2022年7月1日）

<<< 第三部分　宏观调查：贵州乡镇中心幼儿园教育质量——现状、困境与对策

如图3-9所示，在幼儿园发挥"中心"作用的形式里，每学期或定期开展教研活动的比例是最高的，占25%，其余的形式如组织线上讲座、定期督查与指导村乡园及民办园、开展各种形式的业务竞赛和组织外出学习都是常用手段，以这样的形式来对其他园所进行辐射。

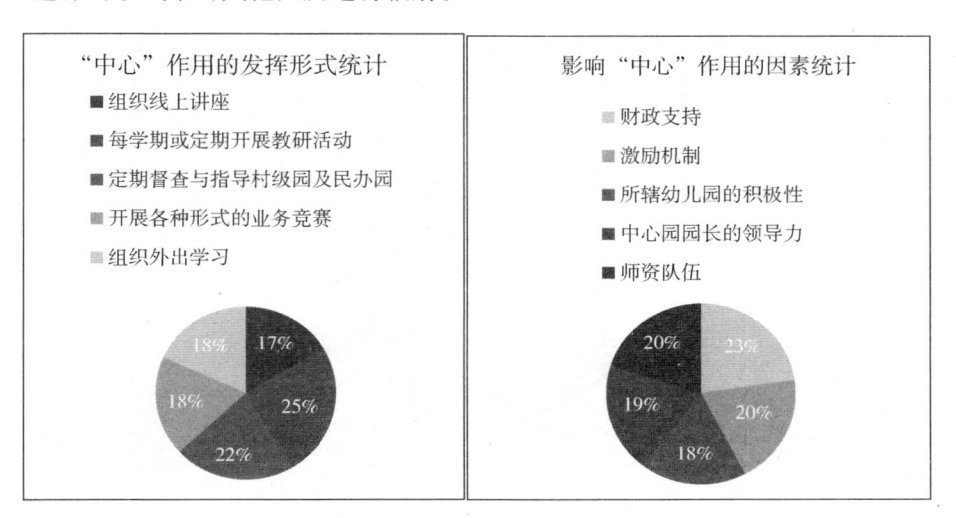

图3-9　乡镇中心幼儿园教师观念统计

（二）教育行为

幼儿园教育行为，也称幼儿园教育活动，是幼儿园工作"中心"，是实现教育目的的基本途径，幼儿园全部工作围绕这一中心展开。① 可以说，"教育理念"影响幼儿教师对教育内容和方法的选择，而"教学行为"则是教育理念内化后的外在表达。教师教学行为是教与学的双边行为，在教与学的互动关系中促进幼儿的健康和谐发展。因此，教师教学行为是乡镇中心幼儿园教育"过程性质量"的中心环节。

在研究中，教师的教学行为特指教师在完成教育目标或教育内容过程中，所表现出来的一系列动作和行为。整合所收集到的信息之后，将教师教学行为分为教育教学行为、参与幼儿活动、教学行为管理等三个部分。

图3-10直观地呈现出教师教学行为各个部分所占比例。59%的教师选择"教育教学行为"，其占比最大。虽于1903年《癸卯学制》就规定蒙养院（相

---

① 项贤明. 教育学原理[M]. 北京：高等教育出版社，2019：254.

当今天的幼儿园）教育行为应以"游戏和谈话"为主，120年后的今天，传统的教授方式仍然是幼儿园教育活动的主体部分，可见，教育改革与创新之艰难。除教学外，则是对幼儿的行为进行管理；而教师参与幼儿活动的占比最少，仅占18%，说明教师与幼儿间的互动较少，基本不对幼儿的教育活动进行指导或参与，"游戏是幼儿园的基本活动"并未得到贯彻落实。

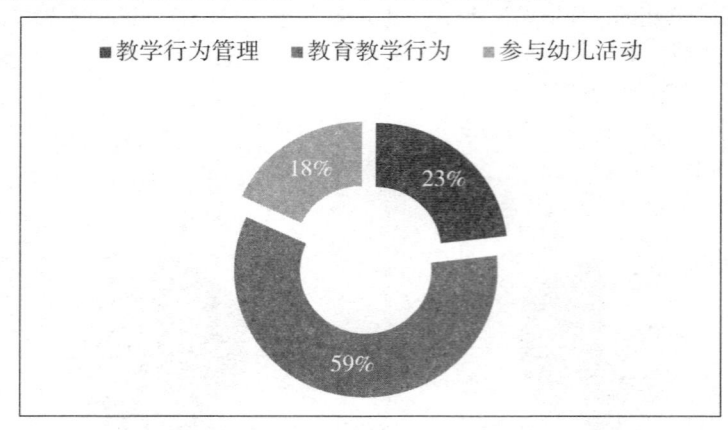

图3-10　乡镇中心幼儿园教师不同教学行为占比

1. 教育教学行为

本研究将教育教学行为分为教授、引导或要求实践、对活动结果的评价与反馈三大类。如图3-11所示，教师教授行为在教师整体教育教学行为中占69%，引导或要去实践占21%，对结果的评价与反馈占10%。[①]

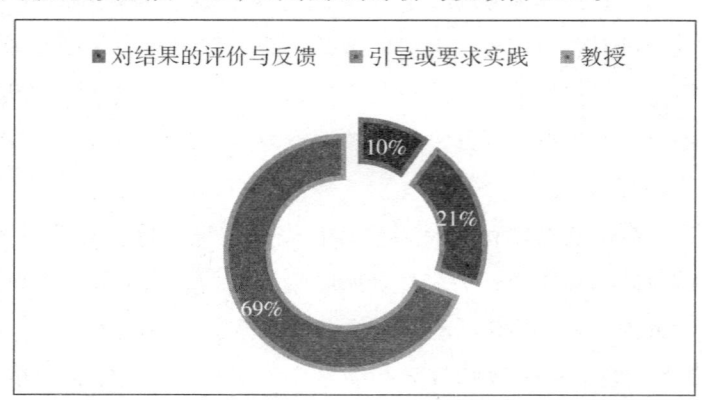

图3-11　乡镇中心幼儿园教师教育行为比例图

———————

① 高华. 乡镇中心幼儿园教育质量现状研究[D]. 沈阳：沈阳师范大学，2016.

教师教授行为。在幼儿园教育活动中，虽然说，游戏是幼儿园的基本活动，但教师的教授行为仍是最常见也是最重要的教学方式之一，教师可通过有趣的讲授、问答、讨论、练习及演示等方式，直接与幼儿建立教学关系，向幼儿传递教学内容，借此让幼儿习得某一知识与规范。经研究者观察发现，大部分教师在教学过程中"教"的时间过长，多是教师进行言语输出。教师较少会把课堂移交给幼儿，教师多采用直接传授给幼儿知识或者自问自答的方式进行教学，致使幼儿自主思考和探索的时间较短。因此，在一项教育活动过程中，幼儿多扮演倾听者的角色，很难长久地集中注意力，教育活动效果常常大打折扣。

引导或要求实践。一般认为，在幼儿园教育活动中，幼儿教师的提问，或者说引导行为能够很好地引发幼儿的思考，增加课堂的趣味性，提高幼儿的参与度与"在园意义感"。然而，在参与观察中，我们发现，事实并非如此，教师更多倾向于"包办"，要么问题单一，要么以自问自答的形式授课。如"小朋友们，图中的小老鼠在做什么？他们在搬鸡蛋。""你们喜不喜欢故事里的小兔子啊？""小鸟为什么哭呀？因为天太黑了，它害怕对不对？"（观察记录表：T2022年6月28日）这种替代回答和封闭式提问的方式，无疑是在降低幼儿的参与度，不仅不能引发幼儿思考、唤醒他们的存在感，还会降低幼儿对教育活动的期待。教师成了教育活动的主导者，"儿童本位"形同虚设。

结果评价与反馈。对幼儿的行为或语言进行评价和反馈，不仅能鼓励幼儿，还能提升幼儿的自信。因此，在教育活动中，教师应关注到每一名幼儿，及时做出正面的评价和反馈。然而事实并非如此，如图3-11所示，针对幼儿行为或言语结果的评价与反馈仅占据教师教学行为的10%。而且，据课题组观察，幼儿教师的评价方式多为言语表达，如"小朋友们，你们太厉害了，下次争取做得更好，好嘛？""你真棒""真厉害"等单一的言语鼓励方式，几乎没有如奖贴纸、小红花等物质性奖励，更没有如拥抱、击掌等互动性奖励，使评价处于"我和他"的主客关系，幼儿无法在这一教育关系中释放天性。因此，更新这种主客关系，由"我和他"到"我和你"关系转向，是提升乡镇中心幼儿园教育质量的重要动力源。

2. 参与幼儿活动

"儿童本位"是幼儿园教育的逻辑起点，要真正做到"儿童本位"，走进儿童生活世界是必由之路。换言之，幼儿教师走进幼儿生活、参与幼儿活动，才能建立民主和谐的教育关系，才能以"儿童视角"发现幼儿问题，才能"基于儿童"对幼儿活动中出现的困扰予以有效回应。

关于教师参与幼儿活动的情况,本课题将其分为五个维度。如图3-12所示,从低到高分别为完全参与、观察与监督、短暂介入、不参与和大段讲授。

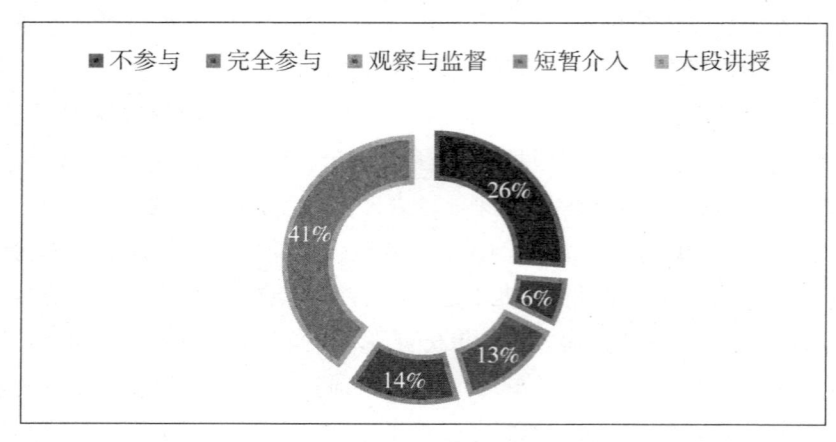

图3-12 教师参与幼儿活动情况比例

师幼比是影响师幼互动的形态的核心要素,贵州绝大多数乡镇中心幼儿园建园晚,师资力量较为薄弱,班级规模普遍较大,超过标准班级,这就直接影响了教师对幼儿活动的参与度。而为了赶活动进度,加之大多数教学内容多为识字、数学等,幼儿教师无奈选择以大段讲授的形式完成教学任务。

由于各幼儿园的教学活动种类繁多,本课题人员精力有限,所观察到的教学活动数量仅为全部教学活动中的一部分。在调研中,我们发现,幼儿教师在区域活动中常常作为旁观者,多在教室里流动,既关注幼儿的安全情况,又兼顾观察与监督,在幼儿需要帮助时出现,及时解决问题。而在"两教一保"齐全的班级,大家各负其责,保育员负责协调工作,幼儿教师则可参与到幼儿的活动之中,甚至有时教师还会扮演幼儿活动中某一角色,"成为儿童",以儿童视角回应幼儿所面临的困惑。

3. 教学行为管理

所谓教学行为管理,是指对教学过程的各要素加以统筹,使之有序运行,提高效能的过程。[①] 教学行为管理是教师维持教学活动有效运行不可或缺的重要环节,教师需要对幼儿的行为做出详细预案,拟采取多种可能的教育策略。本

---

① 陆雄文. 管理学大辞典 [M]. 上海:上海辞书出版社,2013.

课题将教学行为管理划分为"给予指令""要求安静""提出规则""个别解决问题"四个版块。如图3-13所示，以一次幼儿语言教育活动为例，观察幼儿教师所进行的行为管理。

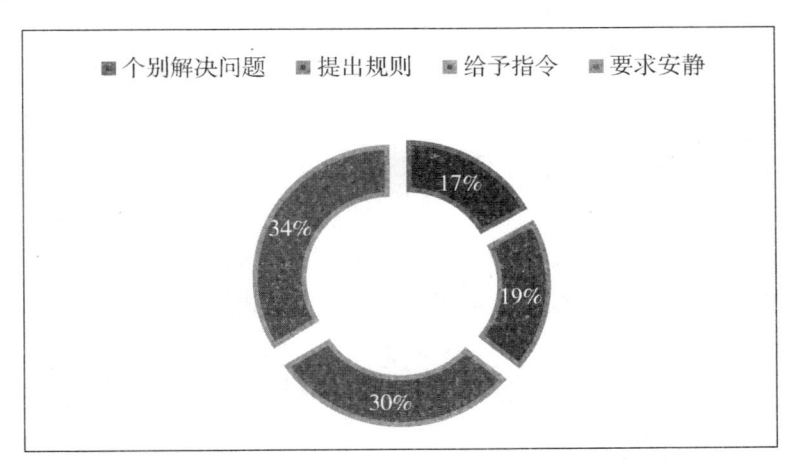

图3-13 教师教学行为管理占比情况

本课题组在参与观察中发现，在幼儿园教育活动前、活动中和活动后等三个部分，尤其是活动中的"自由讨论"环节，或"随意走动"，幼儿教师习惯对幼儿的行为做出严厉要求，并要求幼儿安静或提出规则。如"小手背背后，小嘴巴不讲话""我们找一找坐得最好最端正的小朋友""嘘！不要讲话"等，给予指令和要求安静是教师经常性的行为管理形式，比重分别占30%和34%。在调研中我们还发现，在师幼比例失衡的班级教学活动中，幼儿常会利用积极回答问题的方式来吸引教师的注意。显然，这是幼儿想从"抽象儿童"转向"具体儿童"，探寻自身在园意义感。然而，部分教师多"遵从内心"，更倾向于回应回答让自己"满意"的幼儿，而忽视其他幼儿。当多名幼儿同时举手要求回答时，教师难以控制局面，要求全部幼儿安静。这样，在一次教学活动中，可能都是相同的幼儿进行回答，未能做到兼顾大多数幼儿，不经意间，打击了其他幼儿回答问题的积极性，甚至可能封闭了其他幼儿思考之门。

（三）课程教学

课程是幼儿园教育系统的核心要素，是实现教育目的的载体。一般而言，课程可分为静态课程和动态课程。"一日生活皆课程"，这里的"课程"，主要指幼儿园的动态课题，它蕴含于幼儿一日全部活动之中，与幼儿全部生活经历交织在一起，这类课程是幼儿园的主要课程形态，已成为学前教育共识。尽管如此，专门性的静态课程教学也是幼儿园必不可少的环节，唯有做到"动静融合"，才能形成幼儿学习新知识和新经验的主要通路。

从课程内容选择到课程实施的每一个环节，均围绕着"促进幼儿成长"这一教育基本立场，如果偏离这个立场，课程教学将成为无教育性的活动。本课组将从课程内容、课程实施、教学组织形式和幼儿参与等几个环节，解析当前贵州乡镇中心幼儿园课程教学的基本状况。

1. 课程内容

在课程内容设置上，我们所调查幼儿园的课程内容虽然多由园所安排，但教师在课程内容上选择权较大，可以根据自身特长进行调整，也可依据幼儿的兴趣、爱好和发展水平制定。如图3-14、图3-15、图3-16所示，幼儿园所安排的课程占比较大。所有幼儿教师基本按照五大领域安排教育活动，偶尔会设计其他相关内容，除拥有基本教材外，幼儿教师还会额外参考其他学前教育相关书籍。

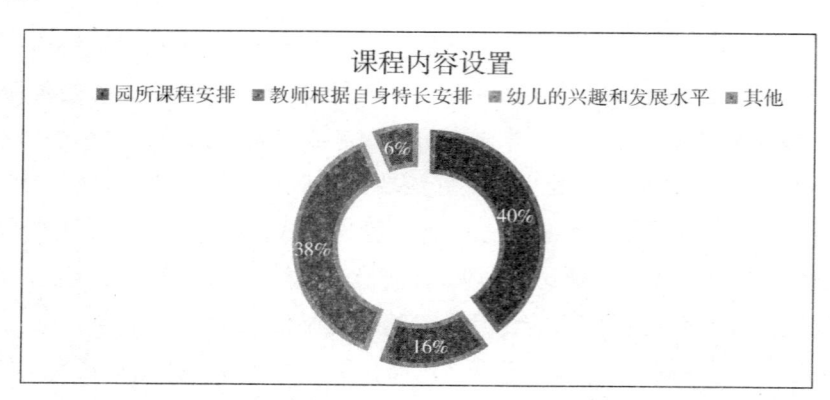

图3-14 乡镇中心幼儿园课程内容设置分布

2. 课程实施

这里的课程实施，就是对课程计划的执行情况。当确定课程内容后，便要制订课程计划。在课时安排上，大多数幼儿园把教学活动安排在上午，而下午由教师自由调配，结合实际情况，可安排1节教学活动，也可让幼儿自主活动。

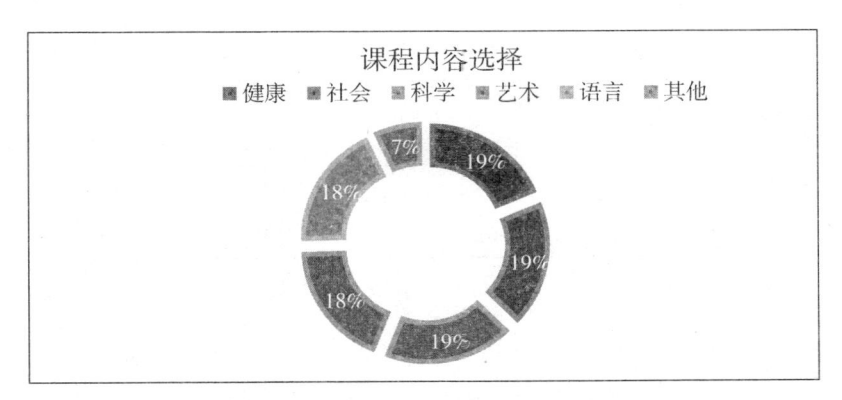

<<< 第三部分 宏观调查：贵州乡镇中心幼儿园教育质量——现状、困境与对策

课程内容选择
■健康 ■社会 ■科学 ■艺术 ■语言 ■其他
7%、19%、19%、18%、18%、19%

图 3-15　乡镇中心幼儿园课程内容选择分布

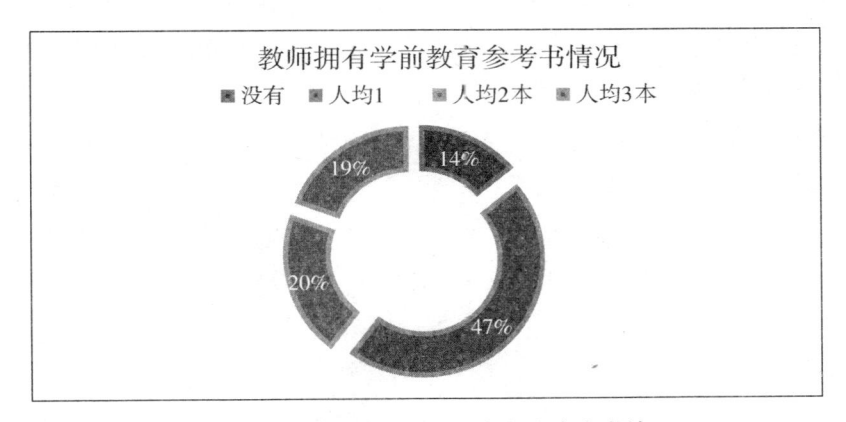

教师拥有学前教育参考书情况
■没有 ■人均1 ■人均2本 ■人均3本
14%、47%、20%、19%

图 3-16　乡镇中心幼儿园教师拥有参考书情况

本课题分组分时段开展调研，调研了12所幼儿园，共参与观察了98节课堂，在这些教学活动之中，尽管我们可查阅到课程计划，但课堂现场却很少看到幼儿教师按预先制订的课程计划开展，"基本按计划"和"完全按计划"分别仅占23.5%和24.5%，如表3-12所示。从以上结构性质量考察可知，当前贵州乡镇中心幼儿园师资仍存在数量不足、质量不高的问题，以部分教师按计划开展教学活动已勉为其难，他们不太可能因人、因事、因时而开发园本课程、特色课程。按幼儿园规定必须把本班月计划和周计划张贴在班级里，以此作为提醒，但教师没有按照课程计划实施的情况仍是大多数，或是课程为幼儿园其他活动让路，正如部分教师表示，"有原定的课程内容可能会被改为识字，我们也想按照计划来，但总有这样那样的事情，比如，突然的消防演习啊，或者是录视频，总有计划外的事情出现，这样我们怎么按照计划进行教学啊"。（访谈

79

记录：Y2022 年 7 月 2 日）

表 3-12　乡镇中心幼儿园课程计划实施情况

项　目	未按课程计划	基本按课程计划	完全按课程计划	根据实际调整
班级数	46	23	24	5
百分比	47%	23.5%	24.5%	5%

3. 教学组织形式

教学活动必定会在某一时空发生，并以某种组织形式而展开的。本课题所谓的教学组织形式，是指为了完成特定的教育活动任务，师幼按一定要求组织起来进行活动的结构。据调研获知，当前贵州乡镇中心幼儿园的教育内容，多参照贵州省统一幼儿教材内容，教学活动内容囊括五大领域，教学组织形式则由教师根据课程内容及幼儿基本情况而定。即使如此，也仍然有着统一"套路"，教师在语言、艺术、社会三大领域课程中倾向于选择集体教学方式为主，其他教学方式为辅，如小组教学、游戏教学。

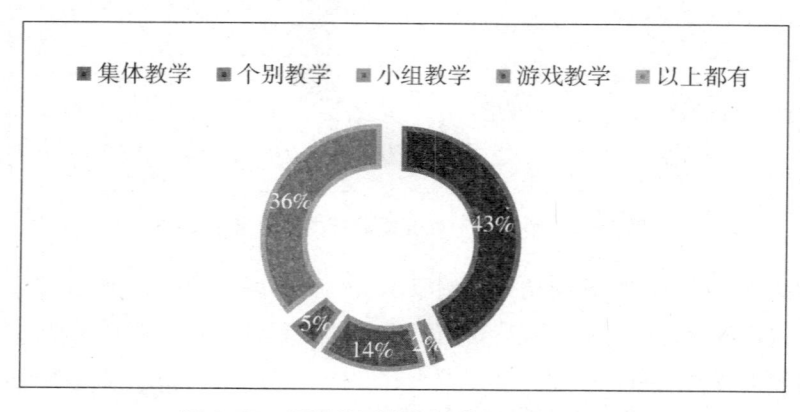

图 3-17　不同类型教师教学组织形式比例

如图 3-17 所示，由于师资缺乏，班级师幼比例过高，因此班级课程多采用集体教学的活动形式进行，占所有组织形式的 43%。专注于教师的"讲"，幼儿多为倾听者。为了保证集体教学活动的流畅性和秩序性，幼儿教师在一堂课上只能提问几个幼儿，而且常常会集中在几个幼儿身上。这对于大多数幼儿而言是不公平的，他们无法对教师提出的问题做出及时回应，独立思考、语言表达和与同伴互相协作的积极性很容易被打击。某园杨老师对研究者说道："我觉得做游戏教学需要时间慢慢积累，小朋友也需要一个过程去适应，放手不是说我们不去看着他们，我们也得时刻注意每位小朋友。""因为我们小朋友比较多，做不到个别教育，上科学课或者数学课的时候，就把内容分成两节课上，先带班级一半的小朋友在教室上，等他们上完，就把这一半小朋友带出去，换另一半的小朋友进来上。"（访谈记录：Y2022年6月28日）除此之外，仅有5%的教师选择游戏教学的形式进行课程教学，针对此进行访谈后得知，教师回避游戏教学的原因主要有两点，一是教师对游戏的轻视，不认为幼儿可以从游戏中获得知识；二是教师不知道如何将教学融于游戏中。"我们也知道游戏是幼儿学习的主要方式，但是没人告诉我们怎么把教学和游戏融合起来。"（访谈记录：W2022年6月29日）"游戏是幼儿自由的活动，我们要是把教学放进去，这不是冲突了吗？"（访谈记录：F2022年6月29日）

4. 幼儿参与

教育教学行为是师幼的双边行为，教师多采用讲授的方式进行教学活动，相应地，幼儿的学习情况也不太乐观。贵州乡镇中心幼儿园师幼比例失衡，教师没办法兼顾全部幼儿，提问也多是一些封闭式问题。因此教学互动基本可分为倾听、表达、实践和应答。

在所观察的教学活动中，幼儿常态化应答方式为倾听，比重占到55%，这与前文提到的教师教学方式有关，多是集体活动的讲授为主。而幼儿思考和表达的机会较少，仅有12%，说明教师在课程中的提问环节较少，且自由活动时间短暂，幼儿教师很少创设幼儿自由表达的情境，因而幼儿在课堂上无法提升语言能力。如图3-18，我们在调研中发现，乡镇中心幼儿园课堂上，幼儿应答

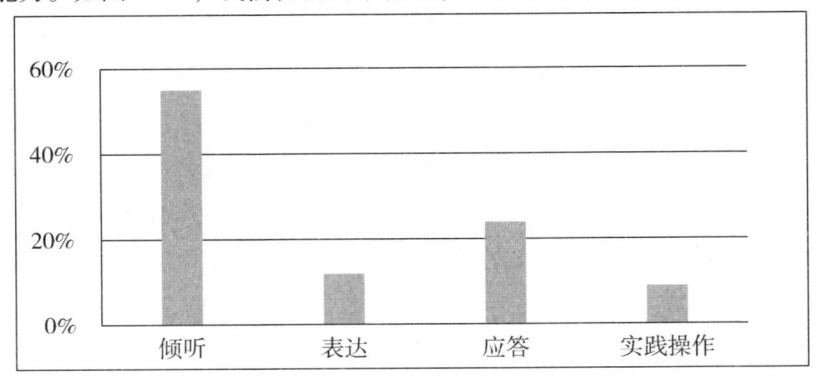

图3-18 乡镇中心幼儿园幼儿教学应答情况

的比例为24%，多以集体应答为主，由于教师的问题比较单一，幼儿的应答语基本就是"喜欢""不喜欢"和"好""不好"等类似回应方式。相较于表达，幼儿的实践操作机会就更少了，只有9%，这跟幼儿园里缺少科学实验有关，在所调查的乡镇中心幼儿园中，由于师资与设备欠缺，幼儿教师较少开展与幼儿生活密切相关的科学教育活动，幼儿的操作能力得不到有效的训练。

三、乡镇中心幼儿园功能性教育质量现状

乡镇中心园是集教育、培训、科研、示范为一体的，具有辐射功能的幼儿教育机构，被赋予了农村幼儿教育"骨干""研究基地"的角色和"以点带面"的神圣职能。[1] 乡镇中心幼儿园的办学质量，不仅在于其内在的教育质量，促进本园幼儿全面健康发展，即结构性质量与过程性质量，还在于其自身作为主体对整个乡镇所有园所的"教育"质量，即功能性质量。

本课题所谓的乡镇中心幼儿园功能性教育质量，特指乡镇中心幼儿园对整个乡镇其他幼儿园的示范、引领、辐射、带动的功能（也可称为"教育"功能）发挥程度。这是乡镇中心幼儿园创立与存在的依据，也是乡镇中心幼儿园的责任与义务。

我们知道，以上的"结构性质量"和"过程性质量"内在地蕴含着"示范性"及"辐射性"的功能，换言之，两类质量提升本身可能对该乡镇其他幼儿园的发展有着示范性作用。但这仅是一种可能，未必会成为现实，或作用发挥较弱。因此，本部分需探讨其"引领、带动"功能，并由此反过来促使乡镇中心幼儿园充分释放其"结构性质量"和"过程性质量"的"辐射、示范"等功能。乡镇中心幼儿园功能性质量主要由组织集体教研活动来实现，因此本部分重点探究集体教研活动。

所谓"教研"，即"有关教育活动的研究"，是对教育实践活动的系统性反思，是"开发、整理关于教学、学习与教育管理的新知识资源的一种活动"[2]。因此，教研是提升幼儿园教育质量的基本形式，而有目的、有计划、有组织地开展全乡镇幼儿园的教师集体教研活动，则是其发挥示范引领作用的重要形式，

---

[1] 许艳玲，寇文亮．河北省乡镇中心幼儿园示范功能的实践研究［J］．教育实践与研究，2017（36）．

[2] BORG W R，GALL M D GALL J P. Educational Research：An Introduction［M］. Indiana：Longman，1989：4.

是其作为"中心"功能性质量的基础性指标。本部分主要从教研活动目标认知、开展情况、期望值等几个方面加以论述。

(一)集体教研活动目标认知

乡镇中心幼儿园组织集体教研的目标是集体教研理念的重要体现,通过对乡镇中心幼儿园组织集体教研目标的调查(调查对象主要是幼儿园园长或副园长),可了解他们对集体教研价值的基本认知。就教研活动目标而言,园长们对之有较为抽象的价值取向,大约42%的园长或副园长认为,教研活动可"促进园所内涵发展";当然,教研活动最直接的成效多体现在幼儿教师身上,因而32.89%的园长或副园长认为,教研活动可"提升教师专业能力";虽然幼儿园工作核心是"促进儿童健康发展",但仅有很少的园长或副园长(19.74%)意识到这一点;有5.26%的园长或副园长认为是"应对上级部门检查"。具体详见下表3-13所示。

表3-13 乡镇中心幼儿园组织集体教研的目标(N=76)

主题	选项	频数	百分比	备注
乡镇中心幼儿园组织集体教研的目标	提升教师专业能力	25	32.89%	
	促进儿童健康发展	15	19.74%	
	推进园所内涵发展	32	42.11%	
	应对上级部门检查	4	5.26%	

从表3-13可看出,乡镇中心园园长或副园长对组织集体教研目标主要是为促进园所内涵发展及提升教师的发展,而较少认为教研活动目标为"促进儿童健康发展"。虽儿童健康成长是幼儿园教育的终极目标,但更多的园长或副园长认为,儿童健康成长的前提是:幼儿园内涵式发展,尤其是幼儿园教师专业发展。

(二)集体教研活动开展情况

为了更深入了解贵州省乡镇中心幼儿园组织集体教研活动情况,我们将240所中心园的教师作为调研对象。从调查结果看,20.83%的教师认为他们中心幼儿园定期组织教研活动,本课题现场追踪,这些幼儿园确实有较为完整的材料。更多中心幼儿园教师(55.83%)认为他们集体教研活动开展是不定期的,通过深入访谈,其中,很大一部分乡镇中心幼儿园是在上级主管部门督促时才会开展集体教研活动。此外,偶尔开展教学研究的中心幼儿园也占比不小(19.58%),随意性较大甚至有3.75%的幼儿园没有开展教研活动,这两部分乡镇中心幼儿园可以说"名不符实",无法释放其"中心"引领、指导与管理功能,同样也必然影响其"结构性质量"与"过程性质量"所内蕴的示范辐射功能。具体详见下表3-14所示。

表3-14 乡镇中心幼儿园组织集体教研情况(N=240)

主题	选项	频数	百分比	备注
乡镇中心幼儿园组织集体教研活动情况	定期开展	50	20.83%	
	不定期	134	55.83%	
	偶尔开展	47	19.58%	
	没有开展	9	3.75%	

(三)集体教研活动内容情况

关于乡镇中心幼儿园开展集体教研活动内容,在调查的240所幼儿园的教师中,60.83%的教师表示他们开展教研活动的主要内容是"课程与教学问题",也有15.42%的幼儿园认为幼儿园发展规划是他们教研活动的首要任务,他们对儿童成长问题的关注相对较少,甚至仅有18.75%的乡镇中心幼儿园以此作为组织教研活动的主要内容。与我们课题组调研所获信息一致的是,当前贵州乡镇中心幼儿园科研能力较弱,可能是由于贵州乡镇中心幼儿园建园时间短,师资实力较弱,临聘教师较多等原因,仅有5%的教师认为他们的教研活动是以科研课题为主要内容。具体详见下表3-15所示。

表3-15 乡镇中心幼儿园集体教研的内容情况(N=240)

主题	选项	频数	百分比	备注
请问哪些是你们组织教研活动的内容	儿童成长问题	45	18.75%	
	课程与教学问题	146	60.83%	
	幼儿园规划问题	37	15.42%	
	科研教研课题问题	12	5.00%	

针对一些教研活动内容主题,课题组开展了现场调研工作,以下是对贵州省毕节市某乡镇中心幼儿园调研时与园长的访谈记录:

我们幼儿园是 2016 年才建园的。那时候因为幼儿园还没有全部建好，它有一些设施设备还没有完善，所以我 2015 年来的时候，就在小学里面的学前班先待了一年。所以我们园 22 个在编老师都是 2015 年、2016 年招进来的，2015 年招进了 10 个，后调走了 2 个，今年又走了 1 个，又有 1 个借调到县里面去了，现只剩下 6 个了；2016 年招进了 10 个，加起来在编的共 16 个，剩下临聘教师 6 个。

我们园教师职称学历都不行，我们两个园长也只是中级职称的，科研的话就是我们园的短板了，我们也都在尝试，大家都有做科研课题这个想法，但是不知道要怎么去申报，也不知道怎么去研究。所以我们现在先搞好日常课程、教学与游戏就不错了。

由此可见，贵州省乡镇中心幼儿园普遍建园时间短，教师结构较为复杂，从来源而言，有刚考进来的、也有临时聘用的；从专业而言，老教师多为非专业，新教师多为学前教育专业，保育几乎为非专业。正因为如此，绝大部分乡镇中心幼儿园以"课程与教学问题"作为教研活动内容，而几乎无暇顾及科研课题问题，这将是贵州乡镇幼儿园高质量发展需要攻克的重要主题。

（四）集体教研活动的期望值

根据调研获知，当前贵州乡镇中心幼儿园教研活动安排，内容、主题、形式等均由乡镇中心幼儿园作为主体，而乡镇中心幼儿园所负责的农村幼儿园几乎被动参与，积极性有待提高，期望值较低。因此，本课题组针对这一问题，对农村非中心幼儿园（包括乡镇公办幼儿园、乡镇私立幼儿园、村落幼儿园、小学附属幼儿班等）的 69 名教师进行问卷调查。

从问卷统计数据看，仅有 13.04% 的教师认为乡镇中心幼儿园组织的集体教研活动非常符合他们的实际需求，能对他们的教学与自身专业发展有促进作用。21.74% 的教师认为集体教研活动"比较符合"实际需求。不少的乡村幼儿教师（23.19%）则对乡镇中心幼儿园组织的教研活动较为冷漠，"不太确定"是否符合自身实际需求，这表明该部分教师未认识到教研活动的重要性，对自己的实际教育工作缺乏应用反思能力，完全是应付教育教学过程中所遭遇的问题。有多达 42.03% 的教师认为乡镇中心幼儿园开展的集体活动不符合他们实际工作的需求。具体详见下表 3-16 所示。

表3-16　乡镇中心幼儿园集体教研活动的期望值（N=69）

主题	选项	频数	百分比	备注
你觉得集体教研活动符合您的实际需求	非常符合	9	13.04%	
	比较符合	15	21.74%	
	不太确定	16	23.19%	
	比较不符合	25	36.23%	
	完全不符合	4	5.80%	

宏观调查获得的这一信息，值得我们反思，我们在现场调研对小学附属幼儿园教师陈某进行了较为深入的访谈：

其实我们还是参加了一些教研活动的，有线上的，也有少量线下的，便觉得内容都差不多，好多都没听懂，而且，有些听懂了也没有什么用啊，在我们自己的幼儿园也不能实施，因为我们幼儿园根本达不到那个条件。你看，我们幼儿园就两个老师，加一个保育员，还负责打扫卫生的，有时我们两个有急事，还得带小朋友呢。就这些条件，你说我们听那些有什么用嘛，有时真觉得浪费时间。但我们中心幼儿园要求，也得必须参加啊，不然不太好嘛！

以上描述是贵州省乡村幼儿园的真实生活，根据调研结果，我们发现乡镇中心幼儿园组织的教研活动，大多是"高大上"的，对访谈中所描述的情况没有充分考虑，即对"教育对象"考察不足，教育成效必然低，不言自明。

除组织集体教研活动外，乡镇中心幼儿园还应进行现场指导，了解所负担指导的幼儿园，做到"知己知彼"，方可有的放矢，引领与指导的质量才能得以彰显。据我们调研获知，目前主要有两种形式。一是责任到小组，即由园长、副园长及骨干教师组织责任小组，负责定期或不定期走访所负责的乡村幼儿园，进行全方位指导工作。二是责任到个人，即安排具体骨干教师负责某幼儿园全部联系工作，以此作为该教师晋升的重要指标，这种方式容易调动指导工作的积极性。

第二章 贵州乡镇中心幼儿园教育质量发展困境

近年来,随着贵州学前教育的发展,贵州乡镇中心幼儿园的建设成效显著,经三年学前教育行动计划,许多乡镇中心幼儿园从无到有,农村幼儿入园难、入园贵问题得到有效缓解,并向"上好园"转向。同时,贵州乡镇中心幼儿园也发挥了"中心"示范引领的作用。此外,许多乡镇中心幼儿园的办园条件逐渐改善,办园水平也日益提高,幼儿师资队伍更趋专业化、结构更加多样化。尽管如此,由于贵州省学前教育起点晚、底子薄,在乡镇中心幼儿园高速发展过程中,仍不可避免地遇到了发展瓶颈。这不仅内在地制约着其自身高质量发展,削弱自身的"示范"功能,而且也难以承担其教育、培训、管理和监督等"中心"责任。

一、基础建设较好,但资源利用率较低

(一) 幼儿园占地面积大、室外活动器材少、空间利用率低

据调研获知,由于贵州农村学前教育基础极为薄弱,绝大多数乡镇中心幼儿园均为"从无到有",大多开园时间5~6年不等。相较于同地区的其他幼儿园,新幼儿园规划较为合理,空间较为宽敞,呈现出全新的面貌,整体环境创设美观,建筑风格突显,若仅从建筑表面而言,与城市幼儿园并无差别,相关设施应有尽有。但与城市幼儿户外活动空间面积相比,乡镇中心幼儿园里的幼儿活动面积要更加广阔,这在一定程度上增加了教师的工作量。幼儿园户外活动面积与教师数比例失衡,空间大,活动范围广,一线教师很难确保幼儿户外活动的安全问题。有些幼儿园为解决这个问题便会做出要求:"户外活动时间,班级所有教师必须在岗,我们三个老师不是说是全部聚集在一起,都是分散性的。""我们每天都有就专门管安全的老师进行巡逻,值班的老师每天都要去巡逻。我们作为巡逻老师,要对每个活动区域都进行巡逻,我们先去看,尽量给

他们最基本的安全条件。"（访谈记录：Y2022年6月28日）

已有研究指出，幼儿的运动量和体能锻炼与户外活动面积息息相关，幼儿在户外空间中参与的各项运动都能使幼儿的体能得到提高。① 一期学前教育三年行动计划后，各地区均根据自身情况纷纷改建、扩建与新建乡镇中心幼儿园，各地政府合理布局其位置，合理安排资金的投入。新建幼儿园面积几乎都在1500平方米以上，但因建园时间短，后继投入乏力，加之师资数量不足、质量不高，以致未能最大程度地发挥出乡镇中心幼儿园活动空间大的优势。许多乡镇中心幼儿园虽占地面积大，但户外并没有提供充足的活动器械，也于无形中影响着幼儿的户外活动内容，幼儿也较易在户外活动中因为器材不足而产生争抢行为，在一定程度上提高了教师组织活动的难度。为了让幼儿能够"发发汗"，幼儿教师只能通过分组、错峰定时使用户外活动器械，或是结合幼儿园特色开展户外游戏，尽力让幼儿充分享受户外活动的快乐。

（二）活动室种类较丰富，但利用不充分

在前文的表格中已表明，在我们所调查的乡镇中心幼儿园中，资金投入主要集中在幼儿教育活动室建设上，因而，活动室种类较为完备，然而利用率较低，无法发挥其应有的价值。我们知道，幼儿园活动室能够承载不同组织形式的教学活动，增加幼儿园教学活动的多样性，是幼儿教育的重要场所。② 然而在日常的教学生活里，花费高额资金专门建设的活动室却被"束之高阁"，成为"门面"和"花瓶"般的存在。一般而言，除美术室和阅读室外，其他活动室的使用，必须在教师的指导下才能发挥其功能，否则仅凭幼儿，是没有能力独立进行探索的。究其原因，教师的数量和能力有限，要准备教育活动，又要负责环境创设，还要做好教学资料等工作，并无额外的精力分给活动室，因此活动室自然被遗忘，其教育价值也得不到彰显。

在公共活动室的安排和利用上，D园的做法值得借鉴和传播。为了更好、更高效地利用活动室，D园法人校长与园长、老师们群策群力，结合乡镇中心幼儿园独有的优势，巧妙利用"一体化"管理，邀请小学中课时任务相对较轻，且身怀特长的老师进入幼儿园，让这些教师根据自己擅长的科目，设计专门的

---

① 武艳艳. 生态学视野下的幼儿园户外活动空间设计研究——以济南市部分幼儿园为例[D]. 济南：山东师范大学，2014.
② 龙献忠. 优化教室环境推进素质教育[J]. 教书育人，2000（11）：7-8.

课程给幼儿教学。一位小学美术老师说:"之前没怎么接触过这么多小朋友,给他们上课是完全不一样的感觉,他们或许不能完全理解内容,但他们的作品总是天马行空的,非常有意思,他们总能给我惊喜。我现在每天都在期待与小朋友们见面,希望其他老师也可以参与进来,而且我发现幼儿园老师的辛苦一点都不比我们少。"(访谈记录:Y2022年7月2日)由此,通过"小学老师进幼儿园"的方式,不仅解决了活动室利用率低的问题,也丰富了幼儿的课程种类,在一定程度上为"小幼衔接"做准备。

(三) 环境创设较弱,活动区使用率低

朱家雄教授认为:环境包括有机体本身以外的,影响人的发展的幼儿园中的一切外部条件和事件。① 我们在调研中观察到,幼儿园班级活动区域的创设里,角色扮演区、益智区、阅读区三个区域是班级区角的高频选择,但活动区域存在着区角设置不合理、材料利用率不高等问题,类似问题制约着幼儿参与活动的积极性。有调查研究显示,班级环境内容的单一和零散,影响着幼儿认知的有效性。② 阅读区就是简单地把书籍投放进活动区域里,未能关注到阅读环境的创设;在角色扮演区内,也鲜见相应环境创设,而是简单放置为数不多的旧布娃娃,孩子们并不愿意进入区域里玩耍。对于班级环境创设,许多幼儿教师都表示无奈,觉得自己心有余而力不足。"我们每次的环境创设都是利用下班时间来做,但一天的活动结束,真的想回去躺着充电。"(访谈记录:Q2022年6月28日)"我也想好好做环境创设,但是我和L老师两个人忙不过来,有意找其他老师帮忙,她们也要搞自己班上的。"(访谈记录:J2022年6月29日)"反正平时活动区就是给时间让幼儿去自由玩耍,娃娃们喜欢跑来跑去,也不适合统一管理,还不如让他们把材料放到桌子上去玩。"(访谈记录:T2022年7月1日)S园园长在访谈时说:"我本身不是幼儿教育专业出身,但到了这个幼儿园之后,我看到老师们特别辛苦。比如说搞环创主题,她们每天除了上班,下了班她们还要自己加班,因为上班是没有时间去做这件事情的,只有利用休息时间去搞。但千辛万苦做出来的东西,有时候又不被幼儿喜欢,学习别人吧,又不知道从何入手。"(访谈记录:S2022年7月1日)

---

① 朱家雄,等. 幼儿园环境与幼儿行为和发展的研究[M]. 上海:上海世界图书出版公司,1996.
② 夏小芳. 幼儿园班级环境创设有效性之研究[D]. 济南:山东师范大学,2014:17.

从以上的结构性质量调研获知，现有贵州乡镇中心幼儿园绝大多数为新建园，建园至今约4~5年，占地面积与建筑面积较为宽裕，每个班级空间较大，然而幼儿园师资配置却数量不足、质量不高，因此，班级活动区域设置和材料投放均存在着不同程度的问题。当前贵州乡镇中心幼儿园所残存的小学化倾向也会制约着班级活动区域的使用率。

二、教师教育观有偏差，课程实施需指导

课程实施是实现教育目的的主要载体，是教师教育观的外在表达。倘若教师的教育观有所偏差，那么，课程实施就难以达到预订的教育目的，基本的教育质量也就难以保障。本课题组对贵州乡镇中心幼儿园调研发现，许多幼儿园在整个课程实施每一个环节都存在着不同程度的问题，如教师观念、教材选择、课程计划与实施等，唯有解决这些问题，才能促进贵州乡镇中心幼儿园质量的稳定提升。

（一）教师教育观有偏差

由于贵州乡镇中心幼儿园发展速度快，优质师资成长难以紧跟这一"市场"需求，因而，在乡镇中心幼儿园里，骨干教师多是低学历的、非专业的，新进教师学历多为本科生，但却没有经验，多在骨干教师指导下开展教育教学工作，以致教师队伍整体教育观念略显陈旧，加之教育目的也常受家长的影响，教学过程时有不经意间呈现"小学化"现象。在这一背景下，农村幼儿的潜在社会性倾向未能在幼儿园教育活动中得以充分激活与疏导，同样，幼儿"积极主动、认真专注、不怕困难、敢于探究、乐于想象"等良好的学习品质培养也受到不同程度的影响。总之，幼儿教师教育观与幼儿园班级教育质量有极大的关系，幼儿教师教育质量观与班级教育质量的差别最大。[1] 因此，教育观念培育与引领成为提升贵州乡镇中心幼儿园质量的主要动力源。

1. 教师对教育目的认识不明确

行动为基，质量为要，理念先行，科学教育观是教师教育行动及其质量的重要保证，教师教育观建设已逐渐成为当前教师培训与师资队伍建设的首要事务。贵州乡镇中心幼儿园骨干师资学历偏低，幼儿园也未能组织学前教育相关

---

[1] 王亚红．幼儿教师的教育质量观念与幼儿园教育质量的关系研究——基于浙江省部分地区的调查［D］．金华：浙江师范大学，2013．

培训,在被访谈的78位教师中,有13位表示反对幼儿园"小学化"倾向,但他们却认可了"集体教学"和"严管幼儿",以提高幼儿学习效能,培养幼儿良好行为习惯。也有大部分教师认为,在幼儿园阶段,教师的任务就是"帮助家长照顾好孩子,为让家长更好地工作","帮助幼儿学习简单知识,为他们以后融入小学做充分准备"。有教师认为"集体活动是说集体教学吗?我们的集体教学一般就是上五大领域的内容,按照备课本的内容上的,但有时候家长就会来问,为什么我们的娃娃到学校这么久了还不会写字,每天都在学校玩"。(访谈记录:F2022年6月27日)我们知道,幼儿园集体活动是幼儿核心经验积淀、基本知识获得、社会性能力提升等的重要途径,然而,从以上访谈可看出,不管是教师,还是幼儿家长,均未能领悟到"集体活动"的真谛。尤其是仍有不少幼儿教师并未认识到幼儿园"集体活动"的价值,他们难以坚定学前教育立场,以致在具有"功利性"理念的家长的强烈要求下,他们不得不选择"小学化"教学方式或教学内容。

2. 教育观念转变缺乏外部力量引导

通过大量访谈获知,贵州乡镇中心幼儿教师的教育观念薄弱、学前教育立场不够坚定。而在入职后,他们的教育观及其实践很大程度受到园长及上级教育行政部门引领,获得新的"教育生长点"。许多幼儿教师感慨,一直以来,我们对任何一个教育任务都有自己的想法与做法,但在每次培训或研讨会后又有新的建议或操作模式、理论观照。其中一位老教师表达了他的看法,"我上了几十年的班了,总认为我教得还不错,我的孩子们没有出过安全事故,也都能做好一日常规。但换了新园长之后,发现年轻人就是不一样,她总能提出新的想法,带着我们一起学习,让我认识到了之前想法的狭隘"。(访谈记录:T2022年6月29日)

以Y镇中心幼儿园为例,该园的教师对当前幼儿园课程理念的理解有所偏差,甚至存在"小学化"倾向。首先,部分园课程计划及教学大纲都存在照抄照搬情况。而许多幼儿园使用的教材,多是直接采用较为统一的幼儿园教学资源包。其次,Y园位于民族乡镇,但课程设计上并未能体现民族文化元素,较少涉及当地优秀民族文化及特色,这不符合当前我国课程改革的指导思想,很难成为"幼儿"的成长资源。再次,乡镇中心幼儿园的各领域课程之间联动性不强。据调研获知,Y园的课程模式为分科教学,方便教师组织教学,但未深层次挖掘科目之间的联系,未能做到整合教育。最后,在课程计划的具体实施上，课程内容为安全让步，避免幼儿受到伤害，在一定程度上限制了幼儿的冒险，也并未结合幼儿身心发展特点，选择适合幼儿的方式实施课程。无独有偶，类似现象并非只发生在 Y 园。

乡镇中心幼儿园作为农村学前教育发展的领军主体，园所应该"武装到牙齿"，不论是外观上的环境创设，还是内在的师资等隐性力量都要做到精益求精。因此，乡镇中心幼儿园应重点关注教师教育观念。以 D 镇中心幼儿园（简称 D 园）为例，其教育观念的正确树立离不开其管理者，主要是指该园园长及教育局教研主任。该园园长在担任幼儿园园长前是小学骨干教师，从未系统地接受学前教育专业学习与研究，然而自从担任园长后，积极跟专业教师学习，自学学前教育相关课程，向各级专家请教，不断丰富自己的学前教育理论，更新自己学前教育"先见"，逐渐树立正确的学前教育观。同时，带动本园，甚至全镇乡村幼儿教师一起学习与进步。组织全乡镇幼儿园及小学低年级教师共同开展幼小衔接"同课异构"大赛，她说，"作为一名小学教师，我到幼儿园近两年，了解了幼儿园工作的琐琐碎碎，尤其是我觉得幼儿园教育主要是在'动'中进行，而小学教育主要是在'静'中进行，两者有极大差异在两年的观察、实践、学习与科研中，我逐渐了解幼儿教育对人生的价值，刷新了我的世界观、教育观"，因此，"同课异构"比赛的目的，就是让小学教师真切了解幼儿教育的意义，主动向幼儿园教育活动方式靠拢，进而实现真正的"幼小衔接"，该园长在访谈时说："我觉得既然做了这个园负责人，那我就要好好了解我的幼儿园，接触之后发现幼儿园和小学真的是不一样，我现在也会主动告诉小学老师，要多去幼儿园看看。虽然我们的幼儿园暂时还存在许多困难，但我对老师们有信心，她们一定会越来越好的，我也会尽可能地帮助她们，增加她们的学习机会。"（访谈记录：L2022 年 7 月 2 日）

（二）幼儿园课程实施各环节需要改善

1. 教师教学模式单一

现有文献表明，当前农村幼儿园班级教学模式多为集体化教学，多以讲授式教学为主，缺乏以游戏为主、寓教于乐的教育方式。[①] 在所调查的乡镇中心幼儿园中，仅有极少部分幼儿园遗留着学前班的授课模式，其余园所均能科学安

---

① 顾婷婷. 农村幼儿园课程实施的现状研究——以长春地区三所公立幼儿园为例［D］. 长春：东北师范大学，2012；16.

排教学活动，充分考虑各个年龄段幼儿的特点，据此设置和安排更为合理的教学活动。尽管如此，教师的教学方法较为单一，多以教师讲授为主，教学活动的中心还是"教师"而非"幼儿"。究其原因：一是班级师幼比失衡，一名教师难以兼顾所有幼儿；二是教学内容"知识化"决定了以教师为主的教学组织形式。

2. 幼儿课堂受关注程度低

根据调查，幼儿在教学活动里多表现为安静倾听，且倾听几乎占据整个教学活动。在表达环节，教师多用集体提问的方式，问题也多为封闭式，幼儿的应答只有"喜欢""不喜欢"或"好""不好"。除此以外，幼儿的提问有时未能得到教师的及时关注和反馈，教师专注于完成教学内容，导致部分幼儿被忽视。种种原因均影响着幼儿的课程积极性，导致幼儿课程参与度低，不能及时回答问题或提出问题，因此，受到教师的关注也较低。

在参与观察中，我们发现在师幼互动中，幼儿教师更多关注教学内容，疏于对幼儿本身的关照，更遑论对幼儿情感需求的满足，鲜有给予幼儿积极且及时的回应。尽管一方面教师受制于师幼比，不能提问到每名幼儿，致使幼儿被看见的机会少，不能得到教师充分的关注，但另一方面也与教师自身有关。首先，教师习惯提问那些能及时做出回答的幼儿，反应快且活泼的幼儿被重复提问的频率高。其次，教师提出的问题多为封闭式提问或未能留够思考时间，教师直接替代回答，便匆匆结束提问环节。这与已有研究相符，在当前集体教学中，教师的提问多限于低水平的认知类问题，不能面向全体幼儿，有五分之一的幼儿从来未被教师提问，教师更倾向对能力较强、性格活泼的幼儿提问。[①] 整合观察的信息后发现，幼儿在课堂中的参与度与教师的应答行为息息相关，那些参与度不高的幼儿，多是教师对于其"无厘头"的问题不予回应或是敷衍应答。根据教师访谈："在集体教学中，我都会积极回应孩子们的问题，但有些孩子的问题让人有点不知道怎么回答，就草草带过去。也会向孩子们提问，但来来回回都是平时比较活泼的孩子在回应，即使专门点边缘孩子回答问题，效果也都是不大好的。"（访谈记录：L2022年6月28日）师幼互动中，教师占据主导地位，但许多教师并未意识到自己对幼儿的影响，回应幼儿的问题时多有轻

---

① 王春艳，林静峰. 幼儿园集体教学中教师提问的现状及其改进［J］. 学前教育研究，2011（2）：12.

慢，只想尽快解决问题，而没有真正站在幼儿的角度思考幼儿之事，也没有真正做到事事有回应，心里有幼儿。

我们还发现，在许多乡镇中心幼儿园中，师幼互动数量多，但质量差，多为"教师主动、幼儿被动"的组织形式，幼儿被动地接受教师抛过来的"球"，但没有能力再抛回去。一方面，虽然教师能够做到积极引导幼儿思考，但仅限于具有挑战性的问题，问题较为简单时，就很少能做到等待幼儿的回答。不过在整体的课程活动中，师幼互动并未出现停滞状态，整体而言还是较为和谐和融洽。美中不足的便是，教师虽然能及时鼓励、肯定幼儿，但用语较为匮乏，仅是诸如"你真棒""××小朋友真厉害"这样的表述方式。教师的反馈多停留在浅层，未能根据教学内容和幼儿的实际情况进行评价与反馈。另一方面，虽然师幼互动较多，但多为无效互动。在幼儿园一日生活中，教师对幼儿观点的回应较简单，未能认识到幼儿的主观能动性，也很少注意将幼儿现有的知识经验与其生活相联系，未能注意到知识的连贯性和融合性。

三、园长工作热情高，但专业化程度低

（一）园长责任重，但幼教知识匮乏

我们在调研中发现，当前，许多乡镇中心幼儿园园长多为非学前教育专业的人员，任职园长前多为小学骨干教师。作为幼儿园主要负责人，园长的使命重大，因此优化园长的教育理念，打破其对学前教育的固有认知与偏见，重构学前教育观刻不容缓。

在访谈中，多名中心幼儿园校长纷纷表示希望可以办好幼儿教育。当下国家和社会越来越重视幼儿教育，不论是资金投入还是师资队伍的建设均在不断加强，作为园长，对自己承担的责任和使命已有觉悟，也相信自己一定可以办好幼儿园教育。为了弥补自己对学前教育了解的不足，许多中心幼儿园校长对所负责的幼儿园投入了极大的心血，时时刻刻想着、念着幼儿教育。但受制于自身对幼儿园事务的不了解加上自己是非专业出身，校长们常常感觉自己是隔靴搔痒，不得其法，这是制约乡镇中心幼儿园高质量发展的主要变量。一位园长在访谈中感叹："即使我已经很努力在学习幼儿相关知识，可毕竟不是专业出身，对幼儿园事务了解甚少，我们都想为我们的孩子提供好的幼儿园教育，但总觉得隔靴搔痒。幸好现在培训活动多，我们都会积极组织教师学习，但这个

过程还需要时间的积淀。"（访谈记录：L2022 年 6 月 28 日）对此，教师看法却有所不同，他们均表示，看到作为非专业出身的园长对幼儿园教育工作持续做出的积极努力和贡献，很大程度上鼓舞了幼儿教师们的工作积极性，让教师愿意同园所负责人一起学习和进步，为创设更好的幼儿园教育贡献自己的一份力量。

（二）园长仍有"门外汉"，需提升专业

本研究共调查了 72 位园长，其中 7 名为小学教育专业，并非学前教育，占比达 9.72%。从任职时间来看，有 25 名园长从事学前教育的时间低于 5 年，相对来说，可称为学前教育"门外汉"，其占比达 34.72%。作为一个幼儿园的"掌门人"，园长的专业程度的高低影响着幼儿园的整体发展质量的高低，是一所幼儿园能否又好又快地发展的关键要素。

虽然，非专业出身的园长均持有小学高级职称证书，但"隔行如隔山"，园所负责人的专业化制约着幼儿园教育质量提升的步伐。园长只能从零开始，重新接触学前教育相关知识，了解幼儿园教育的方方面面，处理零零碎碎的教育事件。在访谈中，许多园长表示其负责的幼儿园各方面进展顺利，持续向好，但因自身在实践上不仅缺乏核心经验，而且缺乏前沿学前理论指引，加之现有幼儿师资数量不足、质量不高等问题，幼儿园教育高质量发展的步伐受到制约，以致近年来其工作压力极大。此外，要想做好幼儿园事务，所耗费的心神非之前所能比拟的。园长除承担本园工作外，还需承担本乡镇其他幼儿园（班）的指导、培训、监督和管理等工作，负荷很大。某中心幼儿园园长说："虽然我上了 18 年的班了，但对于学前教育这一块我还是比较陌生的，我是小学教育出身，进入到幼儿园之后，我才知道我们的小学老师和幼儿教师的区别挺大的。幼儿教师我觉得她们是比较辛苦，我们是没有课程的，要自己一点点摸索，但小学有教材，有章可循。我既要带着老师们一起成长，还要管理园所事务，压力真的挺大的。"（访谈记录：D2022 年 7 月 2 日）

总之，随着各级政府对农村学前教育事业的高度重视，贵州乡镇中心幼儿园园长及骨干教师均有机会参加各种主题的培训与学习。许多园长及骨干教师表示已参加过国家级、省级和市级不同类型的业务培训，每次培训均有所收获。但慢慢地，他们也发现，各类培训多与自己幼儿园境况有异，培训内容针对性较弱。这一点学界已反复探讨，揭示这类培训的弊端：内容脱离农村实际、形式缺乏实践。有些园长认为，所有培训的组织者和主讲人，应该开展实践调研，细密观察与深度访谈，了解当前贵州乡镇中心园的实际情况，有的放矢地开展幼儿园领导的培训。让自己能更好地解决幼儿园事务，提高工作的效率，增强自己的信心。

四、师资力量不足，教师成长缺保障

（一）教师数量严重不足

从已有相关文献看，当前农村幼儿园师资配置仍是一个重要问题，学前教育师资"数量缺口大"将造成幼儿园教师资源配置的多重困境，在数量上，师资数量小，以致师幼比超标；在性别上，许多幼儿园教师性别结构失调，女性占比高；在年龄上，普遍年龄结构年轻化；等等。[1] 综合已有信息，我们发现，开始从建园到至今，贵州乡镇中心幼儿园师资力量几乎未能得以实质改善。在我们调查的幼儿园中，虽然67%的幼儿园都配有"两教一保"，但师资数量不足，以致师幼比严重失衡，高达1∶13。部分幼儿园整体仅配有6~7名保育员，"哪里需要，到哪里去"，多为临时救场，或有定时的入班时间，此外，大多数情况下她们要负责幼儿园的清洁工作。一名在中心幼儿园工作了20多年的老教师说："在幼儿园工作了很久，由于这样那样的问题，基本一直都是我单独带孩子，这样一来我的压力好大，那为了避免出事故，我只能对孩子们做出限制，跟孩子们的互动也比较少，时常感到心力交瘁。"（访谈记录：Z2022年6月27日）通过观察以及访谈发现，部分教师休息的时间较少，甚至有一些教师一天中很少离开儿童自由活动，有些园所里，教师休息时间采用固定轮班制度，没有相对的弹性。根据园长访谈得知，由于师幼比较大，为了幼儿安全考虑，所以需要教师能够尽可能在班级内。"我们园所的幼儿数量蛮多的，因为这一块就两所幼儿园，我们又是公办园，家长们就都想把孩子们送进来，我们也想让孩子们接受教育，然后就成现在这样。为了保障安全，只能要求教师尽量在教室里，没办法，都是为了孩子。"（访谈记录：S2022年7月2日）由此可知，对于幼儿教师而言，失衡的师幼比致使教师的工作压力增大，工作内容也较为繁杂。

---

[1] 赖昀，薛肖飞，杨如安. 农村地区学前教育教师资源配置问题与优化路径——基于陕西省x市农村学前教师资源现状的调查分析［J］. 教育研究，2015，36（3）：103.

（二）教师间合作与互动消极

除师幼间互动缺乏外，教师与教师间也缺乏有效的沟通与合作。观察发现，C园教师缺乏对幼儿信息的交流与沟通，例如，幼儿同年级的教师中并非所有教师都知晓某一名幼儿的特殊症状，如过敏症。同班或同组教师之间共同制订的计划较少，教研活动也较少。同班教师制订课程计划或周计划多为主班老师负责，主配班间很少商议；而同组教师制订计划，主要是由组长负责，无论是同班还是同组间都缺乏相互的沟通协作。另外，幼儿园方面也基本不组织幼儿教师的集体社交活动。通过园长访谈可以得知，园长认为幼儿教育工作比较繁重，压力较大。为减轻教师负担，让教师多一些时间休息，几乎不组织集体社交活动或专业会议。"我们园的老师实在太辛苦了，特别最近园所还要面临评估，每天都在加班加点，难得的休息时间，真的不好再占用，尽可能让我们老师放松一下。"（访谈记录：T2022年6月27日）可见，园长对幼儿教师合作与互动的组织较少，缺少共同学习探讨的机会。

（三）教师自我成长需辅助

2010年以来，国家大力发展农村学前教育以及人民对学前教育需求日益增长，在这一背景下，贵州新建、改建与扩建了许多乡镇中心幼儿园，许多幼儿园从无到有、从有向优，以缓解农村幼儿入园难、入园贵的问题。然而，在迅速发展进程中，除硬件设备达到要求外，诸多软件有待持续完善。其中，最突出的就是师资问题，从师资培养机构那里就潜藏着问题。许多幼儿园教师存在专业知识不足、实践经验欠缺等问题，而外出学习机会很少，以致教师专业成长困难重重，这内在地制约着贵州乡镇中心幼儿园高质量发展。

就这一点而言，许多研究已表明，农村幼儿园教师的专业水平与《幼儿园教师专业标准》的要求不符，他们的专业意识、专业理念、专业知识、专业能力、发展动力和外在支持方面仍存在诸多问题。[1] 相对城市而言，农村幼儿园教师缺乏专业背景，工作任务繁杂。在教学和环创上，约10%的教师希望可以得到专家的指导与帮助。而对于如何提升自身专业能力，许多教师一无所知，即使有机会外出培训，也不知道如何内化，效果不佳，这部分教师约占65%。在

---

[1] 马丽君. 基于《幼儿园教师专业标准》的农村幼儿园教师专业发展研究——以山东省济南市农村幼儿园为例[D]. 济南：山东师范大学，2014：38.

我们调查的幼儿教师中，仅有 36% 的教师表示会主动总结与反思，找出自己的差距，但缺乏专家针对性的指导，他们仍不知所措，停滞不前。因此，贵州乡镇中心幼儿园教师的专业可持续成长，需要内外驱动力协同发力方能实现，而仅凭教师自身几乎是无法有效挣脱当前困境的。

（四）教师缺乏待遇和成长保障

待遇及专业成长是教师职业"吸引力"的基本要素，就乡镇中心幼儿园而言，工作环境本身并未存在太多"吸引力"，"待遇及专业成长"成为每位教师不得不考虑的问题。然而，当前贵州乡镇中心幼儿园教师的"待遇及专业成长"难以保障，导致幼儿园师资多有数量不足、专业不符、教龄较短、转岗居多等现象。更有甚者，有些幼儿园为解决教师短缺问题，出现了"病急乱投医"的现象，对教师资历要求一降再降，部分临聘教师的学历仅为初中，还有部分教师非学历教育，如函授、进修，更不用说保育员学历了。有些幼儿园会鼓励年轻的保育员承担配班教师工作，后续再继续进修，获得相应的学历和教师资格证。在我们调研的全部幼儿园中，非编或临聘教师占比极高，甚至有些幼儿园达 80%~90%，非编或临聘教师待遇低、无专业成长机会、工作不稳定，时而还会被误解，等等，这就会影响整个幼儿园教师的工作激情，幼儿教师流动频繁也可想而知。正如某幼儿园老师所说："我们幼儿园虽是公办园，但我们园里好多老师都不是'公办的'，大都是没有编制嘛，非编的，也没办法，上面不给编的。在幼儿园工作真的是'靠爱发电'，拿着最少的钱做最多的工作，家里人一直劝我转行来着，但看着孩子们的笑脸，习惯了，真的不忍心离开他们，希望幼儿教师的待遇能够再好点。"（访谈记录：L2022 年 6 月 27 日）

第三章　贵州乡镇中心幼儿园教育质量提升对策与建议

据问卷与访谈调查，我们发现，贵州乡镇中心幼儿园的三个维度的质量，即"结构性质量""过程性质量""功能性质量"，均有着不同程度的提高与改善，但仍尚存一些问题。具体表现为：虽基础设施配置较为齐全，但利用率低，未能完全释放其教育功能；幼儿园负责人昌工作热情较高，但未经专业训练，缺乏专业能力，无从下手；幼儿教师课堂把控能力较弱，未能很好"看见"儿童、引领儿童、成就儿童；现有专业幼儿师资数量不足、质量不高、成长平台欠缺；等等。

近年来，国家与贵州对农村学前教育的大力扶持，为促进乡镇中心幼儿园教育质量提升提供了保障，使其能更好地发挥自身的示范和辐射作用，更好地带动周边村落幼儿园协同发展。同时，从某种意义上来说，提升乡镇中心幼儿园质量，引领整个乡镇其他幼儿园健康发展，形成整个乡镇幼儿园联动发展的态势，填补城乡学前教育鸿沟。当然，"打铁还需自身硬"，对于乡镇中心幼儿园来说，唯有自己的教育质量过硬，才能担当"领头羊"角色。

一、提升设施利用率，释放教育功能

响应国家大力发展农村学前教育的号召，贵州各级政府高度重视乡镇中心幼儿园建设，加大投入力度。当前，贵州多数乡镇中心幼儿园硬件设施设备基本达标，占地面积较大，活动空间较大，但怎样最大限度地、高效地利用活动空间，则需要园所和教师进行合理安排。在活动场地的分配和活动区域的利用上，教师应具备一定的教育智慧，能把握幼儿的兴趣生长点，结合其生活给幼儿创造生长空间。合理规划活动空间，基于现有设施设备深度挖掘其教育价值。

（一）以安全为基础的室内空间规划

我们知道，幼儿在"探索世界""建构世界"的时候，他们自身几乎没有安全意识，因而，幼儿安全问题成为幼儿园工作的第一要务，也成为幼儿园室内空间规划的基本前提。因此，在进行幼儿园室内空间早期规划时，就应严格遵守国家幼儿园的安全标准，一一排查环境中可能存在的潜在危险和威胁。但根据调查发现，教师或园所负责人也存在"草木皆兵"的情况，过度关注幼儿安全问题，反而限制了幼儿对室内空间的探索，以及与环境的有效互动。"说实在的，我们班孩子太多了，远远超过文件规定数量，人过多就会影响老师观察，孩子们在玩时，什么'寻找教育生长点'啊这些都是次要的了，安全才是第一位，我们的眼睛都不敢离开他们，害怕他们一不小心就磕着碰着。"（访谈记录：L2022年7月1日）然而，在室内空间的安全上，并非只有教师全程监管才能实现，还能借助国家下发的文件《托儿所、幼儿园建筑设计规范》来进行室内空间危险因素自查。例如，由于班级室内空间是幼儿常聚集的地方，要求是当地最好的朝向，体现"儿童本位"；活动室、多功能室的窗台距地面高度不宜大于0.60米。窗边防护是必要且必需的，它能有效防止幼儿意外坠落。据我们观察，许多乡镇中心幼儿园的某些班级窗户没有防护措施，据此，我们采访园长时，她认为"这窗户都挺高的，孩子们根本就碰不到，所以没必要设置防护"。（访谈记录：T2022年7月1日）此外，安全性也是幼儿园内各功能区划分、墙面布置的基本原则，例如，班级内的卫生区和清洁区，地面相对湿滑，在进行建设时，应考虑铺设相应的防滑地板或地垫。对于班级教室室内空间的布置，基本都是由班级教师主导完成，既要考虑整体环境的美观，又要兼顾教育性和安全性。如确保幼儿园任何地方都没有锋利的钉子裸露在外，以免伤到幼儿。

（二）尊重幼儿主体需求的空间设置

幼儿是具有主观能动性的独立个体，他们的需求是驱动幼儿发展的关键性因素。我们知道，幼儿园是幼儿的教育空间，"环境教育化"是幼儿园环创的内在要求。在幼儿园室内环境创设中，需要考虑颜色和材料的多样性，刺激幼儿感官发展，更需考虑能否助益于幼儿天性的舒展，将幼儿从自然世界引入人文世界。同时，教师应邀请幼儿参与班级环境创设，追随幼儿，以幼儿为中心，协助幼儿建构他们自己的环境，此时，教师从"台前"转到"幕后"，让环境成为他们自己的生活世界。幼儿是幼儿园一切工作的"中心"，也是幼儿园环境的主人，他们在班级环创中享有自己环境的"主人"的权利。但当前，在教室的环境创设里，教师的痕迹过于浓厚，几乎处处遍布着教师的影子而非幼儿的痕迹，未能做到环境是为了幼儿的环境，幼儿的主体需求也未能被很好地尊重。我们应该给予幼儿在班级空间里自由的权利，让幼儿能够更加主动地去探索空间、发现空间。

（三）合理分配户外活动场地

户外活动时，教师不可避免地面临"看不过来"的困境，因此，部分教师畏惧将幼儿带出教室，仅让幼儿在室内进行活动。为改善这一状况，可将户外活动场地进行区域划分，如可按照班级划分，也可按时间段划分，让园内所有班级"错峰使用"。如此一来，老师便可"腾出手"照看幼儿。当然，幼儿进行户外活动时，保育员和其他工作人员也可协助教师照看幼儿，保障幼儿户外活动的安全。也可设计固定集体户外活动时间，合理安排教师站位，全园教师集体看管，照顾本班幼儿的同时，关注进入视线的其他幼儿，① 以此为幼儿安全地玩耍提供保障。

（四）定期安排教师培训学习

对于公共活动室和班级活动区域的使用，教师的能力有限也是这些区域未能得到有效利用的主要原因。教师无法很好地把课程内容同活动室或活动区域融合，或不能最大限度利用这些空间，因此这些区域便成了闲置资源。为了解决这一现状，教师亟须学前教育专家有针对性的指导与引领。就贵州而言，不仅可定期邀请省内外高校学前教育专家开展理论指导，做到"理念先行"，而且可定期邀请省内"三名"工作室负责人亲临现场实践指导，做到"实践驱动"，此外，还可充分挖掘与利用幼儿园周边的教育资源，如特邀小学优秀书画、钢琴、舞蹈等特长教师走进幼儿园课堂，亲自为幼儿授课，促进幼儿的全面和谐发展。

二、引导健康教育观，完善课程实施

所谓教育观，是指人们关于教育现象和问题的基本观念体系，是人们对教育的内涵、目的、功能、体制、内容、方法、教师和学生等教育各个要素及其相互关系的基本看法。课程活动实施是幼儿园工作的"生命线"，是幼儿园教育质量评价的重要指标，幼儿"五大领域"发展是能在课程活动中实现的。课程

---

① 高华. 乡镇中心幼儿园教育质量现状研究［D］. 沈阳：沈阳师范大学，2016.

实施需要健康教育观引领，因此，引导教师健康教育观念，优化课程活动实施，是提升贵州乡镇中心幼儿园质量的重要步骤。

首先，引导教师树立正确的学前教育观。在学制上，幼儿园与小学均属学校教育体系，都以"培养人"为宗旨，但两者在实现路径上却有本质性的差异，幼儿园就是超越学校机构对幼儿教育弊端而产生的。现有幼儿园教师，不管是园长或普通教师，大多数没有幼儿园教育体验，极易用学校思维去思考幼儿园教育，用学校尺度去评价幼儿园教育，引导幼儿园教师认知学前教育，树立正确的学前教育观尤为重要。其中，园长及相关负责人的思维与行为具有引领作用，提高他们对学前教育的认知，更新传统学校教育观，从而影响整个幼儿园的教育理念。幼儿园园长必然会通过正式（教研会、例会、培训）与非正式（行为示范）途径，改变整个幼儿园教师的教育观念。

其次，家长教育观也会在不同程度上影响幼儿园课程活动实践。有些教师在访谈中表示，家长对幼儿园教育活动的不理解、不支持，也是阻碍幼儿园教育活动开展的重要原因。同样，许多家长认为，"幼儿园也是学校，是学校就应该学习知识"。更有甚者，有家长进入幼儿园同教师"理论"，这在无形中给教师的工作平添了许多压力，也在一定程度上左右了教师的教育行为。因此，除了园所层面应有所改善外，家长的教育观念也应做出相应改变。此时，需发挥幼儿园作为家长学校的功能，定期召开家长会，或家长开放日，促进家园合作，引导家长树立正确学前教育观念，引导他们认识到"小学化"教育的危害。只有得到家长的认可与支持，教师的教育工作才可能更好开展，毫无负担地选择幼儿适宜的课程，一定程度上也会促进教师专业成长。

最后，正确的学前教育观是幼儿园教育教学活动的基本前提。唯有进行正确的学前教育观引领，幼儿园教育实践才能始终不偏离学前教育目的，继而确保幼儿园教育质量可持续提升。当幼儿园教师深陷于烦琐的教学实践泥潭中无法自我反思时，常规的幼儿园教研活动同样无法发挥作用。此时，主动寻求外力是一种极其重要的手段。当前，在国家乡村振兴战略背景下，贵州乡镇中心幼儿园可以主动借助"东西部教育协作""城乡结对教育帮扶""乡村振兴"等机会，主动与高校共建学前教育专业教学科研基地，理论专家与一线骨干共同进入幼儿园教育场域，从不同角度透视幼儿园教学实践，推动幼儿园教学活动渐进式改革。通过外力介入，以及"理论"与"实践"共同发力，幼儿园教师的教育理念与实践能力必然会得到提升，同时，乡镇中心幼儿园教育质量也能在其中得到提升。

三、汲取多方资源，促进专业成长

园长是整个幼儿园发展方向的掌舵者，是幼儿园的"灵魂"。优秀幼儿园园长可充分利用自己的身份，"承上启下"，整合与调配幼儿园内外各种资源以促进幼儿园发展，如向教育行政部门争取各种建设经费、建设项目及科研课题，争取与园外机构合作开发本土课程资源，争取与高校共建教学与科研基地，争取向公益组织寻求各种捐赠，积极争取向专家个人寻求科研课题合作，等等。同时，优秀的园长还需协调好与幼儿园有关的各种人际关系，向上处理好与上级行政部门的关系，向下处理好园所负责人与教师的关系、教师之间的关系、教师与幼儿之间的关系，向外协调幼儿园与家长之间的关系。总之，优秀的园长应该力争做到"让上级放心""让教师尽力""让幼儿开心""让家长安心"。因此，各地教育行政部门除了为幼儿园配备物质环境，引进高质量的师资团队，更重要的是，引进和培育更专业的园长。

教育行政部门应将"专业性"作为园长聘任的基础条件。与其他行政部门领导有所差异，园长不仅是幼儿园的行政领导，也是专业技术带头人，园长的权柄与权威都应建基于其"专业性"，是"内行人干内行事"，否则幼儿园教育质量难以提升。当然，专业性也非仅要求第一学历必须为学前教育专业，也可以第二学历是学前教育专业，或从事幼儿园工作多年并获得公众认可。教育行政部门或乡镇政府应该确保乡镇中心幼儿园教师专业对口占比不低于50%，确保学前教育本科专业教师的占比。以黔东南地区Y镇中心园为例，该园园长为非学前教育专业出身，但中师毕业就到幼儿园工作，现已近20年，担任园长已7年，其间，参加过大大小小的学前教育培训会，开展了各种各样的教研会，独立主持完成过省部级科研课题1项、地厅级科研课题多项，早已蜕变成幼儿园"内行人"，具备很强的"专业性"，但她也深感蜕变过程的艰难，在蜕变早期，非专业出身背景不时左右着她的学前教育思维与实践。她向我们谈到近年引进学前教育专业本科生后的变化。"这两三年来，我们幼儿园招了4个本科生，都是学前教育专业的，随着这些老师的到来，我们幼儿园有了不少变化。首先，他们从大学学到的东西比较前沿，虽然在实践上确实存在很多问题，但这个可在之后的工作中补起来，而那些专业能力、思维方式是很难补的。各级各类培训会与教研会，他们只要参加就能搞清楚，尤其是在与学前教育相关的科研上，他们就更强了，小学教育专业专科生和我们之前进园的这一帮老师，都不知道他们怎么做到的。其次，随着他们的到来，大家也跟着慢慢学起来，相互影响嘛！"可见，乡镇中心幼儿园只有引进一定数量的专业师资，才能带动全园教师"干内行事"，协同提升幼儿园的教育质量。

园长是幼儿园的灵魂，其不仅是行政领导，还是专业带头人，其专业能力可持续提升是幼儿园质量可持续提升的内在动力。因此，教育行政部门应该高度重视园长专业能力提升培训，派遣乡镇中心幼儿园园长定期参加专业培训，定期进行专业能力考核；还可派遣园长到省级示范幼儿园进行短期交流，提升园长专业能力，体验优质园的教育理念和教学方法。在理论学习上，应该由各县教育局牵头与师范院校合作，利用寒暑假开设园长相关理论课程，更新园长知识储备，增强其专业能力。

四、增强师资投入，保证整体质量

（一）吸引人才，扩充师资

从以上有关师资的调研数据看，虽然贵州乡镇中心幼儿园发展较为迅速，但除基础硬件设施基本达标外，其他部分都潜藏着诸多发展困境。其中，最为突出的困境是教师编制少，临聘教师多，而临聘教师则多由幼儿园自主聘用，幼儿园还需自主聘用保安、厨师、保育员等，以致临聘教师工资待遇低。这就会产生两个后果：一是教师流动性极大，班级教育活动不稳定；二是无法吸引高素质的专业师资，只能引进大专或中专学历的教师。最终导致幼儿园教师队伍数量不足、质量不高，教师队伍数量不足使现有教师工作量繁重，无法顾及教育质量，教师队伍质量不高则无力提升幼儿园教育教学质量。因此，现有师资无法满足贵州乡镇中心幼儿园可持续发展的需求，增加工资待遇、吸引优秀人才、增加师资数量、提升师资质量是推进贵州乡镇中心幼儿园高质量发展的重要措施。

1. 提高工资水平

在当今社会，市场已渗透到各个角落，有无远弗届之势，每个准教师或教师均受到不同程度的影响。在这一背景下，单纯的"讲奉献"对一个随时可能被解聘的临聘教师而言，有些不切实际。在调研中我们发现，流动性最大的教师是非编教师，包括保育员，几乎两年内临聘教师全部流动，换成新的教师，通过对这些流动教师的追踪访谈，他们流动的原因几乎是"工资待遇低、工作量极大"，而他们流动的地方大都是城市私立幼儿园，也有部分教师转行。同时，我们也对现有临聘教师进行了访谈，结论如出一辙，"工资待遇低、工作量极大"，其中，保育员的流动性更大。因此，乡镇中心幼儿园应探寻自己的定位，发扬特色，吸引更多的幼儿入园，逐步提升现有教师的工资待遇，并依据相关政策对教师的生活进行补助，或是适当增补编制，稳定师资队伍，提升师资素质，以优质师资作为动力源，联动幼儿园教育系统健康运行，确保幼儿园教育质量稳定提升。

2. 保障基本待遇

对贵州乡镇中心幼儿园而言，除提高工资水平外，其他如编制、保险、医疗、住房公积金等基本待遇也是提升幼儿教师"吸引力"的重要保障。上级教育部门应该以"教师编制数量"作为乡镇中心幼儿园考核的硬性指标，以此驱动教育行政部门和人事部门设法为其增加教师编制数量，这一点可参照小学教师编制数量标准。同时，为增加乡镇中心幼儿园教师的"吸引力"，可考虑非编教师工作满一定年限，为他们缴纳医疗保险、养老保险、住房公积金，甚至配备临时住房等相关待遇，保障幼儿教师基本生活，解决他们的后顾之忧，借此稳定乡镇中心幼儿园教师队伍，提升幼儿园教育质量才成为可能。

3. 引进优质师资

当前，在贵州乡镇中心幼儿园师资队伍数量不足、质量不高的情况下，提出"引进优质师资"几乎有些不切实际，但可充分利用国家各种政策，使之成为可能与可行。近年来，各级政府对贵州农村学前教育的高度重视，给予各种政策支持，如"特岗教师计划""免费师范生计划""农村教育硕士计划"等，乡镇中心幼儿园可通过多方协调，提高待遇，吸引这些优质师资。同时，可借助"东西部教育帮扶"政策，引进东部地区优质师资。虽然这些优质师资数量少，但能起到示范带头作用，成为乡镇中心幼儿园的"星星之火"，优化乡镇中心幼儿园师资结构，助力乡镇中心幼儿园高质量发展。

（二）增强教师专业化，助力教师成长

学前教育的"重要性"，是以其高质量为潜在前提，而低质量的学前教育是无法兑现其"重要性"承诺的。换言之，高质量的幼儿教育，是社会对幼儿园的最高价值期待，而高质量的幼儿园教育需专业化水平极高的师资队伍。教师是幼儿园全部教育活动的具体履行者，其专业化水平对乡镇中心幼儿园质量提升至关重要。因此，对于贵州乡镇中心幼儿园教育质量的可持续提升，幼儿教师队伍专业程度是关键性因素。

1. 加强职前职后培训

乡镇中心幼儿园不仅是农村学前教育的重要组成部分，而且是农村学前教育的主要引领者与指导者，是城乡学前教育的主要中介，有力推进城乡学前教育一体化，促进城乡学前教育公平。教育行政部门及其相关部门应充分意识到其独特"中心"功能，重视幼儿师资在乡镇中心幼儿园质量提升的作用，将提升幼儿教师专业化水平作为改善幼儿园教育质量的重要因素。而提升教师专业化水平，职前职后培训是其重要途径。教育行政部门及幼儿园领导应该为乡镇中心幼儿园做好各种专业化水平提升培训，应该及时开展新进教师职前培训，以"职前培训"联结"高校理论学习"与"幼儿园工作实践"，以提升新进教师专业性，快速适应幼儿园实践工作。同时，应该结合实际情况，在充分"田野调查"的基础上，给每位幼儿教师制订培训目标，有目的、有计划、有步骤地开展多形式、多层次的职后培训，适时更新幼儿教师理论实践知识，不断提升幼儿教师的专业化水平，以适应复杂多变的幼儿园教育生活，继而提升幼儿园教育质量。

2. 提高教师学历水平

对教师而言，学历不仅是教师职称评聘、提升待遇的重要条件，还是评判幼儿教师的学习经历、能力素养的重要尺度。传统认为，研究生当大学教师，本科生当高中教师，专科生当初中教师，中专生当小学教师，幼儿园教师要不是中专生，要不没要求。因此，一直以来，幼儿园教师学历多以中专为主，普通高中为辅，以致当前贵州乡镇中心幼儿园教师学历普遍较低。在我们现场考察中发现，许多乡镇中心幼儿园存在着不同程度的"小学化"倾向，有些是教学内容小学化，有些是教学方法小学化，有些是教学环境小学化，等等。许多园长多为中专学历，且非专业，教师学历普遍以专科和中专为主，本科学历在乡镇中心幼儿园已成为"高学历"，只有为数不多的教师有本科学历。因此，提高学历水平也是提升乡镇中心幼儿园教师专业化水平的重要途径。

3. 提升教师教学水平

教师教学水平可以约等于幼儿园的教育质量，或者说是幼儿园教育质量的最直接动力。由于学历低、数量少、工作多等原因，贵州乡镇中心幼儿园教师教学水平提升缓慢，无法确保幼儿园高质量发展。因此，提升幼儿教师教学水平是提升幼儿园教育质量的重要路径。园长应该在充分调研的基础上，对教师教学水平做出具体规划，通过各种层次"一对一"形式，例如，省级市级名师"一对一"，"东西部帮扶"政策下的"一对一"，本幼儿园内部的"一对一"，来提升乡镇中心幼儿园教师的教学能力。

第四部分　田野实践：贵州三所乡镇中心幼儿园教育质量提升探索

通过前三部分的研究，从宏观上把握了贵州乡镇中心幼儿园的发展脉络及其教育质量提升现实困境与其内在制约变量，并尝试从总体上提出了相应对策与建议，旨在为解决贵州乡镇中心幼儿园现实问题与锚定未来方向提供借鉴，为学界深入研究提供前期基础，也为贵州省相关部门行动决策予以实证参考。

鉴于此，本部分主要采用民族志研究方法，尽量悬置前见，"轻装"走进乡镇中心幼儿园这一真实的田野现场。本研究组分成三个小组，进入贵州三所乡镇中心幼儿园，分别以"环境创设""劳动教育""食育"三个主题为切入点，历经5个月，细细感知了乡镇中心幼儿园教育质量提升的积极努力与实践，竭力融入幼儿、家庭、家长三个主要群体之中，共同生活，共同面对乡镇中心幼儿园所面临的现实问题，并共同设法化解问题。本部分具体运用了调查问卷、参与观察、深度访谈、马赛克研究法等。

人可改造环境，但人也极易受环境所"雕刻"，尤其是早期儿童。作为当前幼儿成长的极其重要场域，幼儿园环境是儿童"精神保育"的不可替代资源，甚至可以说"幼儿园"本身就是人们对幼儿教育质量追求的产物，因此，环境创设及其教育性挖掘，成为贵州乡镇中心幼儿园质量提升的基础性要素。

第一章运用马赛克方法，基于儿童视角倾听幼儿的声音，了解他们眼中的活动空间、活动材料、活动墙面、活动标识以及活动吊饰等。从访谈发现，在实践中，教师虽然认识到应"基于儿童"，但却将注意力更多地放在环境与幼儿身心的适配性上，或部分开放"权限"给幼儿，帮教师完成教师之事，或教师独立完成。教师要想了解儿童世界，就要"基于儿童"，将成人视角和儿童视角融合，让环境成为"为了幼儿"的环境。最后提出，教师应尝试将幼儿视为独立存在的"人",放手认幼儿参与活动,增强幼儿主体意识,借此提出激发幼儿探索欲望,弱化教师权威,建立平等师幼关系,尊重幼儿的主体性。让幼儿园环境向幼儿召唤:"欢迎来到你的世界",并呵护幼儿在"自己的世界"中有序成长。

"劳动创造人,人类社会就是在劳动中形成和发展的,劳动是人类社会生存和发展的条件",根本而言,劳动是人的生成之内在动力。幼儿是人生成之关键期,幼儿劳动教育对其"成人"的价值与意义毋庸置疑,而提升乡镇中心幼儿园质量,开展"劳动教育"主题是一种非常重要的实现方式。

第二章基于某乡镇中心幼儿园为田野点开展劳动教育课程实践,采用民族志方法,深入考察某中心幼儿园所属乡镇的劳动教育资源,走进村落、幼儿园两个幼儿成长场域,融入村民、教师、幼儿三个群体,与他们共同参与劳动、体验劳动并反思劳动。借此,明确该园劳动教育课程定位,设计该劳动教育课程目标、内容,在课程实施中发现问题,探寻其内在逻辑。最后,尝试从幼儿劳动素养转变、家长劳动教育观念等方面提出对策性建议,旨在通过劳动教育,助力乡镇中心幼儿园的教育质量提升,支撑乡村可持续振兴。

民以食为天,"食"天然是人类存续的生理能源,是人类一切社会活动的"中心",基于此主题对幼儿开展教育活动,即"进行饮食教育"和"通过饮食做教育",是提升乡镇中心幼儿园质量的重要路径,可彰显其"中心"辐射功能。

第三章以"活教育"理论为基础,以"食"为核心,对贵州某乡镇中心幼儿园所属乡镇的环境进行田野考察,透视这一教育空间中的食育资源。借以探寻该园"食育"主题活动的必要性与可行性。继而从目标、内容、实施、评价四个部分设计食育主题活动,选定了"土豆总动员""营养设计师""趣味端午节"三个食育主题活动实践。最后,对"食育"主题活动的设计与实施进行总结和反思。

总之,我们知道,乡镇中心幼儿园教育质量提升的路径甚多,以上三个实践案例仅是本研究组对贵州乡镇中心幼儿园质量提升的三种路径选择。在本部分中,我们尝试提出"为了儿童""基于儿童""通过儿童"的实践理念,我们所采取了"实践与研究叠合"的推进方式,希望可对基础教育工作者有所借鉴。

第一章　乡镇中心幼儿园中班区域物质环境创设

——以黔东南 Y 镇中心幼儿园为个案

> 有一个小孩子每天往前走，他第一眼看到的东西，就是他会成为的东西，而那样东西在那天成了这个孩子的一部分，或者是那天特定的一部分，可能延续多年，或者年年循环。
>
> ——美国诗人惠特曼

一、引言

（一）主题选择

"环境的改变和人的活动或自我改变的一致，只能被看做是并合理地理解为革命的实践。"① 人与环境的关系并不执着于谁是主导方，更应关注实践在其中的价值，人经由实践改变环境，改变自己。幼儿亦是如此，幼儿与环境在不知不觉中相互改变、相互渗透。

1. 幼儿园环境是一种隐性课程

幼儿园环境作为一种隐性课程，不会出现在幼儿园课程规划里，也不在教学活动中，但它于无声中熏陶着幼儿。一旦幼儿踏入场域里，该场域里所有的一切都是为幼儿所准备。因此，教师应当让幼儿进入准备好的场所中，让幼儿在与环境的互动中完成教育目的。幼儿不仅是课程的主人，也应是环境的主人，尽管多数教师认可这一理念，但行动上却多有踌躇，仍有部分教师"固执己见"，从自己的视角出发创设"幼儿的环境"，未能完成对环境的高效利用，也没有发挥环境的课程价值。

2. 幼儿园环境创设需要"儿童视角"

随着儿童观的发展，成人的儿童观逐步改变，幼儿不再是"不成熟的""弱

---

① 马克思恩格斯列宁斯大林著作编译局. 马克思恩格斯选集：第 1 卷 [M]. 北京：人民出版社，2012：134.

小的"客体,但当前对幼儿视角的解读仍是从成人视角出发,"儿童视角"被成人视角所遮盖,要切实做到环境创设中的幼儿参与,相信他们是"自身生活方面的专家"①。本研究选用研究方法为马赛克方法,将传统研究方法与参与式研究方法相结合,让幼儿加入环境创设,引起教师对幼儿视角的关注,"看见"幼儿,"听见"幼儿,给予幼儿充分参与和表达自己的机会,填补幼儿园环境创设中缺少儿童视角的缺憾,让环境真正成为"幼儿的环境"。

3. 幼儿园环境创设价值的忽视

"环境的创设意义不仅因为它是影响幼儿发展的条件,更是因为在环境创设的过程中,通过幼儿的积极参与而产生的互动效应。"② 然而,在当前幼儿园的环境创设中,环境的教育意义被掩盖,开始偏离初衷——一切为了幼儿。首先,便是过分追求环境的装饰功能,但这些华美装饰背后的教育意义已然流逝。其次,为了避免被幼儿破坏,有些园所会选择将物品高高挂起,专门为幼儿创设的环境里,却不让幼儿碰触,将幼儿"丢弃"于环境之外,成为"旁观者",幼儿园环境将变成闲置在一旁的教育资源,其教育价值被日益忽视。

(二)研究准备

1. 研究内容

本文研究内容为班级区域物质环境创设,主要研究以下三个维度:首先,收集相关信息,掌握某乡镇中心幼儿园中班区域物质环境创设的现状和教师的想法。其次,使用马赛克方法了解幼儿眼里的班级环境。最后,针对相关信息进行分析,提出相应的环境创设建议。

2. 研究对象

幼儿园的选择。本研究选取贵州省 D 县 W 镇某幼儿园(简称 Y 园),W 镇辖 3 个社区,21 个行政村,居住着汉、苗、布依、侗、彝、土家、畲、瑶等 8 个民族的民众。W 镇上一共有两所幼儿园,Y 园为其中一所,且为乡镇中心幼儿园,坐落在 W 镇政府和 W 镇民族小学中间。Y 园占地面积 5000 平方米,建筑面积 3145 平方米,8 个班规模,共有 252 名幼儿,幼儿多来自当地的村寨。

---

① 克拉克. 倾听幼儿——马赛克方法 [M]. 刘宇,译. 北京:中国轻工业出版社,2020:6.
② 印义炯. 可持续发展观视野下的幼儿园环境创设 [J]. 文山师范高等专科学校学报,2009,22(2):65-67.

全园教职工共37人，其中，园长3人，保健医生1人，财务2人，专任教师16人，保育员8人，厨房4人，保洁员1人，保安2人。专任教师里，10人为在编在岗教师，5人为社会购买服务教师，2人为特岗教师，1人为顶岗实习生，3人为临聘教师，教师队伍相对稳定。Y园位于民族地区，园所环境具有独特的民族特征，符合研究者取样要求。

  班级的选择。本研究选择Y园的一个中班（Z班）进行研究，Z班三位教师的经验较另一个班级更为丰富，教师一直跟班，中途也未有幼儿进班。研究者在幼儿入园后一周进入园所，直至学期末，研究贯穿了整个Z班的下学期。Z班的教师分别为1名特岗教师，1名在编教师，保育员有3年的工作经验。在研究过程中，Z班30名幼儿以自己喜欢的方式自愿参与了研究。通过对Z班幼儿进行一系列考察，了解他们眼里的班级区域物质环境。中班幼儿主要处于平行游戏阶段，所以该年龄阶段的区域物质环境创设的创造性和规则性较强，对班级物质环境要求较高。

  3. 研究方法

  观察法。在本研究中，采用的是非参与式观察，即不干预、不对被研究者提问。观察主要针对幼儿、教师和区域。进入实习场所后，首先，对中班区域物质环境创设的视觉效果进行观察记录，分别对区域活动空间、材料、墙面、标识和吊饰进行观察。其次，观察幼儿与区域物质环境的互动及在区域活动的情况。最后，在收集幼儿观点的过程中，仍需观察记录幼儿拍摄照片情况。观察始终贯穿于整个研究进程。

  访谈法。本研究采用非结构性访谈，访谈对象为幼儿园教师和Z班幼儿，教师访谈的内容围绕事先自编的访谈提纲开展，了解教师眼中的班级环境创设，得出班级环境创设的现状。对幼儿多使用照片进行访谈，会收集到许多幼儿拍摄的照片，根据每名幼儿拍摄的照片，与他们进行个别或集体讨论，了解他们的意图，随后整理相关资料进行观点提炼。

  马赛克方法。本研究使用马赛克方法，利用混合的方式来激发儿童充分表达自身观点：每通过一种方式，研究者便可较为客观地获得儿童对班级区域环境的看法。尽可能多地截取儿童日常生活的每一个细小的碎片，之后再将其进行汇总，从而使"儿童"这幅画更加立体、丰满。能有效帮助成人更加全面和客观地了解幼儿，也有利于帮助成人规避由于自己"前见"带来的错误解读幼儿这一情况。

二、教育在环境中发生：幼儿与环境互动的理论探讨

(一) 人与环境关系

2019年年末，人类遭遇重大疫情，导致人类的生产生活活动停滞，但自然界却发生着重大改变，地球环境得到改善。因此，不由得惹人深思，人与环境到底是什么关系？

"环境"一词在辞海里的解释是指环绕着人类的外部世界，是人类赖以生存和发展的物质条件的综合体。① 人是环境的产物，人在环境中与环境一起发展，虽然环境为人的生存发展提供了保障，但人已在一定程度上制约着环境的变化。人与环境之间是相互依赖、相互影响的关系。一方面，没有一个适宜的环境，就不会有人的出现，环境为人的生存发展提供了保障，适宜的温度、干净的水源等，为人认识世界、改造世界奠定基础。另一方面，环境的意义由人界定，其"内容的丰富、环境空间范围的扩展、环境的演化发展都离不开人的开发、认识、改造活动。环境离开了人，就不称其为环境，也就失去了它存在的价值和意义"②。人不能不去开发环境，利用环境，仅仅将环境放置在一旁，人的生产劳动可以将环境变得更加适宜人的发展，而环境也在这一过程中被认识和保护。总而言之，两者互为依存，"人创造环境，同样，环境也创造人"③。人在认识和改造环境的过程中，相应地，也在认识、发展自我，因此，我们的学前教育重点应在引导受教育者在自然环境与人文环境中健康成长。

(二) 幼儿学习是身体与环境互动

依据皮亚杰的理论，学前幼儿的思维处于具体形象性，他们的思维需要依托具体形象来进行。他们的学习绝不是"脖颈以上的学习"，也不是完全自发的学习，更不是单纯依靠自我来实现，而是需要教师的引导和环境的支持。④ 基于这一特点，幼儿对周遭世界的认知更加需要身体与环境的互动。

首先，幼儿的学习发生在身体、大脑和环境的三边关系中。而认知是通过

---

① 夏征农. 辞海：第六版彩图本 [M]. 上海：上海辞书出版社，2009：947.
② 郦桂芬. 论人与环境的辩证关系 [J]. 环境保护，1991 (4)：12-13.
③ 中共中央马克思恩格斯列宁斯大林著作编译局. 马克思恩格斯选集：第1卷 [M]. 北京：人民出版社，2012：172.
④ 章兰，何丽娟. 幼儿园适宜性教育环境的内涵与创建策略 [J]. 学前教育研究，2019 (3)：89-92.

身体的体验及其行为活动方式而形成。① 对处于具体形象思维的幼儿来说，他们的学习是身体和心灵合一的，他们对经验的获得和对世界的认识需要经由身体来实现。区别于成人的学习，幼儿的学习主要是为了获得经验而非积累知识，而他们的经验又来自与自身周边环境的交互作用。在与环境的交往中，幼儿全身心沉浸，经由身体的媒介作用，促进其认知的发展，让直接经验内化成知识，从而帮助幼儿获得发展。

其次，幼儿的学习是整体性的。幼儿在体验周边环境和认识周边环境的时候，调动了自己全部的感官来进行，由于幼儿的身心是合一的，因此他们对外界的认识活动理应是整体的。幼儿园环境的创设也应是整体开展，既看重物质环境的创设，也重视精神氛围的营造，物质环境和精神氛围"双管齐下"，协同完成幼儿的"精神保育"②，聚焦于幼儿的内在生命成长。

最后，幼儿的学习需要全部感官的参与。幼儿的认识活动并非仅是用眼睛看，还需要双手、鼻子和嘴巴等的加入，帮助幼儿全方位地进行认识活动。幼儿暂时没有办法进行抽象性思考，一旦脱离身体这一媒介，幼儿将无法全面获得对某一事物的基础性认识。总而言之，幼儿的学习不应被认为"只是大脑的运动"，更应看到身体在其中所起的作用，他们的学习是身体、心灵和环境三者"联动共生"。此外，环境并不只是能被直观看到的环境，也应认识到教师也是环境的一部分，对幼儿来说，教师在不被他们需要时，便是环境。

（三）幼儿园环境具有课程价值

幼儿园环境理所当然地被视为"第三位老师"，但其课程价值却总被忽视，大部分人只看表面，而较少关注其"后台"。环境的课程价值绝不仅仅是在表面，反而更多的课程价值隐藏在环境创设的过程中。

福禄贝尔选用"kindergarten"（儿童的花园）来命名其所创办的幼儿教育机，便是希望幼儿可以在自然的环境中快乐成长。由此可见，幼儿园环境创设的"心脏"应为幼儿，但在部分实践中，环境创设更多为了创设而创设，幼儿被选择性忽略。陈鹤琴提出"大自然、大社会都是活教材"，环境创设的过程便是将这些内容灵活揉进幼儿园里，让幼儿在不知不觉中获得成长，他们可能不

---

① 叶浩生. 具身认知：认知心理学的新取向［J］. 心理科学进展，2010，18（5）：705-710.

② 苗曼. educare：一个值得引入的幼教概念［J］. 学前教育研究，2018（12）：28-38.

会发现自己的改变,但学习悄然产生。瑞吉欧教育提倡"放手",尽可能给予幼儿自由,把握幼儿的最近发展区,让幼儿在真实的环境中体验和认识世界,获得相应的经验,以此种形式,最大限度地挖掘和发挥环境的课程价值。在日本藤幼儿园里,环境的课程价值则更加明显,幼儿园专门保留大部分自然环境,幼儿能在园所里自由奔跑和探索,会从树上掉下来的孩子,一开始就不会选择去爬树。[1] 教师会鼓励幼儿大胆探索,通过亲身体验来丰富经验和认知。在幼儿未获得抽象性思维前,他们的学习多由身体产生,使用多感官去了解世界。

幼儿园环境创设的过程不仅是幼儿与环境互动的过程,也是他们获得经验的过程。环境的课程价值取决于幼儿,若幼儿不需要它,那么它便失去了价值,变成闲置在一旁的课程资源。环境本身无所谓教育与非教育,只是被人为地赋予各种含义,寄予教育意蕴,因此,在环境变成课程之前,教师应依据幼儿已有的发展水平和经验基础,将环境与幼儿园相融合,教师也应掌握幼儿身心发展的规律,激活其内在教育意义,打造幼儿真正需要的教育环境。随着课程内容的深入与改变,环境的隐性课程价值不断生成与延展,[2] 幼儿的经验和知识也随之增加,他们在与环境的互动中也会不断有新的发现和思考,环境也将紧随其后,发生改变,如此循环往复,环境创设的课程价值将始终贯穿在幼儿的成长过程中。

(四)幼儿在与环境互动中成长

幼儿的成长发生在与周围环境的互动中。首先,幼儿的思维是在作为个体的幼儿与其感知到的周围事物的交互活动中产生和发展起来的[3]。其次,幼儿的创造力也相应地获得发展。创造力是人的内在本质,它的培养是幼儿教育向人本质的复归。而幼儿天性就是充满好奇的,他们生来就对世界充满好奇,创造是他们与生俱来的天赋,也是他们最普通的了解世界的一种方式,儿童只要醒着,就在积极主动地构建着自己的世界。[4]

幼儿是自然之子。自然界的一切对他们来说有着致命吸引,幼儿不由自主

---

[1] 加藤积一. 藤幼儿园的秘密[M]. 何京玉,陈俊,译. 北京:北京师范大学出版社,2018:19.

[2] 张敏. 幼儿园环境的隐喻价值与提升策略[J]. 陕西学前师范学院学报,2020,36(3):20-23.

[3] 郑名. 学前游戏论[M]. 兰州:甘肃人民出版社,2006:147.

[4] 郑素华. 儿童的本来面目[J]. 学前教育研究,2011(11):30-35.

地思索，为什么我走影子也跟着我走？雪花为什么是一瓣一瓣的？幼儿心头时刻萦绕着对世界的好奇，只要环境合适，他们的创造力就会产生。幼儿只有在不受约束的环境中，即在与他的年龄相适合的环境中，他的心理生活才会自然地发展并展现他内心的秘密。① 他们的秘密通过环境毫无保留地向成人展现，他们丰富的内心世界和奇思妙想将无遮无拦地出现在成人眼前。为了能够更好地促进幼儿发展，教师应充分考虑幼儿的最近发展区，为幼儿创设更适宜的环境，投放最适切的材料，帮助幼儿创造力的发展。

幼儿是幼儿园环境创设的起点和终点，教师应有意识地让幼儿参与环境创设，一是因为环境创设重要的是过程；二是由于幼儿参与其中，其创造力可以得到最大化的发挥。教师将幼儿的参与权还给他们，幼儿有机会参与其中，环境也将变成"有幼儿存在"的环境。在幼儿享受他们的参与时，不仅能实现"儿童视角"，同时也能"解放儿童"，幼儿真正成为自己环境的主人。在这一过程中，幼儿既锻炼了动手操作能力，又获得了成长。

三、中班区域物质环境的现实考察

环境作为幼儿园里常见的一部分，相较于其他显性的、被重视的部分，实在容易被人忽视。但其实环境也是幼儿园里不可或缺的重要课程资源，幼儿在与环境交互的过程中习得经验、获得成长。然而在实际的环境创设中，教师是否真正知晓，环境是谁的环境？怎样让环境的教育价值最大化？等问题仍待探讨。为了让教师更好地了解幼儿，本研究尽可能收集"儿童的一百种语言"，让教师能短暂想幼儿所想，为幼儿创设真正为了幼儿的环境。

本研究中的"区域物质环境"指教室里直观可见的环境，具体而言，则是区域活动空间、材料、墙面、标识和吊饰。中班教室区域物质环境的现实考察经由这五个维度来进行客观描述，了解当前 Z 班的班级区域物质环境创设现状。

（一）区域活动空间

经观察发现，Z 班大部分区域活动空间（益智区、科学区、美工区、语言区）皆被固定在同一侧的墙面，益智区、科学区和美工区之间使用柜子进行划分，语言区处于教室的阳台，与美工区之间的隔断是墙面。而建构区需要的活

---

① 蒙台梭利. 童年的秘密 [M]. 王亚娟，译. 北京：中国妇女出版社，2012：96.

动空间更大，因此将其放置在睡房里，以保证建构游戏的空间。放置区里用来安置幼儿坐的小椅子，以及幼儿使用的其他公共物品（铅笔、水彩笔、蜡笔、梳子等），具体布局如图4-1所示。

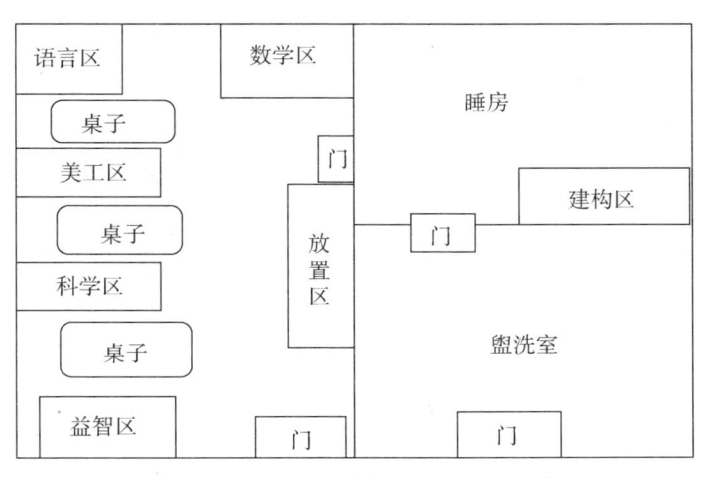

```
┌─────────┬─────────┬─────────────────┐
│ 语言区  │ 数学区  │                 │
│         │         │      睡房       │
│ ┌─────┐ │         │                 │
│ │桌子 │ │         │      ┌───────┐  │
│ └─────┘ │         │ 门   │建构区 │  │
│ 美工区  │   门    │      └───────┘  │
│         │         │   门            │
│ ┌─────┐ │ 放      │                 │
│ │桌子 │ │ 置      │                 │
│ └─────┘ │ 区      │                 │
│ 科学区  │         │    盥洗室       │
│         │         │                 │
│ ┌─────┐ │         │                 │
│ │桌子 │ │         │                 │
│ └─────┘ │         │                 │
│ 益智区  │   门    │    门           │
└─────────┴─────────┴─────────────────┘
```

图 4-1 班级平面图

从图4-1来看，该班在进行区域空间设置的时候，将每个区域活动放置较近，区与区之间的隔断也很简单，并未做到完全"隔离"，彼此间存在干扰。建构区与其他区域相隔较远，虽然避免了对其他区域造成干扰，但却增加了教师的负担。在进行区域活动时，教师不能很好地兼顾全部区域的所有幼儿。为了解决这一问题，班级教师选择了同时在岗。语言区的放置也存在问题，虽然充分考虑了光线的问题，但语言区的窗户没有遮挡，晴天时，光线过于刺眼，并不利于幼儿的阅读活动。

基于这样的空间布局，研究者对教师进行访谈，了解教师的想法。

P老师：这不是我想这样放置，是所有老师都同意的，这样摆放一点儿都不方便，但必须得弄，我们也没办法。

W老师：最开始班级里还没有科学区，是外出观摩之后，发现其他园所有，我们就也设置了。

L老师：每次一来专家就说，这也不对，那也不对，那怎样做才是对的，也没有专家告诉我们。如果有人能直接告诉我们怎么做就好了。（访谈记录：P、W、L2021年3月5日，访谈地点：办公室）

分析教师的访谈后发现，教师很想安排好教室的区域活动空间，但有心无力，想要做出改变，但却不知道该如何突破现状。园所虽然也积极寻求外部帮助，但总是"隔靴搔痒"，不得其法。教师在布置班级区域活动空间时，也会积极参考案例，但苦于班级情况和园所要求，只能无奈妥协。

（二）区域活动材料

材料是幼儿选择区域活动的关键所在，其多样性和游戏性直接决定着幼儿对该区域的兴趣。同一个材料，设计不同玩法，都会让幼儿惊奇不已，最大限度地吸引幼儿对材料的探索。对区域里所有材料进行整合后，发现Z班的材料可粗略分为3大类：益智材料、美术材料和图书资料（具体如表4-1所示）。

表4-1 区域材料的种类

材料种类	具体材料
益智材料	建构积木、拼插玩具（各种类型）、聪明棒、蘑菇头玩具、雪花片、夹珠子玩具、薇薇木玩、编织玩具、水管道积木、子弹头
美术材料	水彩笔、蜡笔、颜料、盘子、刷子、剪刀、双面胶、胶水、透明胶、卡纸、白纸、皱纹纸、彩色吸管、雪糕棍、木棍、棉签、蛋托、空瓶子（各种材质）、橡皮泥、纸杯、纸筒、松果、贝壳、石头、种子、水果泡沫网
图书资料	绘本、教材

针对区域材料的投放情况，对教师进行访谈，教师的看法如下：

Y老师：我班级里的材料大多是娃娃们带来的，比如：这些玻璃瓶，就是我告诉他们我需要多多的瓶子，他们就自发从家里带来的，我们一起用这些做成教具和装饰品，娃娃们看着很有成就感，也帮我们补充了材料。（访谈记录：Y2021年3月24日，访谈地点：办公室）

W老师：材料投放肯定要考虑幼儿的年龄呀，我带小班嘛，就必须得是大一点儿的物品，免得幼儿吃进去了，等到了中班，就可以投放体积小点儿的材料。（访谈记录：W2021年4月6日，访谈地点：Z班）

S老师：投放玩具的时候不同年龄段要求会不一样，同样的材料，小班玩过，到了中班可能还会继续玩，但这时候会要求孩子们去发现新的玩法，带着他们去玩重复的材料，这对他们来说也是一种提升。（访谈记录：S2021年3月5日，访谈地点：办公室）

L 老师：每次最麻烦的就是材料的投放，要让材料和班级主题有关，脑袋都要想破了，太难了，选择的材料既要契合当月的主题，又要在幼儿的兴趣点上，实在太难了啊。（访谈记录：L2021 年 4 月 16 日，访谈地点：操场）

在区域材料的投放上，教师各有想法，除园所规定的固定投放材料外，每位教师均会根据本班情况酌情调整，相对来说"百花齐放"，但教师都觉得要把材料和课程主题搭配起来不太容易，既要符合幼儿的兴趣点，又要和主题活动相关，每一次在这类问题上，总显得棘手。基于此种情况，教师在商量和选择某一个月份的班级主题时，首先，要考虑是否符合幼儿的年龄特点，其次，要考虑所选择的主题是否契合当前的季节，是否能吸引幼儿的兴趣，最后，要考虑各个活动区域需要投放的材料，确保幼儿能够在玩中学，在学中玩，最大程度，甚至是真正地发挥出环境的隐性教育功能。针对区域材料，Z 班幼儿也有不同看法。"我喜欢小蘑菇，不用说明书我都可以拼出来，但它太简单了；（夹珠子玩具）太难了，一直掉，我总是玩不好，不想玩了。""我太喜欢益智区了，因为我可以和×××一起玩，我喜欢和她一起玩，太快乐了。"

整体而言，该园所的所有班级在区域材料的投放上相对丰富和多样，且每位教师都能做到"与时俱进"，既能汲取其他园所做的优秀的地方，也能充分照顾本班幼儿的年龄特点和区域材料的可玩性。同时，还会综合考虑主配班两位教师教学活动情况，据此投放相关的区域活动材料。

（三）区域活动墙面

幼儿园区域活动墙面记载着幼儿在班级里的活动轨迹，既是一种隐性教育资源，也是班级文化的载体。观察发现，Z 班的区域活动墙面面积比较大，且设计比较独特，在原有墙壁上粘贴了软木墙，墙面上所有的东西全部用彩色工字钉和金属圆钉固定。墙面内容较为丰富但与各区角的内容相割裂，如益智区临近墙面上张贴的内容并非与益智相关。

墙面大致分为两类：固定墙面和不固定墙面。固定的墙面内容多是生活常规、游戏常规和阅读墙等，这些内容幼儿进班之后便已确立下来，不跟随后面班级的主题内容进行改变。不固定墙面是主题墙和节日墙，墙面内容随着每次的主题活动内容进行更换，差不多一个月更换一次。墙面张贴的内容基本为幼儿的绘画作品和手工作品，以及幼儿进行活动的照片。"这些墙面，类似名字墙这些，是我们提前做好的，这是我们从小班带上来的娃娃们，考虑到他们的情况，便在今年制作了名字墙，帮助他们培养阅读的兴趣。"（访谈记录：Z2021年3月24日，访谈地点：Z班）"关于主题墙面的创设，现在网上类似的东西很多嘛，我每次都是先在网上搜索我喜欢的风格，然后再根据主题来确定我们班级的主题墙面。"（访谈记录：S2021年5月6日，访谈地点：办公室）"但有时候也很困惑，一直开会说墙面要有幼儿的痕迹，但是孩子们的作品怎么选择啊，选来选去就是那几个一直很好的孩子们，其他怎么办？然后有时候孩子们的作品都不是那么好，不那么适合。"（访谈记录：Z2021年5月6日，访谈地点：办公室）

图 4-2　标识墙 　　　图 4-3　游戏墙 　　　图 4-4　阅读墙

幼儿的色彩敏感度较高，教师在进行墙面创设的时候既要考虑整体的美观，又要兼顾幼儿的需求。在区域活动墙面上也是幼儿参与班级环境创设痕迹较多的部分，作为班级里的一员，环境的主人，教师基本能稍微放手，让幼儿参与。"我愿意，但他们只能参与到简单的活动中，让娃娃们帮我张贴东西或者自由选择作品。"（访谈记录：S2021年5月4日，访谈地点：大班教室）不过，大部分教师还是存有顾虑，对幼儿参与仍有疑虑，不知道怎样做才算是实现了"幼儿参与"，甚至部分教师觉得，如果让幼儿参与到班级环境创设中就是在额外增加自己的工作量，因为幼儿并不能做到完全让人满意，与其自己返工，还不如最初不要开始。基于这些问题，教师即使愿意放手，幼儿也能积极参与，但在真正实践中，仍然缺少实现"幼儿参与"的正确方法。教师不知道从何入手，最后仍然由教师把控整个环境创设进程，幼儿被动接受，成为一种形式上的"幼儿参与"。

鼓励幼儿参与班级环境创设应成为一种趋势，充分尊重幼儿的参与权。基于此，鼓励幼儿参与班级环境创设，让环境这"第三位老师"变无声为有声。

同时，在幼儿参与的过程中，锻炼了幼儿的动手能力和创造力，人为地增加幼儿与班级环境之间的互动，在两者的互动中发展幼儿的能力。然而，在真正实践中，幼儿更多在"完成教师之事"，而非自己的事情，幼儿处于一种浅层次的参与，幼儿的主观意愿并未得到彰显。

（四）区域活动标识

对 Z 班幼儿来说，他们的思维多处于具体形象性阶段，暂时还没有获得抽象性思维，因此他们对规则的认知是模糊的，不能很好理解这一概念。为了让幼儿更好地理解规则，最好的手段就是将规则形象化，让规定变得"接地气"，用他们能够解读的方式来制定规则。将枯燥的"条条框框"变成形象生动的图案和文字，为幼儿营造一个充满规则的环境，帮助他们去初步建立规则意识，让他们在环境的熏陶下，潜移默化地为成为一名合格的社会成员做准备。

Z 班的区域活动标识（如图 4-5）的风格基本统一，都是手工绘制的图案和文字说明。向教师询问后得知，某一区域的活动规则是和幼儿一起商议完成，幼儿参与制定区域的游戏规则，并承担画面绘制的工作，文字说明则由教师来完成，如此一来，该区域的活动规则便算是成功了。然后教师使用彩色工字钉将其钉在硬卡纸的最下方，利用彩色工字钉数量来提示幼儿该区域的进区人数，幼儿使用进区卡来选择区域，若某一区域挂满了进区卡就要另觅他家。但就研究者来看，彩色工字钉放置的位置较低，位于整个硬纸板的最下方，几乎与地面平齐，对幼儿的取挂进区卡动作并不友好，幼儿需要蹲下挂取，这样就较易产生安全问题。

图 4-5 区域标识

对于区域活动标识的创设，基本上完全由幼儿作为主导，教师在规则的制定上仅仅起引导作用，最开始的雏形和最后的成果都是幼儿敲定，教师只是起和完善作用。"我们在制定区域规则的时候，为了让他们遵守，一开始就是他们制定的，之后他们自己将规则绘制出来，然后我们大家一起选择。但是没想到，到现在他们自己都不记得了。"（访谈记录：W2021年5月13日，访谈地点：Z班）询问幼儿后发现，也确实如此，对于硬纸板上的区域规则他们基本遗忘，仅有部分绘画者才依稀记得画面内容。

（五）区域活动吊饰

区域活动吊饰能够在视觉上增加班级环境的层次感。Z班的区域活动吊饰较为简单。基本以两部分为主，一部分是亲子手工作品，放置在室内走廊里，距离地面约1.7米处；另一部分是教师的手工作品，悬挂在教室中心的木架上，距离地面约2米处。幼儿身处其中，如若不是刻意抬头，便无法第一时间关注到头顶的吊饰，这些内容整体位于幼儿的视线盲区。Z班的活动吊饰由教师设计制作而成，幼儿的作品只是少数，教师的作品多用来装饰教室环境，而不具备教育意义，也不贴合幼儿的审美，幼儿对这些兴致索然。

图 4-6　幼儿作品　　　　图 4-7　教师作品

Z班对于区域活动吊饰的创设略显潦草，问及教师为什么会这样创设的时候，教师表示："我们好像都没有怎么管过吊饰这些，就是看别的班级这么搞，我们就这么搞了。""我出去观摩的时候，也看到其他园所用吊饰做区域隔断，但我觉得我们教室空间太小了，没有办法用吊饰去弄。""孩子们好像没有额外要求这点儿，很少会有孩子来说这里怎么怎么样，我们也就没有过多关注。""有时候我也想到了这个问题，但是这个东西太高了，要弄必须得去三楼搬梯子，然后一次性搞完这些，太累了。"（访谈记录：Z、W、P、L2021 年 5 月 4 日，访谈地点：办公室）

在后续的调查里，对幼儿进行访谈，将本园所的吊饰和其他园所的吊饰进行对比，发现幼儿虽然可以立即认出自己班级里的吊饰，但对于其他园所的吊饰表现出了明显的喜好。大部分幼儿更倾向于自己喜欢的图案，"星星""亮晶晶""月亮"。对于本班级的吊饰没有太多想法，甚至没有过多关注，若不是研究者专门提及，很少有幼儿主动向教师或研究者表明自己对吊饰的想法。即使是刻意询问"你喜欢什么样的吊饰？"，大部分幼儿的回答仍然不清楚，最后依照自己的喜好给出了答案，"我希望睡房里有很多星星，这样我可以看着睡觉了""我想要好看一点的"。

总而言之，区域活动吊饰是被教师和幼儿，甚至是园所共同忽略的一部分。教师一旦创设好便不会专门去做变动，幼儿如果不过多要求，教师更加不会额外耗费心力去移动或者进行改动。且由于吊饰的高度足够高，很多时候基本不会有专家专门提及，专家更多的还是关注区域活动的摆放和课程的设置。

四、幼儿眼中的中班区域物质环境创设解析

众所周知，幼儿对自己所处的环境具有高敏感性和依赖性。然而，在实际的班级环境创设中，教师却极其容易忽视这一点，致使环境设计流于表面，儿童视角的环境创设怎么能够出自成人视角呢？因此，在真正的实践中，教师是否真正做到"为了幼儿"，这一点还有待商榷。尽管教师赞成让幼儿参与，但如何去了解和实现幼儿视角的环境创设，仍然需要很长一段时间的摸索。研究者对幼儿眼中的环境创设内容进行分析后发现，儿童视角和成人视角之间确实犹如横亘着天堑。我们利用马赛克方法收集相关信息，了解幼儿眼里的中班区域物质环境创设并对其进行分析，探索"幼儿参与"的道路。

（一）幼儿眼中的区域活动空间

随着学前教育的推进，幼儿的活动空间需求越来越高，不仅需要空间合理、氛围轻松，还要能够激发幼儿积极主动、富有创意性地去游戏。幼儿园每一处空间的处理都要从幼儿出发，保障幼儿的安全，吸引幼儿的主动参与。幼儿区域活动是否能够顺利开展，首先便是活动空间的安排。幼儿活动空间的大小直接决定着幼儿的区域活动质量，整合幼儿的"语言"之后发现，幼儿对自己区域活动空间的要求主要集中在以下两点：一方面，幼儿迫切希望自己能够有更大的游戏空间来进行区域活动；另一方面，幼儿希望教师可以不要做那么多的要求和限制，希望自己的区域活动更加自由。

1. "挤挤的"：布局的限制

我们观察幼儿的区域活动后发现，当某一区域活动的幼儿人数达到上限后，幼儿自然而然地选择"跨区"，部分幼儿脱离 A 区固定的游戏空间，选择把 A 区的玩具拿到 B 区摆弄，占用 B 区的游戏空间。问及这一点，幼儿自己也明白这与带班教师的要求不合，但实在是觉得自己的区域活动空间不够。"一玩游戏就有太多小朋友啦！他们弄得我都没办法画大画了。""太多人在这里了，都要不能呼吸了，挤挤的。"

有研究指出，区域活动的空间应基本保证 4~5 名幼儿舒适安全地进行有利于合作交流的游戏活动。[1] 由于该园所占地面积的限制，每个班级的教室空间面积都不够大，且睡房占据了过多面积，因此，Z 班部分区域的活动空间未能达到上述标准。即使幼儿暂时无法理解抽象的空间概念，但他们天然地对游戏空间有所需求，充足的活动空间是保障他们快乐游戏的基础，他们希望自己每一次的区域活动空间能宽敞一点，而不是如当下一般"挤挤的"，希望自己的游戏空间不再是与许多的小朋友挤在一起，或是把这个区域的材料拿到别的区域玩耍，而是希望真正拥有舒适的活动空间。

2. "不行"：教师的要求

整合和分析幼儿的访谈记录后发现，在幼儿对于区域活动的看法里，除了希望自己的活动空间可以更宽敞之外，还提到了教师的要求。如偌大的建构区区域，教师却要求幼儿必须待在垫子上，不能够在垫子以外的地方玩积木。"我们在二楼，如果不弄一个垫子，声音会很大，怕吵到楼下，所以只能这样跟他们讲。"（访谈记录：S2021 年 5 月 6 日，访谈地点：大班教室）在前文中的空间布局图中已有所显示，建构区的空间很充足，单独位于睡房中，占据睡房三

---

[1] 郑佳，张宪冰，韩威. 幼儿园区角游戏环境创设的策略 [J]. 长春教育学院学报，2015，31（15）：62.

分之一的面积。但幼儿的建构活动却被圈定在小小的垫子上，他们的玩耍空间一缩再缩，不外乎幼儿有所"怨言"。"我们想要搭大大的房子，但是地方不够，希望建构区能换到阳台上去。""我觉得数学区太窄了，希望它（桌子）能高点儿，每次桌子都不够坐，老有人挤我，可是老师又要求我们有些材料必须在桌子上才能玩。"

幼儿自然不懂得教师的难处，教师也有口难言，在幼儿眼里，他们就看到自己本没有多少的活动空间被一再压缩，本来就"有很多小朋友"，教师还要要求一些在他们看来"有的没的"，让他们没有多少活动空间去玩耍，根本不能够快乐游戏。然而，事实上，教师也并非一定要成为幼儿的"阻碍"，但实在是苦于教师空间的设置，她们已经尽其所能给幼儿提供可允许范围内的自由，但仍然不能够让幼儿感到满意。"一般情况下会告诉小朋友们不要越界，特殊情况，如孩子拿益智区的玩具材料和科学区的材料互相融合来游戏的话我不会干预，如果益智区没有位置了，而科学区有空位的话，孩子们拿去科学区玩我也不会管；如果是孩子们没有规矩地玩，把材料倒在一起，扔得到处都是的话，我会进行规范区域。"（访谈记录：W2021 年 4 月 16 日，访谈地点：Z 班）"在保证安全的前提下，主要是柜子摆放不合理所以空间成了最大的问题，如果小朋友比较多，一般会分区域设置室内游戏，避免游戏材料分配不均衡。"（访谈记录：S2021 年 5 月 5 日，访谈地点：大班教室）在部分区域活动中，教师并非有意成为幼儿的限制条件，只是教师也苦于整体教室空间的设置，已经尽可能地给予幼儿可允许范围内的自由。

（二）幼儿眼中的区域活动材料

材料是课程的支架，也是教与学的基础，[1] 除了教师专门对区域活动材料进行讲解外，幼儿更多的是在区域活动中，通过实际操作众多材料，去认识和探索各类材料，并从中获得相关经验和知识。区域活动材料直接影响着幼儿对区域活动的沉浸度和探索度，"在游戏中，幼儿主要是通过操作游戏材料来实现游戏的娱乐功能和教育功能"[2]。区域创设的成功与否取决于幼儿态度的好坏，而

---

[1] 柯蒂斯，卡特. 和儿童一起学习 [M]. 周欣，周晶，张亚杰，等译. 北京：教育科学出版社，2011：54.
[2] 华爱华. 活动区材料的投放方式与幼儿行为及发展的关系 [J]. 幼儿教育，2008（7）：4-7.

区域活动材料是吸引幼儿"光顾"的关键,区域活动材料影响着幼儿的选择。

1. "多多的":材料的丰富

为了解幼儿眼中的各个区域的活动材料,研究者对幼儿进行访谈,整理资料后发现,大部分幼儿都认为现在教室里的区域活动材料"太多啦",只要是他们想玩的材料,基本都能够在教室里找到,甚至他们没有玩过的材料,教室里也有非常多。"我喜欢我们的美工区,因为我们的材料太多了,有画笔、玻璃瓶、雪糕棒……我喜欢的这里都有。""这些材料我都没有在小班玩过,太有意思了。""我每次都会玩建构区,有多多的积木,可以搭城堡、桌子、小轿车和其他好多好多的东西。""每周我都会和妈妈看书,W老师让我们把书拿回家,有好多的书,我喜欢和妈妈一起。"幼儿在进行区域选择的时候,益智区、建构区和美工区是他们的首要选择,只有在这些区域人数满了的情况下,才会退而求其次,选择其他活动区域。

在空间大小不能再有所改变的区域活动里,相对来说,投放更多、更丰富的材料更加能够激发幼儿的兴趣,即使活动空间不够玩,但仍然会让幼儿"趋之若鹜",同一区域材料的不同玩法,不同材质等,这些都能够扩大幼儿的选择空间,让幼儿更有兴趣去探索。但需注意的是,提供多的材料并不意味着"无脑"投放,什么材料都往区域里安置,材料的丰富绝不代表着无效堆放和单一重复。教师在投放材料前后不妨"停一停",先对幼儿进行"民意调查",让所投放的材料更加贴近幼儿,切实按照幼儿的需求和发展水平去进行材料的投放和更新,使材料更具针对性,更贴合幼儿的喜好。幼儿是在与区域活动材料的互动中建构起对于外部世界的体验与经验。在区域活动材料的投放上需要突出材料操作功能的多样性和开放性,不要对材料玩法做任何规定,让幼儿能够自由探索。

2. "太难了":材料的层次

针对图4-8、图4-9,幼儿纷纷表示:"太难了!""我不会玩,薇薇木玩我不知道怎么玩。""每次都拧不好,不知道它能拼什么。""天平是什么?""Z老师给我们看过怎么玩,但它太麻烦了,我玩的时候都要收好久,盒子好难放。""它就是这样玩的呀。"基本上在整个访谈过程中,所有被访的幼儿出于对手机的好奇,所拍摄的照片内容囊括了益智区所有的玩具,除了薇薇木玩。这个材料好像没有出现在益智区里一样,所有的幼儿选择性遗忘,即使专门就此进行追问,也没有幼儿能够说些什么。大部分幼儿对这两个玩具"敬而远之",仅有两名幼儿表现出对简易天平的兴趣,却也只是清楚它如何操作,并不知道它的具体功能。

对于图 4-10,所有被访幼儿表示:"这个好难,不知道是什么。""我从来没用过。""Z 老师和 W 老师放的,没有讲过它怎么玩,我不会。"随后就此询问了教师,"这个东西叫绿沙,可以制作草坪等一切绿色的东西。使用简单,就是在卡纸上涂上一层固体胶,然后把它均匀撒上去就行了。我们最初是想着让孩子们自己去尝试,也怪我们疏忽,以为简单孩子们就会用。"(访谈记录:Z2021 年 6 月 3 日,访谈地点:Z 班)在"绿沙"这一材料上,对教师来说是简单、一目了然的东西,于是就没有专门对幼儿进行解释说明,但对幼儿来说却是"难关",他们抓不住关于这个材料的任何"线索",便不会想要去大胆探索,这个材料便被孤零零地放置在那里,无人问津。

图 4-8 简易天平 　　　图 4-9 薇薇木玩 　　　图 4-10 "绿沙"

一旦幼儿觉得材料太难了,这些材料对幼儿就没有了吸引力,幼儿可能不会多加尝试便将其丢弃在一旁,除非教师加以引导或者改变玩法,以此来吸引幼儿的注意力,不然就会被幼儿抛弃。因此,在进行材料投放的时候,需要教师使用一些教育智慧,教师要充分考虑所投放材料的层次性,不会太难也不会太简单,根据幼儿的最近发展区,有计划地进行材料的投放,让材料的难度逐步提升,避免幼儿因为玩具难度太高而放弃。

3. "我会""我玩过":材料的创新

"雪花片我小班就玩过了,早就会玩了。""这个(夹珠子)太简单啦,我一下就能做到。""我家也有好多积木,我玩过的。""我看过这本书,妈妈讲过。"在同部分幼儿交谈后发现了一个有趣的现象:被幼儿"忽略"的材料,多是玩法简单或是先前他们已经多次玩过的。因此,教师在投放材料时需要注意到幼儿的已有经验,了解幼儿对之前环境或材料的看法,及时对本

127

班本学期所投放的材料进行调整。幼儿的一日生活受到家庭和幼儿园的双边影响，在家里玩过的材料，再次出现在幼儿园里，可能会影响幼儿对其的探索度，反之亦然。

幼儿是天生的"十万个为什么"，他们对周遭的人和事物充满好奇。因此教师在进行材料投放时，需及时对材料进行更换，但绝不意味着经常性且大量地改变材料，这么做，除了额外增加教师的工作量之外，也会在无意中打断幼儿对原有材料的探索，新的材料会转移他们的视线，导致他们无法完成深度探索，颇有"猴子搬西瓜"之意，看一个丢一个。

图 4-11 水管积木

幼儿在园中获得知识的途径可分为两种，一是由教师直接传递，二是教师借由教室环境让幼儿自由探索。区域活动是让幼儿自由探索环境里的材料，由此发展他们的能力，但为了达到教育之目的，教师则要保证区域活动材料具有吸引力，才能牢牢抓住幼儿，否则幼儿便会出现游离状态，如此一来，则会跟教师投放材料的初衷相背离。区域活动中材料的投放就是要让幼儿感到好奇，并投放具有挑战性、探索性，能发现问题、解决实际问题的材料。

（三）幼儿眼中的区域活动墙面

中班幼儿的思维模式和感知能力倾向于直观性和具体性，因此，他们必须借助于具体的事物才能够更好地感知抽象事物，而一面"好的"班级区域活动墙面，可以很好地帮助幼儿理解课程内容和主题活动，因为做好区域活动墙面的创设势在必行。"只有让教室的墙成为学生表达主体性的媒介，才能真正使学生成为墙的主人,成为教室的主人。"①

1. "我的":所有物的强调

在整合幼儿所拍摄的照片后发现,幼儿无一例外会非常在意出现"我"的墙面,一旦某些活动墙面上存在着自己的作品或者自己小伙伴的影子,他们都会停下脚步拉着研究者反复介绍,"这是×××画的,她做的是草帽,夏天可以戴。""这是我的照片,我在擦桌子,还有这个是×××,她在叠衣服。我们做得好,老师会给我们奖励。""这是×××做的七星瓢虫和兔子,我很喜欢,它俩结婚了。"

图 4-12 "我会做" 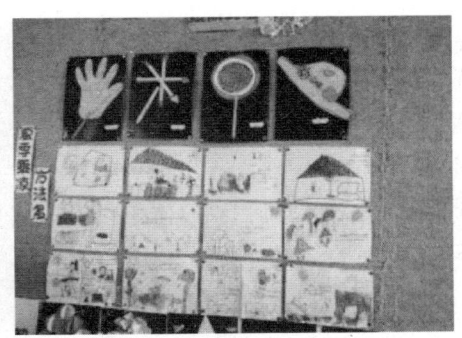   图 4-13 主题墙

相对于其他区域活动墙面,幼儿会更加在意这些有"我"的墙面,即使他们并不清楚为什么自己的作品会在这面墙上,但他们看到有关自己的内容呈现在上面就很快乐,同时,如果墙面上没有自己作品的时候,幼儿会感到失望,"欸?我的画去哪里了?老师收了的,为什么这里没有?我去找找。""为什么没有我的?"

据研究者观察,当活动墙面上出现幼儿感兴趣的内容或者有他们自己的痕迹时,他们关注墙面的次数明显增加,并且会拉着保育老师反复强调。四五岁的幼儿仍然处于自我中心化的阶段,考虑问题和对待事物从自身的感受出发,从"我"的角度向周围人表达自我喜好,会重点关注环境中"我的"东西,会对教师的表扬感到自豪。

---

① 熊和平,潘跃玲.教室的墙[J].上海教育,2016(25):72-73.

2. "我喜欢"：个人意愿的表达

图4-14 进区牌　　　　图4-15 "名字大集合"　　　　图4-16 播报墙

除主题墙之外，幼儿对上述墙面最感兴趣，几乎所有被访谈幼儿无一例外都会向研究者介绍这四面墙壁，"这是我的名字，上面有我的画。""我喜欢这些爱心。""我可以用它去玩建构区。""我喜欢这朵云（下雨天），因为这样W老师就会让我们穿着雨衣出去玩。""我会找出自己（的名字），贴在上面。"即使中班幼儿不能正确识别和读出汉字，但当墙面上出现他们熟悉的汉字和图形时还是很高兴，会兴致勃勃地向研究者进行介绍。

在整个马赛克方法的实践过程中，幼儿关注最多的概念就是"我"，"这是我的作品。""这是我擦桌子的照片。""我最喜欢这个。""我家也有这个。"他们表达自己情感的时候，基本从自身感受出发表达自己的想法，"×××是我的好朋友，所以她画的画好看。""我喜欢××，所以我喜欢这张照片。"当发现自己的作品出现在活动墙面上或者展示柜上时，幼儿会感到骄傲，教室里充满了他们的痕迹，增加他们对教室的归属感，产生"我"是这里的主人之感。尽管鲜有幼儿选择科学区，但在科学区的材料投放上，也有幼儿的"身影"，科学区的动植物，是他们从自己家里带的蝌蚪、乌龟和水培大蒜等，这样无疑增加了他们对科学区的关注度，很长一段时间里，都会去主动观察这些动植物的情况。

3. "丑丑的"：审美的偏好

通过分析收集的信息发现，幼儿非常喜欢色彩艳丽和整齐的作品。主题墙上有一幅幼儿画的彩虹（如图4-17），在这幅作品换掉之前，几乎每一位幼儿都会专门给它一个特写，并且指出"这个是XXX画的彩虹"。即使这幅画已经挂了一个月，但幼儿仍清楚地记得这幅画是谁的作品。同时会对那些色彩单一的作品表示不喜，问及原因就说"这个丑丑的"，可细问之下，又说

130

不出来为什么"丑丑的",但据研究者观察发现,被幼儿标记为"丑丑的"绘画作品,要么是线条比较乱,看不出来绘画内容;要么是纸张画面杂乱,整体布局失衡。

除了作品的颜色之外,墙面上作品的破损,幼儿也会表示"丑丑的",由于幼儿园所处地区的问题,整个教室非常潮湿,一些纸质作品如果不过塑就直接张贴在墙壁上,纸张便会被浸湿(如图4-18)导致图案晕染开,或是材料不牢固直接从触摸墙上脱落(如图4-19),这些情况的出现都会导致幼儿给墙面设置"差评",即使这些内容他们都很喜欢,但由于不够美观让幼儿"又爱又恨"。

图 4-17 "彩虹"　　　　图 4-18 "有趣的线"　　　　图 4-19 触摸墙

"丑丑的"背后蕴藏着幼儿的审美偏好,他们很容易被色彩吸引,喜欢对比明显、颜色鲜艳的明亮色彩,不喜欢单一、灰暗的色彩。绘画内容上,幼儿喜欢再现性的绘画作品和能识别绘画内容的非现性作品。[1] 教师应关注到幼儿语言背后的内容,适当地为幼儿提供贴合他们审美的绘画作品,颜色丰富多彩且接近幼儿生活,能使幼儿展开想象。

(四)幼儿眼中的区域活动标识

区域活动标识在这里指的是各个活动区域的活动规则,用来提示幼儿该区域注意事项,区域的图案直接影响着幼儿对其内容的理解。为了更好地培养幼儿的规则意识,了解幼儿眼中看到的区域活动标识刻不容缓。

1. "好看":颜色图案的影响

在幻灯片访谈结果里,展示了教师设计和幼儿设计的两个版本的区域规则,发现幼儿会明显倾向颜色丰富和图案多的区域活动标识。"有了这些牌子,感觉

---

[1] 张颖. 中班幼儿对绘画作品的审美偏爱研究[D]. 上海:上海师范大学,2020.

美工区更好看了。""我喜欢有多多图案的。""我觉得小朋友设计的,有更多的形状。"幼儿盲目喜欢"花里胡哨"的事物,他们认为颜色多,看起来亮晶晶的东西就是好看的。因此,相较于黑白图案,他们更喜欢五颜六色的东西,但他们并未去深究"好看"所呈现出来的内容,不知道文字图案表达的规则。

从区域活动规则设计上看,要先在色彩上给予幼儿美的视觉感受,其次要在图案和背景上"做文章",将美观和内容相结合,吸引幼儿关注区域规则,教师再加以语言辅助不断强化他们对内容的理解,帮助其建立规则意识。

2."我知道":理解能力的差异

通过访谈发现,幼儿其实并不明白每个区域活动的具体规则,他们只是知道这个区域是什么,"这些字下面有图案,看到这些图案我就知道这里是哪里了。"(如图4-20)"我一看这些图案就知道是哪里了。""有房子的是建构区,有画笔的是美工区。"虽然幼儿不能正确识别文字,但他们能通过标识上的图案来辨别区域。比较有意思的就是,幼儿并不能将图案和文字进行一一对应,当规则和对应图案被他们设计出来之后,不久,他们便遗忘了,关于区域规则的记忆只是凭借教师平时的反复强调和活动习惯。针对标识上的内容,他们能准确识别的信息便是进区人数,"这里(牌子下面)有多少这个(彩色图钉)就有多少个小朋友。""这里挂满了就不能再来玩了。"

图 4-20 美工区标识

在对区域活动标识的识别上,幼儿主要使用这两种方法,一方面,通过教师每次的规则强调来记忆规则，另一方面，他们调动自己的经验对标识上的图案进行再加工，"看图说话"，利用自己的理解来对规则进行解读和记忆。但其实，标识也能成为绘本，教师可以让幼儿参与设计属于自己的"绘本"，让他们自己绘制"一目了然"的规则图案，既能让规则深入人心，又能锻炼他们的理解能力，培养他们的阅读兴趣。

（五）幼儿眼中的区域活动吊饰

在班级区域物质环境创设中，好的活动吊饰内容应该成为幼儿活动的补充，既能起到装饰教室的作用，又能丰富教室内部的结构层次，当研究者问及教室里活动吊饰的时候，大多数幼儿表示"我不喜欢""丑丑的"，仅有两三名幼儿会对其进行详细说明，"我不喜欢这种眼睛（圆眼睛），我喜欢正方形的眼睛，因为很像饼干，我喜欢饼干。""我想要上面挂上我们的作品，我喜欢我们的作品。""我希望上面能够挂红灯笼。""我喜欢爱心和圆形的吊饰。""我希望能够换一些好看的作品，这些丑丑的，我不喜欢。"教师则表示，"吊饰要求必须得做，我们也不知道搞什么，就这样弄了，我觉得挺好看的。"（访谈记录：Z2021年4月30日，访谈地点：办公室）对于活动吊饰，教师也是一知半解，仅仅只是为了装饰而装饰，没有关注活动吊饰的互动性和教育性。

通过观察发现，幼儿不能触碰并及时关注这些吊饰，吊饰的位置远远高于幼儿的身高，吊饰大概距离地面1.8米，这样放置并不能使这些吊饰与幼儿之间发生良性互动。基于视觉习惯，幼儿更容易注意到与自己身高差不多的物体，很少去关注到自己头顶的上面悬挂着什么。这易导致吊饰与幼儿的活动相分离，对于幼儿而言，不能与之互动的环境内容形同摆设，教师也只是为了让教室里看起来不那么空荡而放置了吊饰，并没有兼顾吊饰的教育性。

同时关于活动吊饰，幼儿对其的感受，在一定程度上受到了幼儿生活经验的影响。在询问幼儿喜欢什么样的教室时，部分幼儿的回答，"我想要老师买一个大大垫子放在美工区的桌子上，这样子我们画画的时候才不会画在桌子上。""我不喜欢这里（语言区），因为太亮了，要是有布（窗帘）挡着那就好了。""我想把上面的花放在这里（签到桌），这样就更好了。"在这些回答中，并没有幼儿专门提到与活动吊饰相关的内容，研究者推测，是因为幼儿的家庭生活里并未出现活动吊饰的影子，如果教师能够抓住这一契机，考虑到幼儿的生活经验对其幼儿园生活的影响，将幼儿的生活体验和班级环境联合起来，可能在

133

一定程度上，班级环境便能成功抓住幼儿的"眼睛"，引发幼儿的关注，让无声的环境变得"显眼"起来，真正实现环境的教育价值。

五、小结与反思

幼儿园的教育生活是人一生教育的起点，是幼儿成长的重要场域，如何科学合理地建设幼儿园环境，让身处其中的幼儿无时无刻不受其熏陶，是幼儿园环境创设的重点所在，要让幼儿园环境变成真正为了幼儿的环境，让幼儿的生命与物的生命在互动中达成教育目的。

首先，教师权威需要被弱化，师幼之间建立平等的关系。教师要在行动上落实"以幼儿为本，为幼儿服务"的理念，把幼儿当作是完整的"人"来看待，认识到幼儿是有主观能动性的个体，他们属于他们自己。此外，教师需要转变观念，平等地靠近幼儿，融入幼儿。建立"你和我"的关系，教师要能够"看见"幼儿，鼓励幼儿大胆地发出自己的声音。教师需降低自身对班级区域物质环境创设的控制，及时关注和回应幼儿的诉求，把班级环境创设的权利交还给幼儿，让幼儿切实地参与到班级区域物质环境创设之中，真正做到儿童视角并践行它。

其次，"幼儿参与"需要被重视，彰显幼儿主体地位。在实践中，班级区域物质环境遍布教师的"痕迹"，教师制定框架，幼儿被动填充。为改善这一现状，教师需要转变观念，承认幼儿是发展的主体。为了更好地实现"幼儿参与"，就需要教师放手，但放手绝不代表着教师袖手旁观，置之不理，而是从"实践者"变成"导演"，为幼儿准备好"舞台"，让幼儿"粉墨登场"，自发探索和实践。在其中，减少教师的干预和控制，让班级区域物质环境里到处充斥着幼儿的痕迹，重视其主体地位，让幼儿成为环境的主人，成为自身发展的主人。

再次，灵活设计活动区域，满足幼儿空间需求。关于幼儿园班级里的活动空间的设计，要考虑满足整体幼儿活动空间的功能性以及每个单独区域的功能性。灵活开放各个活动区域，教师把控幼儿的游戏空间和时间，比如，周一开放益智区、建构区和语言区，幼儿可以在其他区域进行这个区域的活动，以这样的"轮班"制度，减少区域空间压力。此外，还要弱化区域的"边界"感，创设开放的游戏空间。教室里的各个区域不应是割裂的、独立的，而应该作为一个整体，找寻每个区域间的联系，让幼儿的游戏活动更加丰富，整合所有的区域，最大限度地利用区域活动空间，让幼儿的游戏更具可玩性和创新性，从游戏内容设计提高幼儿的参与兴致。

最后，投放适宜材料，激发幼儿探索欲望。增加材料的多样性，让幼儿尽可能接触到不同的材料，促进其发展，但多样性并非"量"的累积，还要关注"质"，避免材料的无效堆砌。同时，还要注意多投放低结构和难易适中的活动材料，充分考虑不同幼儿的身心发展特点，据此进行材料的筛选，满足不同年龄段幼儿的需要和兴趣。玩法多样的操作材料往往能够出现意料之外的结果，能够更好地激发幼儿的探索欲望与操作积极性。除此之外，还应充分利用本土特色材料，既增加了材料的生活性与游戏性，又加强了幼儿对园所的归属感，一举多得。

本研究主要使用马赛克方法这种新型儿童研究方法来收集幼儿眼中的班级区域物质环境，对所收集到的全部信息进行整合和分析后发现，幼儿不仅是一日生活的主人，还是环境的主人，只是他们的"声音"过于微弱，教师没能听完他们全部的声音。教师要挖掘环境的课程价值，做到环境课程化，既"见物"又"见人"。为更好完成这一目标，则需要融合成人视角和儿童视角，两种视角相互交融，或有可能创设出更受幼儿欢迎的环境。当然，由于研究者的研究能力有限，至今仍存在许多不足之处。第一，马赛克方法有没有使用顺序？如果没有按照顺序进行，对结果是否有影响？第二，研究者进入田野的时间较晚，幼儿先前已经玩过很多材料了，研究者所收集的信息真的是真实的吗？第三，幼儿是否如实进行了陈述？第四，研究者有做到真正的客观分析吗？对于诸多问题，研究者并没有得到答案，但仍会在后续的学习和工作中继续努力，尽可能找寻答案，给研究者自己一份满意的答卷。

成人永远不可能完全洞察幼儿世界，每个人都曾是小孩，但永远不能再成为小孩了，现在能做的就是无限趋近于幼儿。成人要时刻告诫自己"一切为了幼儿，为了一切幼儿"，努力做到心里、眼中都有幼儿。成人要真正实践"环境是做给幼儿看的"，那么便要放下成年人的"傲慢"，不要再试图用成人的眼光，理所当然地去评价环境和幼儿，而是要尝试"蹲下来"，站在幼儿的视角去看待幼儿的事情。关于"儿童视角"的研究仍然是一段没有终点的旅程，其路漫漫，没有人知道到底有没有彼岸，如果有，何时才会真正抵达？但本研究的研究者们一直笃信，童年是不会消逝的，儿童的世纪终将会来临。

第二章 乡镇中心幼儿园劳动教育课程构建与实践

——以黔南 Y 镇中心幼儿园为个案

> 从工厂制度中萌发出了未来教育的幼芽，未来教育对所有已满一定年龄的儿童来说，就是生产劳动同智育和体育相结合，它不仅是提高社会生产的一种方法，而且是造就全面发展的人的唯一方法。
>
> ——马克思

一、引言

我国劳动教育自兴起以来，逐渐成为教育研究的热点，其功能价值越发清晰，呈现出自身的必然优势。从研究范式来看，大多数研究者对劳动教育的研究主要集中在理论探讨阶段。虽有部分一线教育者的研究视野从宏观走向微观，用宏观的理论指导微观的教育实践，但研究者们更注重的是劳动教育功能价值的宣传和呼吁，只有部分研究者将研究重点转向具体的劳动教育实践。因此劳动教育需借助"蜻蜓之眼"和"蚂蚁之眼"纵向开展。

（一）主题选择

1. 劳动是幼儿感知世界的必然选择

劳动是人生存的本质力量，某种程度上来说人类社会是在劳动中形成和发展的，劳动自然成为人类生存和发展的必要条件。在劳动中人能直接感知到自我的力量，感知到自我存在的意义。因此，劳动作为与生活密切相连的感知方式，开展劳动教育能丰富幼儿生活世界，促进幼儿的身体发育与精神成长，促进幼儿的社会性发展。在劳动教育中引导幼儿树立正确的劳动价值观与劳动理念、拥有自觉的劳动意识、习得基本的劳动技能是幼儿成长过程中必不可少的。

2. 劳动教育是幼儿园教育的重要组成部分

《幼儿园教育指导纲要（试行）》中强调，应引领孩子认识自己父母及周围亲人的职业，了解生活中与自己相关的领域、行业人员的劳动，做到热爱劳动、自觉尊重劳动成果。《3—6岁儿童学习与发展指南》中也明确指出"引导幼儿生活自理或参与家务劳动""懂得尊重工作人员的劳动，珍惜劳动成果"。《中共中央国务院关于学前教育深化改革规范发展的若干意见》中也提到要培育幼儿良好的卫生、生活、行为习惯和自我保护能力。可见，劳动教育一直都属于幼儿园教育的重要内容。

3. 劳动教育是推进乡村振兴的现实需求

乡村要振兴，教育需先行。乡村是劳动的发源地，乡村具有历史悠久的劳动文化，而乡村教育则是为乡村造血、输血的有力方式。因此，乡村是最适宜实施劳动教育的场域。就乡村幼儿园而言，实施劳动教育有其天然的环境优势和文化优势。从幼儿阶段开始实施劳动教育，不仅能发挥劳动教育的育人价值，还能有效地将自然、生活与社会相结合以培养乡村人才，从而发扬劳动文化。

（二）研究意义

1. 理论意义

完善劳动教育研究体系。在我国劳动教育的相关研究中，大多以高等教育阶段和义务教育阶段的大中小学生劳动教育为主。关于幼儿阶段的劳动教育研究相对较少，尤其是有关于幼儿园劳动教育的实践研究还十分缺乏。因此，本研究希望通过实地调查乡镇幼儿园劳动教育的现状，分析乡镇幼儿园开展劳动教育存在的问题，然后构建出一套适合农村幼儿园的劳动教育课程，并在幼儿园中实施劳动教育，以丰富幼儿劳动教育相关理论研究，为以后的幼儿劳动教育理论发展提供参考实例。

2. 现实意义

为幼儿园劳动教育的开展提供参考。幼儿需要劳动，但这种劳动是符合幼儿身心发展规律和年龄特征而制定的劳动教育课程。此次研究便是为农村地区实施劳动教育的幼儿园建构合适的劳动教育课程，以指导幼儿劳动教育活动有效开展，同时也提高幼儿园教师的劳动素养，还能通过此次课程构建给予农村幼儿园开发园本课程一些新思路。在幼儿园开展劳动教育不是单纯地消耗幼儿的体力和脑力，而是有目的、有计划地将劳动与教育结合起来，培养幼儿正确的劳动态度、劳动观念和劳动习惯，让幼儿热爱劳动、学会劳动。同时，让幼儿在生活中获得更多的直接经验，更直观地认识其所生活的世界，丰富其生活经验。在必要时，还能为政府部门制定劳动教育政策提供些许借鉴。

（三）研究准备

1. 研究内容

根据研究选题和研究思路，结合查阅的文献资料，把本文选题所要研究的主要内容确定为三个方面。一是运用文献法收集整理有关劳动教育和幼儿劳动教育现状。二是运用观察法和访谈法对Y镇幼儿园劳动教育实施的现状进行现实考察。三是设计适合Y镇幼儿园的劳动教育课程，最终根据活动目标与教学效果对幼儿的劳动教育活动进行评价以生成新的活动。

2. 研究方法

文献法。依据中国知网等文献检索工具，搜索"劳动教育"和"幼儿劳动教育"等关键字，对目前的研究成果进行梳理归纳，在已有文献资源的基础上对劳动教育相关问题进行深入思考，对文献进行深度解读，对幼儿劳动教育的意义、价值、实施的内容和方法进行审思。

观察法。本次观察的对象是幼儿园和幼儿。刚入园时先观察幼儿园的环境资源、原有的劳动活动和幼儿教师的劳动素养，以及幼儿的劳动意识、劳动行为习惯和家长的劳动教育观念。再根据幼儿教师的劳动素养，幼儿的劳动意识、劳动态度和劳动行为习惯，以及家长的劳动理念来设计适宜此幼儿园的劳动教育课程并实施。

访谈法。本次访谈选定幼儿园的幼儿、教师和幼儿家长。小班幼儿和家长各2名，共12名；中班幼儿和家长各3名，共18名；大班幼儿和家长各3名，共24名；小中大班幼儿教师各2名，共6名。通过这种形式更加直接、深入地了解幼儿园的劳动教育情况。

二、Y园劳动教育课程构建的现实考察

Y园位于贵州省L县西部，东与龙山镇接壤，南与水场乡毗邻，西与贵阳市交界，北与醒狮镇相连。Y园的学生来源主要是当地的王关村、大坡村、哨堡村、观音村、小菁村等5个村组。Y园于2018年9月正式开园，园所占地面积7165.31平方米，建筑面积3818.69平方米，活动室948平方米，休息间614平方米，盥洗间288平方米，操场1542平方米，绿化827平方米。园内共有幼儿330人，10个班，大班104人，中班114人，小班112人。全园共有教职工39人，其中，园长1人，在职教师20人，保育员10人，后勤及工人8人。正

式在编的教师 12 人,合同制在职教师 12 人,其中,在职教师中具有本科学历的 4 人,大专学历的 20 人。

本文认为,"幼儿园劳动教育是指支持幼儿在亲历实践和动手操作的过程中有目的、有意识地运用体力和智力改造外部世界,从而获得劳动知识、劳动技能、劳动习惯、劳动意识和劳动情感等方面发展的一种教育活动"[①]。

Y 园劳动教育现状分别从幼儿园教师的劳动教育素养现状、幼儿的劳动素养现状、家长的劳动教育观念现状和幼儿园实施劳动教育课程现状四个部分来描述。

(一) Y 园教师劳动素养现状

1. Y 园教师劳动认知现状

通过对 Y 园教师平日的观察与访谈得知,他们认为人人都需要劳动,劳动每日都存在。劳动不只是要完成自己的工作任务,还要完成工作之外的家务劳动,如洗衣做饭、做家务等。他们认为劳动能有效地服务自己和他人。平时教师们表现出的劳动意识也较强,对待劳动的态度积极,认为开展劳动教育十分有必要。教师在日常生活中会告知幼儿要学会劳动,学会自我管理,学会珍惜劳动成果,也会根据幼儿的需要和适宜的节气、节日带领幼儿共同劳动。

在劳动认知上,教师们认为劳动与身体密切相连,能满足人的生存需求,体力劳动是劳动教育的主要方式。同时,劳动教育的任务是教授幼儿基本的劳动技能和劳动方法,以培养幼儿的自理能力。整体来说,在教师的劳动观中认为劳动主要是体力劳动,较少涉及脑力劳动或者创造性劳动。

2. Y 园教师劳动教育行为现状

园内大区角里设有大型的美工区、科学区和体验馆,体验馆中又设有扎染坊、茶艺坊、造纸坊和纺织区。教师的劳动技能主要体现在手工区、体验馆和种植区,以及一些零碎的生活活动中。在美工区、体验馆等大区角和班级自设区角里,教师会根据已有的经验对幼儿进行指导,教授给幼儿一些基本的劳动技能和劳动方法。如一些"书的封面设计""学学布怎么做"等手工作品的制作,扎染方式、织布方式和养殖种植方式等实际教学操作,还有日常生活中教

---

① 霍力岩. 幼儿劳动教育:内涵、原则与路径 [J]. 福建教育,2018 (47):16-17.

师对幼儿穿脱和整理衣物的劳动习惯的培养。

(二) Y园幼儿劳动素养现状

1. Y园幼儿劳动认知现状

通过分析Y园教学计划表和观察幼儿日常生活发现，幼儿有劳动的经验，认为劳动是有趣且好玩的，劳动情感是丰富的。幼儿的劳动知识和劳动经验主要来源于教学活动和具体的实践活动。在以节日和节气为主题的教学活动中，幼儿会对其中的劳动场景感到好奇，喜欢反复诵读相关歌谣和诗句。在值日任务选择上，幼儿最喜欢的是照顾种植区植物。对此，教师询问幼儿选择的原因，幼儿表示："我想看看我的多肉长大了没有，我想给白菜浇水。"可以看出，他们选择的原因是可以看到植物的生长状况。他们认为观察植物生长是一件有趣、神奇的事情。除了值日生活动，还有在家务劳动和生活活动中，幼儿均表现出珍惜劳动成果、乐于劳动的态度。

问题1：您认为什么是劳动？您平时是怎么劳动的？

教师A：劳动就是通过自己的双手去获得一些自己所需要的东西，去达到自己的目的。劳动会让自己感受到自己的力量，劳动还会让自己产生满足感。幼儿园的劳动就是让幼儿学会自己的事情自己做，自己整理床铺，自己穿衣服裤子。

教师B：劳动就是付出自己的时间和精力去维持生计的一种方式吧，去做一些该做的事情。我平时的劳动就是做好每一天的工作，尽心尽力教幼儿，按时完成幼儿园的文本资料。回到家的话，我的劳动就是洗衣、做饭，整理自己的房间，有时候会加班。

问题2：您认为什么是劳动教育？哪些是劳动教育？

教师A：劳动教育是引导幼儿学习一些劳动技能和劳动方法。让孩子通过劳动热爱生活，在劳动中获得责任感和自豪感。就像在我们的种植区里，幼儿知道要给花和自己的大蒜浇水，知道自己的植物要自己爱护才会慢慢长大。手工活动、浇花浇水、自己叠衣服穿鞋子都是劳动教育。

教师B：劳动教育是培养幼儿爱劳动、爱动手的好习惯。让幼儿知道劳动是自己必须完成的任务，不完成就不会有收获。比如，值日生的值日内容就是他要完成的任务。还有植树节种树和幼儿们种菜都是要去劳动才会有收获。

总的来说，Y园幼儿具有积极的劳动意识、劳动态度和劳动情感，懂得尊重劳动且乐于劳动。但在劳动态度上较随意、自发性较少。

2. Y园幼儿劳动技能与行为习惯现状

通过观察，Y园幼儿从小班到大班的劳动经验逐渐丰富，劳动行为也逐渐增多，劳动技能也逐渐熟练。幼儿的劳动场所集中在幼儿园和家庭生活中。幼儿园的一日生活里，幼儿的劳动主要是基本的自我服务劳动和简单的集体服务劳动，以及一些手工类劳动。幼儿在家的劳动主要是为自我的服务和为家人的服务。其中，幼儿在自理能力方面表现较好，教师也较注重培养幼儿自我服务能力。从小班到大班幼儿的劳动内容来看，自理劳动居多，劳动频率次数最高。从幼儿入园开始的盥洗、如厕，午睡前后的穿脱衣物，到离园前的着装整理、书包整理都是幼儿的自理劳动行为。并且，幼儿在劳动习惯养成上前期主要依靠教师的监督和语言提醒，后期教师会偶尔提醒。以下是体现Y园幼儿劳动的观察记录。

时间：2021年3月25日　早上9时　地点：教室　观察对象：大三班幼儿

观察案例：在用餐前教师提醒幼儿去如厕、喝水、洗手，值日生选择值日内容。有的幼儿如厕，有的幼儿喝水，有的幼儿直接回到座位上聊天。在教师的再次提醒下，座位上的幼儿去洗手，排队取餐。在厕所旁的值日生监督幼儿的盥洗过程，有的幼儿也会在盥洗处玩水、聊天，在值日生的提醒下幼儿会迅速完成盥洗。幼儿排队喝水时，会自觉地拿着水杯对比喝水刻度线站在一旁喝水。吃早餐时，教师提醒幼儿细嚼慢咽，幼儿回答后开始进餐。随后幼儿们开始边吃早餐边与同桌幼儿们聊天，聊天声音过大时，教师再次提醒。进餐结束后，幼儿的工作流程是扔厨余垃圾、漱口、擦嘴、放水杯、到睡房散步。有的幼儿记得要完成的流程，有的幼儿会漏掉其中的流程。

可以看出，幼儿用餐前的盥洗行为、自理行为自觉性不强，总是会忘记需要自理的内容。幼儿的行为是在教师的提醒下和值日生的监督下进行的，并且教师会进行多次的提醒。幼儿喝水习惯较好，在大的流程环节中幼儿形成了固定的习惯。

时间：2021 年 4 月 6 日　中午 12 时 30 分　地点：大三班植物角和种植区

观察对象：CYS、CSL、LJG、WSB、LR

观察案例：CYS 和 CSL 为植物和种子浇水，LJG 扫地，WSB 选择了拖地但一直在泥塑作品柜前摆弄玩具，LR 一直没有出现。CYS 和 CSL 去到种植区为种子浇水，观察种子的生长。他们嘟囔着浇不同的地方，讨论胡萝卜和白菜长出的样子，随后用喷壶向不同的地方喷了些水就相约回教室去找散步中的同学和老师。在教室里，LJG 拿出扫把在教室的前后左右都扫了几下，将一些垃圾扫到垃圾桶中后，看到浇水的幼儿回来便也放下扫把，跟着一起去找老师。在泥塑柜旁玩泥塑作品的 WSB 看着一起值日的同学们下去了，也跟着跑着去找其余同学了，留下生活老师独自打扫教室。

时间：2021 年 4 月 8 日　中午 12 时 30 分　地点：大三班教室

观察对象（值日生）：XFY、YST、WSC、XY、ZQC

观察案例：周四的值日生选择了值日内容后，教师让他们值日结束回到班级一起散步。XFY 走进厕所拿出拖把直接开始拖地，把一些垃圾拖出来后用扫把将垃圾丢进垃圾桶。随后 XFY 在厕所拖把池中冲了冲拖把就结束了自己的值日。YST 和 WSC 跑到绘画区整理班上同学的水彩笔，她们俩热衷于将颜色盖错的水彩笔帽放到正确的笔上，向对方说着自己可真忙，这个为什么会有很多颜色不对的水彩笔。ZQC 和 XY 两人一人拿了一个喷壶在水培区和土培区里给植物、水果浇水。ZQC 给绿植浇水，每一个绿植都喷了几下水。XY 在水培区给大家种的洋葱、大蒜和菠萝浇水，她向蔬菜和水果喷了水，观察了一会便放下喷壶，跑着去和绘画区的幼儿一起收拾水彩笔了。

幼儿值日生活动是在午餐后，其余孩子会跟随老师去户外散步或玩耍，剩下值日生做值日。做值日的幼儿见到教室没人了也想出去玩，会草草结束自己的值日。有很多幼儿热衷于浇花，于是只需一人浇花的植物角常常会有三四人，导致其他值日无人完成。有的幼儿本不是值日生也会借着值日的时间去泥塑作品区玩玩具。等值日结束了，在班上的孩子都会去找散步的幼儿会合。由于孩子较多，教师无法准确地观察缺少了几名幼儿。因此，幼儿的值日在无教师监督的情况下劳动行为坚持性较差。总体来说，无论是值日活动、自理活动还是区角活动，幼儿的劳动行为都呈现出规则性、必要性的特点。

（三）Y园家长劳动教育观念现状

在家长的劳动观念中，劳动与干活相同，劳动是光荣的、有用的，劳动是生活所必需的。对Y园视频案例分析可知，幼儿在家中的劳动都偏向于体力劳动，其中，家长关注的是劳动的实用价值。从对幼儿在园的劳动行为、在家中的劳动和与家长的访谈得知家长对待劳动的态度是积极的。他们认为劳动主要是以家务劳动和自理劳动为主，对于幼儿的自理行为，家长的出发点是希望幼儿懂事、希望幼儿能学会基本的劳动技能服务自己。这样能让家长思想上得到宽慰，在某种程度上为家长减轻些许生活压力。

提问：您在家里会让幼儿劳动吗？您会让幼儿怎么劳动呢？

A家长：会呀，小孩子还是要学会干活。我觉得每个孩子都应该学做一些劳动，在家里帮一些忙。有时候我很忙都是让A自己在家照顾自己，晚上我们做生意很忙时A也会帮忙收拾客人的桌子，给客人上菜，他自己都很习惯了。

B家长：劳动呀，B经常会劳动。在家里我会让他扫一下地、收碗筷、把自己的脏衣服收进洗衣机。他还会洗自己的袜子。有时B还会帮我照顾小弟，她很懂事听话的。

观察案例1：时间：2021年4月10日　上午10时
地点：LYC爸爸工作的地方；观察对象（年龄）：LYC（6岁）

观察目标：观察幼儿在家的自理行为与劳动行为，以及幼儿对待劳动的态度。

L爸爸发来的视频中是L在爸爸上班的菜场帮忙干活。L家仓库里有很多菜和大纸箱，于是L帮着爸爸一起把空了的箱子抬出去，一次又一次地来回直至箱子搬完。之后，爸爸与他一起分工合作。爸爸在一边整理较重的机器和货物，L自己拿一些空纸箱去放好，L的表情很认真。结束后爸爸跟L说可以去找其他小朋友玩，于是L开心地离开了仓库。

观察案例2：时间：2021年4月10日　中午12时

地点：TYY家里；观察对象（年龄）：TYY（6岁）

观察目标：观察幼儿在家的自理行为与劳动行为，以及幼儿对待劳动的态度。

T妈妈发来的视频中，T妈妈让T收拾碗筷和剩菜，T说了声"好"就走去饭桌上端菜。之后T一盘一盘地将饭菜收走放在厨房。妈妈告诉T要把饭桌擦干净，T拿出抹布抹了几下，找到垃圾桶，将饭桌上的明显的垃圾抹在了垃圾桶里。完成之后，妈妈对T说：宝贝今天你可真棒。T呵呵地笑。

（四）Y园劳动教育实施现状

通过分析该园的月计划表和周计划表后得出幼儿园中有关劳动教育的内容并不少，一日生活里都充满了劳动教育的影子。该园的教学活动主要是以季节和节日来设计相关的主题活动，并在其中加入劳动的内容。生活活动中实施的主要是服务性劳动，教师根据小班、中班、大班的年龄所设计的值日任务逐渐增多。其中的值日任务有组织排队、检查洗手、监督喝水、扫地、洒水、拖地、带操、抹桌子、分发碗筷、照顾花草、照顾菜园等内容。幼儿园种植区内的植物有水培区、土培区和蔬菜园。这也是幼儿劳动教育的活动之一。除此之外，该幼儿园为体现民族特色还设置了生活体验馆，体验馆里的造纸坊、磨坊、纺织区、茶艺坊供幼儿玩耍。但这一生活体验馆并未纳入幼儿园的课程当中，大多时候只是幼儿玩耍的场所。以下是幼儿园劳动教育实施现状访谈与观察实录。

提问：您了解有关劳动知识与技能是通过什么途径呢？您认为哪些活动能作为劳动教育的内容？

教师：了解劳动知识和技能主要是自己以前学习到的，也会看书，看一些政策文件，有时候在电视上也会了解一点。一般我们幼儿园进行劳动教育的话，会上一些课，比如，植树节，学雷锋，保护环境，垃圾分类这些。还有就是让幼儿学会自我服务、自我管理，以及班上的值日生活动，我们的种植园也是劳动教育的内容。

集体教学活动观察记录：日期：2021 年 3 月 23 日

活动时间：上午 9 时　　　　活动班级（人数）：34 人

活动地点：大二班教室　　　执教人员：YQQ

活动记录：《有趣的图书》

　　教师准备了许多不一样的图书，让幼儿拿到后观察图书的样子。请幼儿说说自己拿到的图书，之后引导幼儿认识图书的结构与用途。在幼儿提出书是由什么做的问题时，教师回答了书是由纸做的。

　　幼儿反应：幼儿很开心地看自己拿到的图书，有的幼儿会炫耀自己家有哪些书，有的幼儿在分享完自己的图书后向老师提问这么漂亮的书是怎么来的、书能是怎么做的、书拿来干什么等问题。

　　分析评价：这节课的教学目标是让幼儿认识图书，找到图书的异同，了解图书的结构与用途。课后延伸是让幼儿回家跟父母分享书的异同，对于纸如何成为一本书的具体解释较少。

美工区观察记录：日期：2021 年 3 月 24 日

活动时间：上午 11 时　　　　活动班级（人数）：34 人（大三班）

活动地点：二楼美工区　　　执教人员：WBY

　　教师带来了三本不一样的书，引导幼儿找出书封面上共同的元素与不同的元素，从书名、色彩到出版社、作者等方面进行封面制作。让幼儿能运用构图、色彩、图案等知识，设计出较有情感的、幼儿自己喜欢的封面。幼儿们用到的材料主要有颜料、硬度不同的卡纸、纽扣、水彩笔、双面胶等。

　　幼儿反应：来到美工区后讨论着自己要设计的封面。幼儿们制作封面时，大多会选择同一种硬度的卡纸。女孩子们喜欢用绘画的方式制作封面，然后涂上自己喜欢的颜色。男孩子有的选择了水彩笔绘画，有的选择了剪纸后贴上去。幼儿们会边做边向老师分享自己的作品，都很乐意告诉别人自己是怎么做的。

　　分析评价：幼儿在制作书的封面时运用到的材料较单一，教师提供的书的种类较少，幼儿看到的书不多。所以幼儿们很少利用其他不同的美工材料进行制作，而是从众地制作。教师在巡回指导过程中给予的引导不多，大多时候是观察幼儿的完成度如何，保证下一个环节的顺利进行。

体验馆观察记录：日期：2021年3月25日

活动时间：下午3时30分　　　活动班级（人数）：34人（大三班）

活动地点：二楼体验馆　　　　执教人员：OJQ

活动记录：教师带领幼儿来到织布坊再次学习织布的方法。教师试图通过用毛线进行演示，让幼儿学会织布的方式方法。演示后幼儿们都想去试一试，但坚持下来的人不多。最后，幼儿们对于织出一块完整的布不是很有耐心，会去到其他体验区玩耍。随后来到石磨坊教师告诉幼儿们纸的由来，但由于投放材料有限，所以纸无法在现场制作。

幼儿反应：幼儿们很喜欢到处走走、停停、看看。由于体验区在室外走廊上，幼儿们都很喜欢在体验区里到处摸一摸、动一动。幼儿们在感受织布的过程时忙得不亦乐乎，也有的幼儿对于织布不感兴趣，一直在摆弄着其他东西。

分析评价：本周的课程内容主要围绕着书展开，但由于幼儿园的投放材料不足，未能让幼儿对于纸张的产生和使用有很好的了解。教师在石磨坊中主要讲的内容是教案中准备好的，所以对于幼儿的一些超纲发问，教师对有的问题选择了忽略。

整体来看，该园所实施的劳动教育在目的上以培养幼儿的生活自理能力为主；在内容上是以服务性劳动为主，有自我服务和集体服务活动；在方式方法上主要以体验式教学为主。该园劳动教育内容都是基于幼儿兴趣、基于幼儿生活经验、围绕着幼儿展开的。这使得幼儿在园生活十分丰富、有趣，也在一定程度上培养了幼儿的劳动意识与劳动情感。

三、Y园劳动教育的制约因素分析

（一）Y园教师劳动知识不全面，劳动技能较缺乏

通过访谈得知，Y园教师认为幼儿的劳动教育主要在幼儿一日常规和区角活动中体现，但在集体教学活动和区角活动中教授的劳动知识大多是零散的，随机的，缺少针对性。如在区角活动中教师对幼儿的劳动指导大多是让幼儿学会如何操作、怎样操作以达到活动目标。这样的指导看似互动性很强，但也缺乏对幼儿劳动作品的创造性指导，同时教师也表示未获得过专门的劳动教育学习或培训。尽管教师们认可劳动对人的实用性价值,对劳动和劳动教育的概念都有基本的了解,但教师认为的劳动内容大多还是扫地、拖地等体力劳动。

问题:在幼儿园您是怎样进行劳动教育的?幼儿是怎样回应的呢?

教师 C:我们班孩子的劳动每天都有很多,每天都是自己收椅子,午睡时自己整理衣服和被子。还有每天的值日活动,值日生自己选择要完成的值日任务。上课时也会上一些有关劳动的课,比如了解《悯农》这首古诗和学习雷锋啊,垃圾分类呀这些。幼儿都是蛮开心的,学习效果也不错。还有我们在相关节日给幼儿布置劳动小任务,让孩子回家做家务,帮父母的忙,让他们不要每件事都依赖父母。

幼儿园中有关劳动的内容主要是以服务性劳动为主,以及种植区对植物的看护劳动。由于种植经验的缺乏,他们对于农忙知识掌握得也较浅显。因此,该园教师现有的劳动知识是较少的,劳动教育的方法也相较单一。除此之外,教师会在一日流程中的每一个过渡环节用言语提醒幼儿进行自我服务。如进餐前后、吃早午点前后、午睡前后和离园前,教师会告知幼儿需做什么准备,部分幼儿会自觉完成,也有部分幼儿会出现等待状态或者边玩耍边完成状态,直到教师催促后迅速随意地完成。长此以往,幼儿的劳动会成为缺乏自主性的劳动,缺乏独立思考和决策空间,这不利于幼儿独立性的养成。

(二)Y 园幼儿劳动态度较随意,劳动行为缺乏监督

通过观察,笔者发现幼儿拥有基本的劳动意识和劳动态度,但由于幼儿自主劳动意识不强,导致幼儿在值日过程中会被其他事物吸引而放下手里的活。劳动态度较随意,集体服务意识较弱。同时,幼儿用餐前的盥洗行为、自理行为大多数是在教师的提醒下和值日生的监督之进行的,并且教师会进行多次提醒。可见幼儿的自我管理依赖教师的提醒,坚持性较差。幼儿中午值日时,教师多半是不在的,自然缺少了教师的监督,但无论是集体劳动还是自我服务劳动,都是培养幼儿劳动行为习惯的有效途径。幼儿在园内学会自我服务、自我管理,在家里学会帮助父母打扫卫生、整理衣物等劳动,有利于改变教师和父母包办一切的现状,还能帮助幼儿养成良好的行为习惯,形成自我意识与责任感。

(三) Y园家长劳动教育观念存在偏差

家庭劳动教育中，家长拥有积极的劳动情感和劳动态度，但在劳动方式和劳动内容上比较单一。家长们更注重的是劳动技能的习得，很少涉及幼儿劳动情感的培养，因此呈现一种重技能教育轻情感教育的现象。

Y园的父母大多是务工农民，由于观念偏差和知识水平受限，家长很少管理幼儿的劳动行为习惯，幼儿对待劳动的热情也不高。所以家长大多按照自己的方式进行家庭劳动教育，对于劳动的理解较单一、缺少系统的认识。在对家长的访谈中得知，有的家长认为劳动只是幼儿娱乐、休闲时做的事情，有的家长则是因为工作忙碌无法及时看管孩子，幼儿需要学会生活自理。此外，Y园没有系统的劳动教育课程，开设的劳动课程种类少，教师也未将劳动教育渗透到家园合作中。一方面，在家长的劳动观念中仍然是以家务劳动为主的体力劳动，很少会将劳动与游戏相联系。另一方面，由于家园间的双向沟通不到位，合作频率低也影响着幼儿的劳动价值观。有的幼儿会错误地认为劳动是一种任务，是能得到老师和父母夸奖的活动，而不是出自幼儿自身对劳动知识的好奇。

(四) Y园劳动教育课程缺少有机联系

在课程设计上，Y园课程融合了中华文化传承、民族民间游戏和生活教育三个内容来展开设计，而具体的劳动教育内容则分散在不同的活动中。在课程实施上，教研组和教师在设计课程时大都是按照季节制定一些较简单的劳动活动，很少会以劳动为主题内容制定不同领域的课程。当有明确的劳动主题后，由于幼儿的安全问题，教师在实施教学活动时一般是在幼儿园内开展活动，很少将活动场域转移到幼儿园之外的社区。要走出幼儿园开展教学活动是比较困难的。一般Y园的集体大活动都是在幼儿园内进行，近三年来，能将教学场地搬到园外的仅有教师带领大班幼儿参观小学活动，并且小学与幼儿园相隔不到十米。这种活动由于人数众多、时间较少等原因导致活动大多走马观花似的结束。这样一来，幼儿们与外界的互动很难深入，教师也很难深度地指导幼儿。

总的来看，Y园的劳动活动缺少劳动教育理念的统领，劳动教育活动之间是分散且缺少联系的。幼儿园、社区和家长之间缺少互动与沟通，缺少资源的共同开发和利用，导致Y园劳动教育实施流于浅层。

四、Y 园劳动教育课程定位与设计

Y 园劳动教育课程可从儿童发展角度、社会现实角度、幼儿课程资源角度三方面来定位，完善 Y 园现有劳动教育，最大程度上发挥劳动教育的育人价值，以确证幼儿自我存在的主体意义、养成幼儿自主的自理行为习惯、延续乡镇的劳动文化。

（一）Y 园劳动教育课程定位

1. 贴近幼儿自然生活的劳动教育

劳动赋予幼儿认识自然的机会，让幼儿在认识自然的过程中丰富幼儿的社会性，即劳动促进幼儿的社会化。这让幼儿进一步了解了自己所生活的世界，感受自然与生活的联系。同时劳动是一种活动、是一种生活方式、是幼儿的内在需求。劳动能促进幼儿的身体发展和心理发展，还能促进幼儿的思维发展和创造力发展。劳动根植于生活，发源于生活，吸引着幼儿，也培养了幼儿的个性品质。劳动是让自我获得幸福的重要方式。设计满足儿童的生活自理需求的劳动教育，是儿童生活的回归，也是生命的回归。

设计培养幼儿个性品质的劳动教育。在幼儿园中设置劳动教育课程是一种有意识地将劳动观念、劳动知识与劳动技能融入幼儿的生活中的活动。幼儿的个性品质是在其生物性基础上不断塑造的。教师创设有利于幼儿劳动的环境，培养其自信心与责任感，让幼儿在创设的劳动环境中长期生活，其个性品质会产生不一样的变化。幼儿在教师的引导下也会逐渐凸显其自主、自尊与自信的一面。

设计发展幼儿感性与理性思维的劳动教育。幼儿脑袋里总有许多奇思妙想，他们对待生活中遇到的每一件事总是十分好奇，他们热爱大自然，好奇生活中看到的一切事物。因此，劳动既伴随着幼儿的生活，也存在于大自然中，是幼儿会探究的重要内容。在劳动教育中，幼儿的感官发挥其作用，能通过接触自然积累有益的直接经验与感性认识。如幼儿通过参观考察、种植和饲养活动，能感知生物的多样性和独特性，以及对生命生长、发育、繁殖和死亡的思考与探索。还有幼儿通过对动植物的关注和思考能发展其逻辑推理能力和解决问题的能力。

2. 回归自然，完善幼儿园课程

当下幼儿园课程缺少对劳动教育的开发和专门的劳动教育课程。Y 园劳动教育虽注重培养幼儿自理能力，但在集体活动和区域活动中很少见到劳动教育的身影。因此，分析该园已有的劳动教育，增添新的劳动内容方能完善幼儿园课程。这样有利于培养幼儿热爱劳动、尊重劳动、懂得劳动的劳动价值观，也有利于幼儿的身心健康发展。同时，有针对性的劳动教育也能弥补幼儿园现有课程的空白，从而提高幼儿园现有课程的质量。

幼儿的教育离不开其文化背景。劳动在自然中形成，乡村农耕文化呈现了最原始的劳动方式。因此，新时期的劳动教育不仅包含了现代社会的劳动形态和劳动方式，也包含了农耕文化。幼儿园劳动教育课程的构建需要在走进新时代的基础上回归自然。用全面的、敏锐的视角与眼光挖掘乡镇本身所拥有的劳动教育资源，将劳动教育回归自然。这样方可让幼儿从源头感知劳动，在劳动文化场域中习得劳动知识与劳动技能，进而感知自我的存在、自我的力量和自然的力量。

3. 乡镇幼儿园中的劳动教育资源

课程是教育的核心组成部分。在幼儿园教育过程中，课程发挥着关键作用。许多教育理念和教育思想之所以能影响儿童也是因为课程在中间发挥了中介或桥梁的作用。

丰富乡镇幼儿园课程完整性。幼儿园课程是整合的，需要填充、更新其内容。乡镇幼儿园课程也是如此，需要发掘当地的课程资源，将适合的资源有效融入幼儿一日生活中。乡镇是农村与城市的结合。乡镇既拥有农村地区的自然资源，也拥有城市化的现代社会资源。在乡镇独有的劳动文化和劳动氛围中，劳动教育的内容结合了农村与城市的资源，劳动被赋予了新的意义，以丰富乡镇幼儿园课程完整性。因此乡镇幼儿园课程可发挥其地理优势和资源优势，设计适宜当地幼儿发展的劳动教育课程。

突显乡镇幼儿园课程生活性。幼儿园课程是生活的缩影，需要劳动教育的加入。劳动不仅是体力劳动也是脑力劳动，具有生产性与创造性，既能创造财富又能创造新的生活。劳动教育让幼儿劳动时成为其生活的主人，学会在劳动中创造自己的生活。通过劳动教育，幼儿感知自我与周遭环境的关系，感受生活的复杂性，认识到劳动的有趣。开展劳动教育不是为了让幼儿劳动，而是让幼儿通过劳动认识生活、感受生活、学会生活，为美好的生活做准备。乡镇幼儿园的劳动教育课程必定是适宜乡镇幼儿发展而设计，是将生活课程化的过程，是助力幼儿个性与社会性发展的助推剂。因此，将劳动教育融入幼儿园课程中也凸显出幼儿园课程的生活性。

(二) Y 园劳动教育课程设计

1. Y 园劳动教育课程目标体系

按照知识目标、技能目标、情感目标这三个目标进行幼儿园劳动课程的目标设定。其中，情感目标是幼儿园劳动教育最重要的目标，是激发幼儿从认知走向实践的重要影响因素，也是教师制定劳动主题活动的考量因素。

2. Y 园劳动教育课程内容设计

原本 Y 园劳动教育课程目标的实施主要在生活活动中，比较单一。现在研究者将劳动教育课程内容主要分为三个板块，一是生活活动，二是集体活动，三是区域活动。生活活动中的劳动活动以幼儿的生活自理和集体服务为核心。教学活动中有关劳动教育的内容就很多了，有农忙知识、民俗民风、传统文化、节日庆典、城市结构、职业分工等内容。同样，在不同主题的教学活动中教育者带着劳动教育理念向幼儿渗透劳动观念、教授劳动知识、培养劳动习惯。区域活动中也能实施劳动教育，实现体脑劳动的结合。以下是笔者在幼儿园原有的教学计划中重新设计的教学活动网络建构图，如图 4-21 所示。

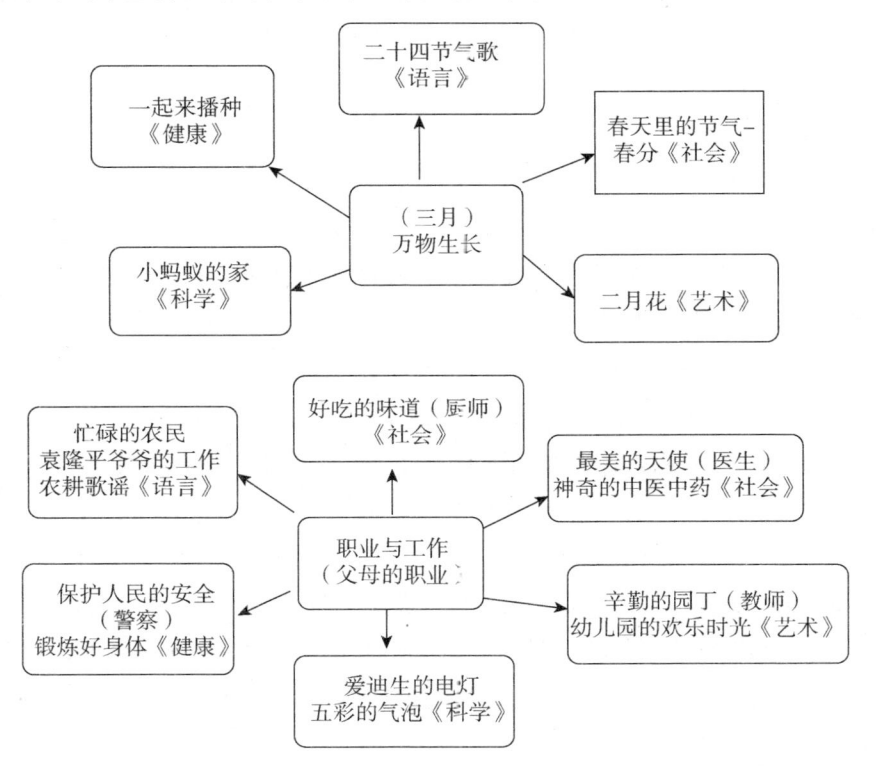

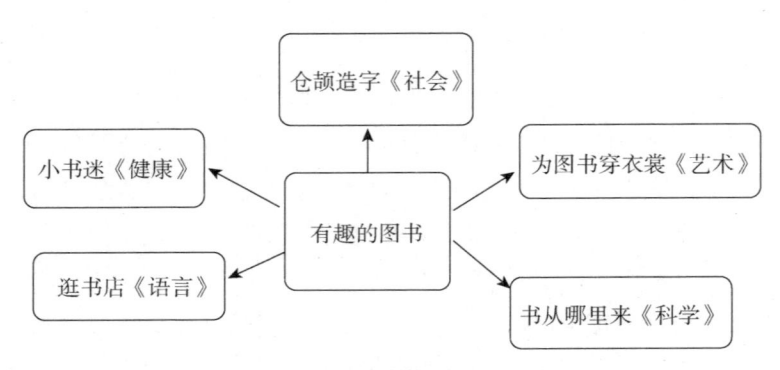

```
        仓颉造字《社会》
小书迷《健康》                为图书穿衣裳《艺术》
               有趣的图书
逛书店《语言》                 书从哪里来《科学》
```

图 4-21　教学活动网络建构图

3. Y 园劳动教育课程方法选择

幼儿园实施劳动教育的宗旨是培养幼儿正确劳动价值观和良好的劳动素养。具体表现为幼儿拥有自发的、有倾向性的劳动意识和劳动态度，同时让幼儿在日常生活中能习得基本的劳动知识与养成良好的劳动习惯。因此，在课程的方法上既要有体验式活动又要有项目式活动，并且在活动选择上贴近幼儿生活经验、基于幼儿自我感知、基于幼儿兴趣导向。活动的开展应该以幼儿的亲身体验、实际操作为外显条件，以劳动理念、劳动环境和劳动文化为内在支撑。

渗透式学习。劳动教育从幼儿生活经验出发。劳动从生活中来，幼儿的经验在生活中逐渐得到丰富，因而劳动教育具有生活性。无论是服务型劳动、手工劳动，还是游戏性劳动都应该是基于幼儿自身需要的，是从幼儿生活经验出发的，是让幼儿在劳动过程中获得劳动体验和劳动技能的活动。当积累的经验在生活中再现时，幼儿所习得的劳动品质、劳动技能才能更好更快地迁移到新的情境中使用。例如，让幼儿完成个人物品整理、清洗，进行简单的家庭清扫和垃圾分类，能培养幼儿独立意识，提高生活自理能力；让幼儿参与集体劳动，主动维护教室内外环境卫生，培养集体荣誉感。

体验式学习。劳动教育从幼儿自我感知出发。幼儿是主动的学习者，他们从直接接触的客体、社会经验以及文化传承中主动建构他们对周围世界的了解。劳动教育不仅要注重幼儿的学习成果，还要注重幼儿的内在感受。幼儿在劳动过程中，通过与外部世界的互动，影响自身对自我认识和对自我力量的察觉。如在种植区中幼儿照顾动植物，关注生命的成长、学会关爱生命；在区域活动中，幼儿学习手工制作，创造新的事物。以劳动为主题的各类活动都在改变着幼儿的劳动态度和劳动行为，最终形成了幼儿的劳动价值观。

项目式学习。劳动教育从幼儿兴趣导向出发。"兴趣""好奇"等词最容易在幼儿的生活中出现，因而幼儿对劳动活动的兴趣就显得十分重要了。劳动教育的实施，需要以幼儿的兴趣为导向，借此去设计既成性的和生成性的劳动内容。劳动教育的方式方法是多样的，应该从幼儿的生活和兴趣中生成不同结构的课程，并在课程中融入劳动意识、劳动习惯、劳动知识、劳动技能。如高结构的主题教学结合低结构的单元教学，都是基于幼儿的兴趣导向出发后所合理设计的，其中可以是对劳动观念的渗透，可以是对劳动技能、劳动知识的学习，也可以是对劳动情感的体验。

4. Y园劳动教育课程评价设计

要了解劳动教育的开展和实施效果如何，就需要对教育活动进行评价。评价主体、评价内容和评价方法是影响劳动教育进行的重要因素。

劳动教育课程具有多元的评价主体。评价主体主要指教师，还包括儿童个体及群体、儿童家长、教师及其他相关人员。儿童发展是课程的目的，因此，儿童也有权成为课程评价的重要主体，儿童可通过自评、互评等方式进行评价，儿童的评价是不同于教师或其他成人的，儿童常常依据自己的需要、兴趣、喜好等进行评价，带有强烈的情绪性、想象性、创造性特点。教师应积极鼓励儿童进行评价，引导儿童进行评价和合理采用儿童的评价，以促进儿童观察、想象、思维等能力的发展。

劳动教育课程具有多元的评价内容。课程评价强调课程的教育目标、内容和方法等的评价，并将这三个部分作为课程评价的主要内容。课程设置的目标，儿童情感、态度、价值观的形成，以及儿童对课程的适应情况，对教师课程实施的适应情况等都是评价的重要内容。因此研究者选择通过教师的教学周计划和月计划记录表、教案、教育随笔、课堂组织和教学来对目标和内容进行评价，以评估幼儿的劳动素养养成情况。

劳动教育课程具有多元的评价方式。课程评价的方法可分为定性与定量评价两大类。但定量评价在课程运行过程中很难进行，原因在于人们无法对各因素进行准确定量，尽管定量评价极具客观性，但其局限性使得定量评价无法反映实际。因此定量评价无法对现实起到改造与发展的目的。定性评价比较具有弹性，能综合考虑课程运行中的各个因素，进行整体性的综合评价，评价方法比较弹性和人性化。量化是外显的行为表现，质化是劳动情感、态度、价值观、角色意识等。本研究主要以过程评价和结果评价相结合。

五、乡镇中心幼儿园劳动教育课程组织与实施

（一）幼儿园劳动教育课程组织原则

劳动教育课程从生活中来，在生活中实践，是生活的再现与升华。因此，乡镇中心幼儿园的劳动教育课程组织需注重生活性、体验性、服务性和趣味性等原则。

1. 幼儿园劳动教育组织需注重生活性

生活中蕴含着丰富的教育资源和教育素材，劳动自然也在其中。劳动教育强调贴近幼儿的生活，在尊重幼儿发展规律的基础上挖掘现实生活中有劳动教育价值的资源，让劳动教育更容易被幼儿理解与感悟。从幼儿认知发展特点来看，幼儿的认知能力处于萌芽期，幼儿主要依赖各个器官对事物的直接感知，通过与事物、他人相互作用来认识周围的环境，在具体的操作活动中获得发展。劳动教育与幼儿的生活具有密切的联系，其教育内容直接来源于幼儿的日常生活。因此，幼儿园劳动教育应当放眼于幼儿的全部生活，在关注幼儿实际生活的基础上，将幼儿生活中的资源融入教育场域之中。

2. 幼儿园劳动教育组织需注重体验性

体验是指人在亲历活动时所产生的内心感受或心理体验。那么幼儿的劳动体验，就是指幼儿在实际的生活中，亲身经历劳动的过程。积极的劳动体验的获得，能增加幼儿劳动的兴趣性，幼儿在日常生活中接触劳动、观察劳动、学习劳动等，都需要以幼儿的兴趣为基础。因而积极的劳动体验一方面能使幼儿对劳动本身产生浓厚的兴趣，另一方面幼儿还能在劳动过程中获得一定的成就感和满足感。

3. 幼儿园劳动教育组织需注重服务性

幼儿园中的服务性劳动有自我服务劳动和集体服务劳动。这两种劳动都是基于幼儿的自理能力发展而进行的。服务性劳动也有利于幼儿的个性品质的养成和人际交往能力的培养。服务性劳动中涉及的劳动知识主要是生活自理方面的知识，比如，穿脱衣物的方法、盥洗的方法、如厕的要点、打扫卫生的知识、空间整理的知识等。这些知识和幼儿的日常生活息息相关，能帮助幼儿解决生活实际中的问题。

4. 幼儿园劳动教育组织需注重趣味性

如何让幼儿所接触到的劳动知识、劳动方式变得有趣，让幼儿在劳动过程中产生进一步探索的欲望，这需要教师增加所实施的劳动活动的趣味性和探索性。由于幼儿学习价值观、意志和自我效能感等尚未完整形成，这就需要发挥教师的支持作用，从好奇心、兴趣、诱因等因素去激发幼儿劳动的主动性。当幼儿表现出对劳动的兴趣以及对劳动问题充满好奇时，教师应该抓住教育契机，给幼儿提供丰富的物质环境和轻松宽容的精神环境，激励幼儿在自己感兴趣的劳动环境中去观察、探索和操作。

劳动游戏化也是提升劳动教育趣味性的方式之一。尽管劳动并不等同于游戏，但劳动是游戏的物质前提，劳动游戏也是幼儿喜爱的主题内容。因此，除了增加内容和形式上的趣味性，还可以将劳动游戏化，将模拟的劳动生活体现在幼儿园中的生活体验馆中。如此，乡镇幼儿园的课程便兼具丰富性与全面性。

（二）Y镇幼儿园劳动教育课程实施路径

《幼儿园教育指导纲要（试行）》中强调"幼儿园的教育活动，是教师以多种形式有目的、有计划地引导幼儿生动、活泼、主动活动的教育过程"。幼儿的劳动价值观、劳动行为习惯的培养具有生活性、长期性和琐碎性，因此幼儿园劳动教育的实施路径可以是多途径、多方式、多内容的。因而劳动教育可从一日生活的各个环节中进行，可在环境创设中营造劳动氛围、在集体活动中教授劳动知识、在区域活动中开展体脑合一的活动、在生活活动中培养劳动能力这四个部分实施劳动教育。

1. 环境创设中营造劳动氛围

环境是最好的老师，环境一直都在幼儿的生活中发挥着重要的作用，幼儿能通过与环境的互动得到发展。因而将劳动文化、劳动知识融入幼儿园环境创设中，能为幼儿营造出劳动的氛围，让环境活起来，让幼儿与环境对话。幼儿园环境创设与所实施的劳动教育内容联系起来，不仅能传承劳动文化、创造劳动条件，还能有效地培养幼儿的劳动意识和劳动情感。

2. 集体活动中教授劳动知识

以"劳动"为主题，与劳动相关的集体活动一直存在着。有关于农忙知识

155

的、有关于时令节气的、有关于传统节日习俗的、有关于人物职业的、有关于动植物生长的、有关于社会发展的。可在幼儿园已有的大教学计划下重新拟定主题教学活动，在活动中培养幼儿的劳动意识和劳动情感，传授劳动知识，以达到劳动教育的育人目的。以下是研究者选取的教学活动部分教案。

"春天里的节气"教学活动

活动目标：

1. 了解春天里的节气，知道立春是农耕的第一个节气。

2. 能理解春天是一个变化的过程，知道春天每个节气阶段的气候特点有所不同。

3. 能感受节气诗歌所描绘的不同的春天景象和诗歌意象。

活动准备：

1. 春天节气教学PPT。

2. 幼儿对春天已有前期直接经验。

活动过程：

1. 谈话导入——春天的变化

教师提问："小朋友们有没有注意到，最近几天，人们穿的衣服已经和冬天不一样了呢？你现在身上穿的衣服都是什么类型的？冬天的时候是什么类型的？"引发幼儿思考春天和冬天服饰方面的差别。

教师追问："春天来了，人们逐渐脱去了冬装，那么除了服饰之外，谁还发现了春天和冬天有什么不一样？这些变化是一下子就不同了，还是一点点变化的？"引发幼儿思考春天和冬天在天气、温度、动植物状态、食物等方面的变化，并且变化是逐渐发生的。

教师总结："对比冬天，春天已经发生了这么多的变化。并且，每个方面的变化都是逐渐发生的，是有一定阶段的。我国古人也观察到这些变化，并且把这些变化按照阶段总结起来，形成了春天的六个节气。"

2. 观看PPT，了解春天的六个节气

教师提出要求："我们来一起看一看春天都有些什么节气，每个节气的由来是怎样的，有哪些相关习俗。"

（1）引导幼儿观察每个节气的"由来"页面，请幼儿讲讲在这个节气期间，会出现哪些景象，其中的景象是如何变化而来的。

①立春草木生发、河水解冻、天气变暖、候鸟开始迁徙、人们出门活动。

②雨水节气降水较多，气温继续回升，草木得到滋润蓬勃生长。

③惊蛰春雷较多，冬眠动物开始苏醒。

④春分阳光明媚，金色的油菜花盛开。

⑤清明下小雨，雨过天晴后天空清澈明朗，人们出门踏青。

⑥谷雨雨水增多，谷物茁壮成长。

（2）向幼儿介绍每个节气的相关"习俗"，帮助幼儿了解在这个节气期间，可以做些什么，其中有什么文化背景。

①立春吃春饼、戴春鸡。

②雨水回娘家拜见父母。

③惊蛰天气干燥吃梨润肺，艾草赶霉运驱赶蚊虫。

④春分可以比一比谁能把鸡蛋竖起来。

⑤清明踏青、祭祖。

⑥谷雨摘茶、开海捕鱼。

与幼儿一起欣赏各节气的诗歌，理解诗歌大致内容，请幼儿说说诗人描述的春天节气与自己观察到的、节气的由来中介绍的内容有什么异同。

3. 与幼儿共同总结春天节气特征

教师提问："小朋友们已经分别了解了春天的相关节气，谁能说说春天的节气有什么共同特点？每个节气又有什么特别之处？这六个节气是如何变化的？"

引导幼儿思考春天的六个节气比较明显的共同特征是天气逐渐变暖，适合植物作物生长，每个节气的降水情况各有特点。引导幼儿总结季节的变化是阶段性、多方面的改变。教师总结，节气是我国古人对气候变化进行长期观察，总结出来的一套指导农耕生产和人们生活的特定时令，是我国先民的智慧结晶。经过了几千年的发展，直到现在，对黄河流域的人们来说，仍然具有非常重要的指导意义。

3. 区域活动中开展体脑合一的活动

区域活动是幼儿学习和发展的重要途径。区角活动可选择的内容和材料很广泛。幼儿园中布置了各种区角，各区角中除了益智区和建构区脑力劳动较多，其他的区角都需要体脑合一。如美工区、种植区、角色扮演区和生活体验馆，这些区域便是进行劳动教育的有效场所。如"为图书穿衣裳"这一活动在美工区进行，教师让幼儿动手为图书制作衣裳的同时也培养了幼儿的审美能力。在种植区中幼儿通过观察、浇水等一系列照顾行为，记录下自己的观察成果也是体脑合一的活动。Y园中设置的角色扮演区和生活体验馆还增加了劳动的游戏性和体验性。比如，日常父母角色的扮演、医生护士的扮演、农民渔夫的扮演。在游戏中感知不同的职业，了解不同职业的工作内容，体会人们劳动的辛苦。

图 4-22 教师在织布示范场景　　　图 4-23 生活馆的环境创设

4. 生活活动中培养劳动能力

幼儿园生活活动中的劳动内容包括入园、盥洗、如厕、进餐、饮水、散步、睡觉和值日等。这些劳动活动是幼儿一日生活中重复出现的活动，能让幼儿养成良好的劳动行为和习惯，能有效培养幼儿自我服务能力与集体服务能力。同时幼儿长期的、连贯的劳动习惯的养成有助于提高幼儿劳动的主动性和坚持性。通过劳动还能促进幼儿间的沟通与合作。如值日生如何进行服务性劳动。教师前期可教幼儿学习扫地、拖地、洗玩具、垃圾分类等技能，同时监督值日生的劳动行为并给予幼儿相应的语言肯定与奖励。后期在不需要教师的监督下，幼儿的劳动技能变得熟练，劳动自觉性逐渐提高。

图 4-24 学生在园劳动场景　　图 4-25 学生在园劳动场景

六、小结与反思

劳动教育是五育的凝结点，促进幼儿的全面发展。劳动教育有利于幼儿大小肌肉的锻炼、自理能力的养成、个性的全面发展。根据此次实践研究，研究者进行了以下总结与反思。

（一）小结

外部环境是诱因，内部情感是动机。幼儿在认识劳动的过程中，不仅能感知自我的力量、感知自我与生活的关系，还能通过重复的、琐碎的活动获得一种肌肉记忆、身体记忆。这种记忆会以技能的形式展现出来。当幼儿获得了连续的劳动体验，对劳动有了新的认识和新的情感时，也促进其劳动习惯的养成。在这过程中，幼儿能有效地为自己的生活而服务，形成自己的生活自理能力。Y园原本的劳动教育注重幼儿自理能力培养，已在劳动技能和劳动习惯养成上有了一定的基础。因此完善了劳动教育课程后，幼儿的劳动意识、劳动情感和劳动态度发生了转变，劳动技能和劳动习惯得到了有效的巩固，幼儿的劳动素养得到提升。

家园共育，树立劳动价值观。Y园的劳动教育在环境创设中营造劳动氛围、传播劳动文化以渗透劳动教育理念，在教学活动中教授劳动知识，在区域活动中创新劳动教育方式，在生活活动中培养劳动技能和劳动习惯。如"我有好习惯""我是劳动小能手""我的劳动成果展"这三个家园共育的主题活动。在活动实施过程中，幼儿园教师与家长联系密切，相互合作，家长们也尽力配合教师。这些组成了幼儿园劳动教育的各个部分，形成了相较完整的劳动教育体系，完善了幼儿园的课程体系，为幼儿园课程增添了新的内容，在一定程度上促进了教师专业能力的发展，转变了家长的劳动观念。

（二）反思

乡镇中心幼儿园劳动教育是一项全面而烦琐的工程，它需要幼儿园、家庭和社会的共同努力。幼儿园应结合社区资源优势，让社区、家长、幼儿园之间联动合作，促进园本劳动教育的实施，完善幼儿园课程。

就幼儿园内部而言，一方面，Y园做得相对较好。在班级劳动区让幼儿在生活中感知劳动，在班级种植区让幼儿感受种植的乐趣。但在班级的游戏区中让幼儿在相应的劳动情景中去体验劳动，根据不同的节日开发劳动活动这方面就开展得较少。另一方面，Y园在开发幼儿园公共劳动教育资源上也有待加强。如开辟种植园、开发绿色管理园、设置专门劳动体验基地等需要教师重新规划。就社区资源而言，幼儿园应该根据当地实际，与周围社区联合教育，如与周围的耕地、医院、物流园形成以"劳动"为主题的社区教育基地，让幼儿真正融入社会，在真实的社会场景中去体验劳动、接受劳动的教育，从而由知生情，由情促行。就大自然而言，幼儿园应该清楚地知道，大自然是一本丰富的百科全书，包罗着巨大的劳动教育资源，是幼儿劳动教育的天然场所，它具体形象而生动地向幼儿展现劳动的魅力，如春天带幼儿播种，夏天带幼儿除草，秋天带幼儿收获，冬天带幼儿屯粮，在季节的交替变化中，体验人类劳动的智慧。

充分开发和利用教育资源是幼儿园面临的重要课题，它可以丰富幼儿园教育内容，可以促进幼儿园教育目标的实现，也有利于幼儿的健康成长。想要有效实施幼儿园劳动教育，必须加强幼儿园劳动教育资源的开发与利用。Y园劳动教育资源的开发仅局限于幼儿园内部资源的部分开发，没有与社区资源和大自然资源有效联动。缺少因地制宜，因时而动，缺少充分考究幼儿园内部、周围社区、大自然所具备的劳动资源。此外，教师的专业成长既来自外部的支持，也需要调动其自身的主观能动性。在研究中尽管对Y园教师进行了过程性培训，但仍存在劳动教育素养不足的问题。因此，丰富和提升幼儿园教师劳动教育知识和能力也是劳动教育课程有效开展的重要因素。

第三章　乡镇中心幼儿园食育主题活动设计与实践

——以毕节市 X 镇中心幼儿园大班为个案

> 我们很可能在"食物"的味道里，找到了最强烈、最不可磨灭的婴儿学习印记，那是原始时代远离或消失后，存留最久的学习成果，也是对那个时代历久弥新的怀旧心情。
>
> ——美国人类学家西敏司

一、引言

食育在狭义上指与食物有关的饮食教育。广义上指所有和"食"相关的教育，它既包含从食物延伸出的健康教育和品德教育，又包含与食物相关的劳动教育和文化教育等。食育是贴近生活，关乎个体、关乎国家的教育。食育对于"健康中国"的建设、幼儿的全面发展、幼儿园课程的创新发展具有重要的价值。目前，食育在学前教育领域逐渐受到广泛关注。

（一）主题选择

1. 响应国家对"健康中国"的重视

经济社会不断发展，人民生活水平逐渐提高，国家对于人民的健康发展也更加重视。近年来，我国对于健康的关注也在不断加强，十八届五中全会上首次提出推进"健康中国"的建设。2016年3月22日，习近平总书记主持召开中央全面深化改革领导小组第二十二次会议时指出，"儿童健康事关家庭幸福和民族未来"。2016年8月，在全国卫生与健康大会上，习近平总书记强调"把人民健康放在优先发展的战略地位""要重视少年儿童健康，全面加强幼儿园、中小学的卫生与健康工作，加强健康知识宣传力度，提高学生主动防病意识，有针对性地实施贫困地区学生营养餐或营养包行动，保障生长发育"。借此，可以看出国家对于加强"健康中国"的建设力度与重视程度。经由食育，可将食物营养与健康意识传递至家庭之中，进而提高我国公民的健康水平，对我国推进

"健康中国"的建设具有重要作用。

2. 食育对幼儿全面发展具有重要价值

随着经济社会不断发展，人们的生活发生了翻天覆地的变化，饮食影响着人们的身体健康状况。研究表明，当今社会中我国幼儿在营养状况与饮食习惯上存在诸多问题，如吃过多高脂肪、高热量的食品，从而导致肥胖问题的产生，如挑食、进食不规律等引起的慢性疾病。在《中国全国学龄儿童少年营养与健康状况调查报告》中指出，挑食、偏食等情况在幼儿进餐中普遍存在。这也表明，在幼儿教育阶段开展良好的食育，促进幼儿的健康发展刻不容缓。食育的开展将改善幼儿的饮食状况、营养状况，促进幼儿的健康成长。

此外，食育对幼儿的发展具有文化传承的重要价值。食育涵盖着自然农耕、天文历法、中医养生、节气文化、节日文化、礼仪文化等传统文化内容。这些传统文化内容是对幼儿进行文化传承，帮助幼儿形成文化自觉进而实现文化自信的重要路径。

3. 基于幼儿园课程开发的现实诉求

在《基础教育课程改革纲要（试行）》中提出，基础教育课程改革应"积极开发并合理利用校内外各种课程资源"。学前教育作为基础教育的重要组成部分，更应发挥主观能动性，积极调动教师挖掘各种教育资源，促进幼儿园课程的改革与发展。食育是教育的重要组成部分，食育对幼儿的成长具有独特的价值。食育中蕴藏着丰富的教育资源，将食育中蕴含的丰富资源纳入幼儿园课程，将促进幼儿园课程的创新发展。

然而，目前食育在我国幼儿园的研究尚处于探索阶段，将食育引入幼儿园的课程研究更多注重理论方面的探讨，缺乏具有针对性和可操作性的实践指导。基于此，本研究力图呈现食育活动在乡镇中心幼儿园设计与实施的真实和整体状态，探索开辟将食育植入幼儿园教育的创新路径，希望通过本研究，能为教师们今后在开展食育主题活动时，提供相关的理论依据和现实资料，更新教师对幼儿食育研究认识的新视角。同时，也希望通过构建贴近幼儿生活的食育主题活动，促进幼儿对传统饮食文化的了解与认识，促进幼儿良好饮食习惯的养成，进而促进幼儿健康成长。此外，也期望为政府部门制定学前教育相关政策提供一定的思路和策略，促进我国学前教育的发展。

（二）研究准备

1. 研究内容

在本研究中，研究内容主要包括三个方面。一是通过对已有文献进行梳理与分析，准确把握食育的内涵，了解食育对幼儿教育的价值。二是对 X 幼儿园进行田野考察，观察 X 幼儿园大班食育活动开展情况，发现其成效与不足之处，观察幼儿的饮食行为及对食物了解情况，对食育主题活动的构建进行条件分析。三是在对 X 幼儿园大班现实考察的基础上，设计并实施适合大班幼儿兴趣爱好，贴近幼儿生活的食育主题活动，并对食育主题活动进行评价，提出后续优化策略。

2. 研究对象

主题活动的设计与实施并非易事，其更适合于在小范围内进行构建与实践，才更有利于深化研究。因此，本研究在前期铺垫下，将毕节市 X 幼儿园大班作为本研究的研究对象，选择原因如下。

幼儿园的选择。一方面，X 幼儿园位于乡镇，有得天独厚的地理环境和乡土资源。另一方面，X 幼儿园中的幼儿生源几乎为本地生源，乡镇幼儿在日常的生活中已经获得与食物的天然接触，容易引起幼儿对于食物的共鸣。此外，X 幼儿园也期望通过对食育主题活动的研究，尝试促进幼儿园课程的创新发展。

班级的选择。在前期观察与沟通后，决定选择大一班作为本研究的研究对象。大班幼儿身体机能发展已具备一定的经验，能更持久、更专注地参与到活动之中。同时，在该幼儿园中，大一班大多数幼儿均是从小班一直就读升班上来的，其幼儿人员结构较为稳定，更有利于研究的开展。

3. 研究方法

文献法。本研究中，通过在图书馆阅读食育的相关书籍，在中国知网、维普、万方等数据库进行食育相关文献的查找与梳理，从而在已有研究中了解当前食育的相关研究，为本研究的开展奠定坚实的理论基础，同时也为本研究提供新的研究视角。

访谈法。本研究将 X 幼儿园的幼儿家长、教师及园所领导等作为访谈对象。通过向幼儿家长进行访谈，了解幼儿在家日常饮食情况、家长对幼儿教育的期望以及该地区饮食习惯和饮食文化等，为挖掘食育资源、构建食育活动奠定良好基础。通过向幼儿园教师和领导进行访谈，了解大家对于食育主题活动开展的态度、方法及期望。

观察法。本研究通过将参与式观察与非参与式观察两种方法结合，采用录像、拍照、手写记录等方法记录食育主题活动构建与实施过程中教师、幼儿表现情况的真实过程。

二、X幼儿园食育活动开展的现实考察

（一）X幼儿园生境考察

生境这一概念源于生态学的"生态位"理论，在生态学中，将生境解释为物种的生活境况和生存环境，既包括物种为满足生存需要而扮演的某种系统性角色和连带的群落关系，又包括能让物种生存繁衍的空间性场所。之后，人类学将生境概念引入研究视域，丰富了对于生境的理解。人类学视域下的生境不再是客观的自然环境，它包括了文化社会环境和自然生态环境两大部分。

本文X幼儿园生境借鉴人类学对于生境的理解，分析X幼儿园特定场域中的自然生态环境和文化社会环境。自然生态环境与文化社会环境影响着人们的生计方式，决定着一个地区的饮食行为及其沉淀的饮食文化。要想考察X幼儿园的食育活动开展情况，则必须将其置身于与幼儿园具有紧密联系的乡镇环境之中，才能从整体对幼儿园食育活动进行分析、设计与实施。

1. Y镇自然生态环境

Y镇位于贵州省毕节市七星关区，地处七星关区西北部，与七星关区野角乡、大河乡、放珠镇、水箐镇紧邻。Y镇距贵州省省会城市贵阳约215.8公里，距毕节市区约47公里，246国道穿越Y镇境内。Y镇面积约为99.55平方千米，镇内共有行政村13个，村民组148个，镇内户籍人口约为10262户共计约41131人。Y镇以汉族聚居为主，也有白族、苗族、彝族等少数民族居住。Y镇最高海拔约2167.6米，最低海拔约1358米，境内地势崎岖不平，是典型的喀斯特地貌。同时，该镇属于亚热带温湿季风气候，平均气温为12.4℃，平均降水量约968毫米，由于降水量充沛，Y镇植被覆盖率高，地下资源煤、铁、天然气等非常丰富。此外，Y镇境内有河流经过，该河流名为红沿河，是乌江水系的一条支流，河流总长17千米，宽30米。

2. Y镇社会文化环境

农耕是Y镇的主要生计方式。境内耕地面积约为2.3万亩，主要种植玉米、小麦、土豆、水稻等农作物，在畜牧业方面以饲养猪、牛、鸡等为主。Y镇政府根据乡镇高海拔、无污染、弱酸性的土壤优势，2012年，开始引领部分居民尝试发展茶叶种植产业，在不断实践改进后，目前Y镇的茶产业已经初步成型，带来了不错的经济效益，一定程度上促进了Y镇经济的发展。在文化建设上，近年来Y镇加大文化建设力度。投入大量经费修建社区文化广场、文化站、13个公共图书室等，以此丰富居民和儿童的文化生活环境。此外，由于Y镇居住了少数民族，镇内民族歌舞也独具特色。Y镇在教育方面也极为重视，境内有公办中学1所，公办小学12所，公民办幼儿园3所，可满足适龄儿童就近就学。

3. X幼儿园概况

X幼儿园位于Y镇中心位置，创建于2014年，是一所开设两餐一点的公办全日制幼儿园，于2019年获评"市级示范幼儿园"。园内共有教师18名、保育员6名、食堂工作人员4名、卫生清洁人员2名、门卫管理人员2名。X幼儿园总占地面积约2420平方米，建筑面积约1620平方米。X幼儿园户外活动场地铺设塑胶，园内设有组合滑梯、攀爬架、荡桥、沙池、水池、绿化带、小小农场等区域以供幼儿活动与欣赏。目前，园内共开设6个班级，分别为1个小班、2个中班、3个大班，各班级设有独立的活动室、午休室、盥洗室、卫生间等，活动室中也依据区域活动分别设置美工区、益智区、角色区、表演区、建构区、阅读区、科学区等几大区角。

(二) X幼儿园开展相关食育活动的现状

在征得幼儿园管理人员及教师的同意后，我们深入X幼儿园大班进行参与观察，同时与教师、园长、家长等人进行深度访谈，走进X幼儿园大班食育场域，了解幼儿园所开展的食育相关活动。

1. X幼儿园开展相关食育活动成效

幼儿园注重对于食育环境的创设。经过深入观察，发现幼儿园场所虽较为紧张，但仍设置了各种区域，尤其在户外仍然设置了种植区域。X幼儿园管理人员在访谈中谈道："我们幼儿园面积小，空间比较紧张，但在建园初期，我还是很努力地想办法保留出种植区域，提供幼儿种植活动的空间。每学期开学后，我都会要求各班的教师根据不同的季节，带领班上幼儿选择一些符合季节性的食物进行种植，以免种植区域的荒废。我发现，有的班级种植了豌豆、玉米、青菜，有的班级种植了草莓、大豆、萝卜，种植的种类还是比较多样的。然后教师有时候会带领幼儿去观察食物的生长，有时候会带领幼儿给食物浇水。我觉得种植区域的保留，还是非常有价值的。"（2021年3月25日）此外，在幼儿园的墙面，投放了与二十四节气有关的墙面装饰。总体可见，X幼儿园对于食育环境的创设还是较为重视的。

教师注重将食育融入生活活动之中。通过长期观察X幼儿园大一班一日活动的开展，发现教师善于捕捉食育教育契机，能够将食育植入幼儿的生活活动之中。如在幼儿每天进餐中，教师都有意识地给幼儿介绍菜品名和菜品食物中所包含的营养价值。有时，教师也会通过语言引导和鼓励的形式，提醒幼儿良好进餐。如"今天的饭菜看起来真好吃""比一比，看谁吃得快""看谁是不挑食的小朋友""先吃完的小朋友就可以先拿篮球"等。有时，教师会带幼儿观察种植区食物的生长情况。可见，在班级中，食育主要是通过生活活动植入的。

2. X幼儿园相关食育活动开展存在的问题

未形成系统的食育活动。通过观察，可以发现食育活动在X幼儿园是有所涉及的，但在大班T1和T2的访谈中，T1教师说道："因为我们幼儿园用的是《主题游戏活动》这个教材，我们所安排的教学活动计划也是根据这本教材的内容进行，里面如果涉及食育的内容，就会开展有关食育的教学活动，如果没有涉及，通常就不会开展。但如果遇到传统节日，比如，端午节、中秋节等，我们也会开展一些与节日相关的饮食教学活动，让幼儿对传统文化有所了解。"T2教师在访谈中说："我们班通常也不会组织专门的食育教育活动，但如果发现幼儿存在比较严重的挑食或不良饮食行为等情况，就会有针对性地对这些情况开展几次教育活动，帮助幼儿改善不良饮食行为习惯。"（2021.3.15）

从访谈中可以看出，X幼儿园大班在日常教育活动中，主要依据主题活动教材开展相应的教育活动，专门的食育活动组织与实施较少，仅在教材和节日涉及时教师才会开展与食育相关的活动，尚未形成系统的食育活动。

活动开展缺乏创生性。X幼儿园以《主题游戏活动》作为活动开展参考与依据，但有了教材作为参考后，教师预设和生成的活动则变少了。如幼儿在观察玉米时，一名幼儿突然对着同伴大喊，这里有一条"小蛇"，于是孩子们开始一边观察一边讨论这条蚯蚓是什么样的，它从哪里来呢，在土地里干吗呢。但教师并未针对蚯蚓话题开展进一步探索的活动。在一定程度上反映活动组织开展缺乏创生性。

幼儿参与体验度不足。一次午后的随机访谈中，T3教师谈道："我们幼儿园的户外种植区域比较小,每个班划分下来就是一小块,如果让每个幼儿都去尝试种植,首先是场所容纳不下这么多人,其次是工具不够,还有就是幼儿力气太小,也种植不了,所以一般情况都是由各班的保育员或者老师种植,幼儿在旁边观察种植的过程,等植物生长后,带幼儿来参观、浇水;等成熟后,带幼儿进行采摘。"(2022年4月7日)关于去种植这件事儿,一名幼儿是这么说的:"今天老师说看我们谁的表现好,一会儿就带谁去小小农场种豆子。我很想去种豆子,所以上课很认真听老师说的内容,举手回答老师的问题,得到了老师的表扬。上完课后,老师带着我们来到了小小农场,但是由于我们人太多了,老师就让我们排好队,站在我们班的农场旁边认真看老师和保育阿姨是怎样种豆子的,我站在后面,被前面的小朋友挡住了,我踮着脚才看到是怎样种豆子的。其实我也很想去尝试一下种豆子呢,应该很好玩吧。"(2022年4月8日)从教师和幼儿的访谈中均可以看出,幼儿虽然是学习的主体但在食育种植活动的参与感和体验度并不足。

3. 幼儿饮食行为表现

为进一步了解幼儿的饮食行为习惯及幼儿对食物的相关认识情况,我们深入大班,在日常随境式的观察中,发现幼儿对于饮食行为习惯及食育了解存在以下情况。

幼儿在饮食行为方面,存在不良习惯。在日常进餐活动中,在进餐前幼儿几乎都能有意识地排队洗手;进餐过程中,大部分幼儿饮食行为习惯是较好的,但也有少部分幼儿存在边吃边玩的情况。具体案例如下:

案例1:"这样才好吃"

今天的早餐为白菜肉末粉,幼儿C1用筷子夹高一根粉条的一端放进嘴里,然后把粉条剩余部分吸进嘴里,吸的时候粉条长长地掉在碗的外面,他怕粉条掉在衣服上,于是用右手去支撑住粉条中间的部分,防止粉条从中间断开。吃完一根后,又夹起第二根粉条,重复刚才的吃法。(2021年3月16日)

幼儿进餐过程中,部分幼儿还存在明显的挑食、偏食情况。具体案例如下:

案例2:"难吃的鲍菇"

今日午餐进餐中,幼儿C2发现今天的饭菜中有自己不喜欢吃的杏鲍菇炒肉,幼儿C2抬头看了看教师,发现教师没有看向这边,悄悄用左手将碗中的一片杏鲍菇拿出来放在桌上，之后又从碗中挑出剩余的杏鲍菇，右手用勺子将桌上的杏鲍菇慢慢推到旁边幼儿餐具的前面，确认自己的饭菜中没有杏鲍菇后，开始进餐。(2021年3月19日)

进餐过程中，幼儿也能自己处理一些进餐状况中偶发的事件。以下案例为一次进餐过程的观察记录：

案例3："我马上处理"

今天午餐进餐过程中，突然传来"砰"的一声，班上其他幼儿赶紧告诉教师是幼儿C3的碗掉在地上了，幼儿C3赶紧将碗从地上捡起来，之后面色慌张地看向教师，教师问幼儿C3碗为什么会掉在地上，幼儿C3说是不小心弄掉的，他自己马上处理干净。说罢，幼儿C3去厕所拿起扫帚和簸箕开始清理自己掉在地面的食物，清理后，保育员重新给幼儿C3添上饭菜，有了之前的经验，这次他格外小心地端饭和进餐。(2021年3月24日)

幼儿对于营养的知识较为缺乏。在长期对大班幼儿的观察与访谈后，发现幼儿能有意识知道不能吃垃圾食品，要吃营养的食物，也能讲述一些与营养有关的故事，但对于食物所含营养的了解较为粗浅和简单。以下案例是幼儿晨谈活动中的一次故事分享记录：

案例4："长长和圆圆的故事"

X幼儿园即将举行幼儿讲故事比赛，要求每个班级选5名幼儿参加比赛。早餐进餐前，大班教师在班级中找了几名幼儿说故事，其中，幼儿C4："在一个小区里，住着两个小朋友，一个叫长长，一个叫圆圆。长长吃饭时总是噘着小嘴，这样不吃，那样不吃，时间长了，他变得像根竹竿一样，大家叫他长长；圆圆只爱吃肉类，也爱吃糖，吃完一样又吃一样，时间长了，他变得像一个水桶一样，大家叫他圆圆。今天，学校举办运动会，长长参加了踢球比赛，圆圆参加了跑步比赛，长长踢球很累很累，圆圆跑步很慢很慢，老师发现后，就给长长和圆圆说，不能挑食，要多吃营养的食品，少吃垃圾食品。"讲完故事后，幼儿C4还提醒班上幼儿平时吃饭不要吃垃圾食品，要多吃有营养的食品，我们的身体才会更好。(2021年3月29日)

部分幼儿对于常见食物的种植和生长情况还是缺乏认识的，存在认识不清的情况。如以下案例所示,土豆作为幼儿常见和常食的食物,但是关于土豆的种植与生长还是存在认识不清楚的情况。

案例5:"土豆的种子"

  X幼儿园大班教师发现班级幼儿很喜欢吃土豆,每次午餐如果有土豆,幼儿都会上来添餐,土豆的菜总是会全部吃完。教师想了解幼儿对于土豆的种植是否清楚,于是,午餐进餐后,教师与几名幼儿闲聊,问幼儿:"你们知道土豆怎么来的吗?"幼儿C5说:"我知道,土豆是从土里种出来的。"教师继续问:"那土豆是用什么种出来的?"幼儿C5和C6抢着说道:"土豆是用种子种出来的。"教师又问:"土豆的种子是什么样的?"幼儿C5说:"土豆的种子小小的,圆圆的。"幼儿C6说:"土豆的种子是土豆的颜色。"幼儿C7说:"土豆的种子是五颜六色的。"幼儿C8说:"土豆的种子就是小土豆呀,把它种在土里,就会长出大土豆。"幼儿C9说:"我见过土豆的种子,土豆的种子就是土豆的样子。"教师听了幼儿的回答后,让幼儿回家后去观察和探索土豆的种子到底是什么样的,第二天来幼儿园大家一起交流。(2021年4月8日)

(三) X幼儿园食育主题活动开展之条件分析

  幼儿园活动是由幼儿、教师、环境、资源等要素组成的整体系统,系统中各要素相互连接、相互作用,形成一个动态发展的有机整体。因此,食育主题活动的设计与实施也需从多方出发,分析、考虑各方面可行性因素。

1. 外部环境分析

  Y镇生态资源为活动开展提供基础支持。Y镇地处云贵高原,属山地地形,海拔在1300米以上,属于典型的喀斯特地貌。Y镇属于亚热带温湿季风气候,加之地形原因,该镇降水充足,植被覆盖率高,物种丰富。境内耕地面积大,种植的果蔬以及饲养的家禽种类较多,这为食育主题活动提供了丰富的内容选材,同时,该气候环境也为食育活动中植物的种植与生长提供了基础支持。此外,Y镇多数家庭仍进行耕种,幼儿在日常的耕种环境中积累了关于食物的认识与了解。因此,从Y镇就地取材,有利于幼儿获得食育主题活动的认同感。

  家庭观念为活动开展提供动力支持。家庭观念决定着家长的教育模式,影响着幼儿园教育活动的开展。经过与X幼儿园大班幼儿家长进行访谈,当询问家长希望幼儿园教给幼儿哪些内容时,大多数家长表示,他们更希望自己的孩子在幼儿园能学习、掌握一些基本的道德品质和行为习惯，学习与同伴友好相处，在幼儿园能玩得开心，对于书本知识的学习，他们认为这个并不着急，孩子可以到了小学后再慢慢学习。也有少数家长认为，如果孩子在幼儿园能学习到一些简单的知识也行，但是如果没有这样的活动，他们也不会强求，还是希望能以孩子在幼儿园玩得开心、养成良好的行为习惯为主。当访问家长孩子在幼儿园是否应该学习与食物相关的知识以及是否支持这样的活动时，家长们都从自己孩子在家的饮食行为情况出发，觉得幼儿园可以开展这样的活动，帮助孩子知道食物的营养价值，改正孩子挑食、偏食的行为，培养良好的习惯。家长表示，如果有这样的活动，他们是很支持的。可见，在 X 幼儿园的幼儿家庭中，树立了良好的育儿观念，家长们并没有追求幼儿对小学知识的学习，而是希望幼儿能具有良好的行为习惯，健康快乐地成长。因此，X 幼儿园大班幼儿家长的教育观念为 X 幼儿园食育主题活动的开展提供了直接的动力支持。

2. 内部条件分析

X 幼儿园活动开展形式为食育主题活动提供保障支持。X 幼儿园课程通过主题活动形式开展，以《3-6 岁儿童学习与发展指南》和《幼儿园教育指导纲要》作为开设依据，将幼儿园订购的《主题游戏活动》教材内容作为教育活动开展的主要内容。在对大班教师的访谈中得知，幼儿园中三个大班教学活动计划基本是一致的，活动开展由三个大班教师提前 2~3 周按照《主题游戏活动》教材的主题，共同研讨确定各领域具体教学活动，个别班级也能根据班级情况及幼儿实际发展情况进行活动调整。在 X 幼儿园大班中，一个主题教学活动时长大概为 1~2 周，在具体的主题之下，活动围绕五大领域开展，并延伸至班级环境创设以及各区角活动中。由于不同主题的特殊性，教师所安排的五大领域活动时长计划也各不相同。因此，在 X 幼儿园大班日常开展的主题活动基础之上，设计并实施食育主题活动，与幼儿园的活动类型相一致，能为食育主题活动提供保障性支持。

幼儿园管理者为食育主题活动的开展提供了前提与保障。幼儿园管理者，能从顶层设计出发，考虑并决定一个幼儿园的活动开展方向与类型，因此，幼儿园管理者将对食育主题活动的设计与实施提供重要支持。在访谈 X 幼儿园管理者是否有开发园本课程意向时，幼儿园管理者谈到，幼儿园办园时间较短，虽然积累了一定的经验，也取得了一定的成效，但仍处于积累经验和学习探索之中，幼儿园很渴望能挖掘、利用当地资源，发展创新活动，开发园本课程，促进幼儿园更好地发展。幼儿园管理者也表示，非常支持食育主题活动的设计与实施，希望幼儿园以及幼儿教师能从中汲取课程开发的经验，构建园本课程。

教师是课程资源挖掘的主体，是食育主题活动设计与实施的主体。在访谈教师对于食育的了解度与认可度时，教师们是这么回应的："我平时并没有听过食育这个词，对食育也不太了解，但是觉得食育，应该是关于食物的教育吧。我认为关于食物的教育还是比较重要的，可以培养孩子对食物的认识，帮助孩子养成不挑食的饮食习惯。我很支持开展这样的活动，并且我也想参与其中，学习理念，积累活动设计和实施经验。"（访谈记录：T12021年4月12日）"食育是什么？我还是第一次听到这个词，我认为可能是关于吃的教育吧！我支持开展这样的活动。"（访谈记录：T22021年4月12日）"食育这个词听起来很新鲜，我之前没有听过。虽然我们是大班，但是我们班上有部分幼儿进餐情况还是不太乐观，挑食现象比较严重，我平时在开展活动时，也会有意识地培养幼儿良好进餐习惯，但是活动都是比较零散地开展，效果也不太好。现在将食育作为主题活动开展，效果应该会不错，我很支持，也很愿意让孩子们来学习。"（访谈记录：T32021年4月12日）由此可见，从管理人员到班级教师都非常支持开展食育活动。

幼儿园环境为食育主题活动提供物质支持。其环境对教育产生着重要影响，也为教育的开展提供现实支持。X幼儿园作为Y镇中心幼儿园，拥有全镇最好的硬件和软件设施，为食育主题活动的开展提供现实支持。一方面，在X幼儿园区域布置方面，幼儿园室内设有各活动区角，室外设有种植区、植物角等区域，食育主题活动可延伸至各区角开展，这为食育主题活动提供了一定的条件。另一方面，X幼儿园各班配备了多种类型的教学媒体设备、玩教具材料，这能为教师、幼儿进行食育活动提供充足的资源，保障食育主题活动的顺利开展。

三、X幼儿园大班食育主题活动设计与实施

所谓主题活动设计与实施，是指基于幼儿年龄及兴趣，依据一定的教育目标，选择一定的教育内容和教育方法，实施对幼儿具有积极影响的教育活动。本研究以幼儿身心发展规律和兴趣特点作为出发点，通过结合教育学以及食育的相关知识，提出一个较为系统的食育主题活动设计与实施方案。在食育主题活动方案中设计了"土豆总动员""营养设计师""趣味端午节"三个主题活动。

（一）X 幼儿园大班食育主题活动总体设计思路

1. 建立研究小组

我们开展实践研究的 X 幼儿园是一所设施设备较为完善的乡镇中心幼儿园，X 幼儿园在发展过程中，取得了一定的成就。在访谈中，X 幼儿园管理人员以及幼儿教师，对于食育主题活动的开展有着极大的热情，在研究开展期间，积极组织具有丰富教学实践经验的教师成立了研究小组，开展食育主题活动教研会议。此外，请 A 民族大学的学前教育专家对食育主题活动进行理论方面的指导。这些都为食育主题活动的开展提供了有利的条件。

在正式进行食育主题活动设计之前，我们首先一起对 Y 镇进行了田野考察，了解到 Y 镇的自然环境及种植情况，这为食育主题活动的设计提供了更多的思路。其次，我们通过与家长的访谈得知，幼儿家长对食育主题活动开展地支持，这为食育主题活动开展奠定了良好的基础。最后，在观察大班幼儿日常表现情况以及教师对幼儿了解的基础之上，设计了食育主题活动。

由于食育蕴含的内容非常丰富，无法在短期内让幼儿全部掌握，因此，本研究中将食育作为活动总主题。在此之下，首先，以土豆作为食育切入点，设计了"土豆总动员"主题活动，通过土豆这一具象食物引导幼儿初步了解食育。其次，在幼儿对食育初步感知的基础上，进一步设计了"营养设计师"主题活动，帮助幼儿了解生活中常见的食物及其食用价值，拓宽幼儿对食育的认识。最后，在幼儿对食育有了更进一步了解后，设计"趣味端午节"主题活动，帮助幼儿在形成食物认知的基础上过渡到对饮食文化的认知。

2. 食育主题活动目标制定

活动目标是活动设计与实施最主要和最中心的环节，科学合理的食育主题活动目标，能为幼儿园活动指明出发点和落脚点，确保研究科学合理开展。因此，必须从多个方面进行思考。

《3-6 岁儿童学习与发展指南》（以下简称《指南》）和《幼儿园教育指导纲要（试行）》（以下简称《纲要》）作为制定依据《指南》和《纲要》都是学前教育的重要指导性文件。幼儿园食育主题活动目标的制定，需要以《指南》为直接依据，认真研读各年龄阶段幼儿的学习与发展目标，结合相应的教育建议，设计适合的食育主题活动目标。

将幼儿的发展规律作为制定依据。促进幼儿身心的全面发展是教育的重要目的。这意味着制定食育主题活动的目标必须以幼儿的发展为依据,因为幼儿发展的潜力、幼儿发展的程度等,都影响着食育主题活动目标的制定。因此,在制定食育主题活动目标时,必须考虑幼儿的身心发展特点和年龄发展特点。

将社会生活环境作为制定依据。儿童生长的过程正是儿童从自然人转变为社会人的过程,其中,环境对其产生着重要的影响。社会生活环境对幼儿的发展发挥着潜移默化的影响作用。将社会生活环境作为食育主题活动的目标依据,能为幼儿更好的适应今后生活奠定良好基础。

将食育的内涵特点作为制定依据。食育具有其独特的内涵特点,能为活动的开展指明方向,同时,也能够发挥其价值,在活动中促进幼儿对中华优秀传统文化的传承与发展。将食育的内涵特点作为依据,可帮助幼儿认识食物,了解、感受食物种植和生长过程,帮助幼儿获得整体经验。也可加深幼儿对本民族、本地区文化风俗的了解,在潜移默化中萌发幼儿爱家乡、爱祖国的社会情感。

食育主题活动的总体目标。通过结合幼儿园教育目标与食育内涵特点,本研究将食育主题活动总目标定义为:将幼儿生活中常见食物作为主题教育活动内容,帮助幼儿了解生活中常见食物的基本营养知识及简单的传统饮食文化,形成良好饮食行为习惯,对食物有节约和保护意识。

食育主题活动目标分类。本研究根据布鲁姆的"教育目标分类学",将幼儿园大班食育主题活动目标分为认知、情感、技能三个维度,目标制定从幼儿视角出发,认知维度多用"认识""了解""学习""理解"等词;情感维度多用"喜欢""愿意""体验"等词;技能维度多用"能够""形成""掌握"等词。具体目标如表4-2所示。

表4-2 食育主题活动目标分类表

目标维度	目标内容
认知经验	1. 感知常见食物种植和生长过程,了解食物的生长特点 2. 了解食物的基本营养知识,明白营养和健康的重要性形成良好饮食行为习惯 3. 了解中国传统节日及节日习俗,学习简单的传统习俗及饮食文化 4. 知道食物来之不易,学会珍惜食物,尊重劳动人民

续表

目标维度	目标内容
情感态度	1. 愿意了解常见食物的种植和生长过程，对食物有好奇心和探索欲 2. 对食物的基本营养知识感兴趣，愿意养成健康饮食行为习惯 3. 感受和体验中国传统节日，喜欢传统节日，乐意参与到传统节日中 4. 体会种植的辛苦，愿意节约和保护粮食
动作技能	1. 初步了解常见食物的种植方法，能够使用简单的工具对食物进行探索 2. 能够根据食物金字塔对食物进行营养搭配，表达自己对营养的理解 3. 能够制作具有代表性和创造性的传统节日作品，表达自己对节日的理解和感受 4. 能有意识珍惜和保护食物，形成节约和保护意识

3. 食育主题活动内容选择

食育蕴含着丰富的教育资源，有很多值得挖掘的教育内容。但并不意味着所有食育内容都适合纳入幼儿园大班食育主题活动之中。食育主题活动的内容选择需遵循以下几个原则。

注重一致性。教育目标是教育内容的标尺，教育内容是实现教育目标的手段。食育主题活动内容的选择必须与主题活动目标保持一致。此外，食育来源于生活，各地形成的饮食习惯、饮食文化都是时代精神和社会现实生活的体现，食育内容的选择应与时代精神和社会生活保持一致。

注重趣味性。教育活动的主体是幼儿。因此，在选择活动内容时必须将幼儿放在中心和首要位置，充分考虑幼儿的兴趣爱好。当内容受到幼儿的喜爱时，才能激发幼儿的兴趣，才能调动幼儿参与的积极性，激发幼儿的好奇心和探索欲。因此，在选择食育内容过程中，需要注重内容的趣味性。

注重生活性。个体生活环境中，生活环境对幼儿产生着重要影响。幼儿在日常随境式生活中，积累着生活经验，感受着社会环境的熏陶。食育源于生活，与幼儿的生活密不可分。因此，在选择活动内容时需建立在幼儿已有生活经验上，帮助幼儿加深对食育的认识和理解。

注重整合性。人是完整的个体，教育也是系统的整体，因此，所选择的活动内容也应该是完整的，才能促进幼儿完整经验的获得。这就要求活动内容在选择时不能仅是单一的学科，也不能仅是幼儿生活的简单收集，应源于生活又高于生活。

注重渐进性。《纲要》提出："尊重幼儿在发展水平、能力、经验、学习方式等方面的个体差异，因人施教，努力使每一个幼儿都能获得满足和成功。"由于幼儿身心发展的特殊性，在内容的选择时必须注重内容的渐进性，才能促进幼儿循序渐进地认识与了解。

内容的选择还应分为纵向和横向两个维度。斯宾塞认为："官能的发展必然有一定的次序，而教育也需要遵循官能发展的自然程序。"在认识任何事物时，都是一个由浅入深、循序渐进的过程，食育也不例外，也需要遵循这个次序。在了解幼儿的生活经验和发展水平后，我们将食育主题活动内容的选择划分为感知、探索和创作三个纵向组织方式。如图4-26所示。

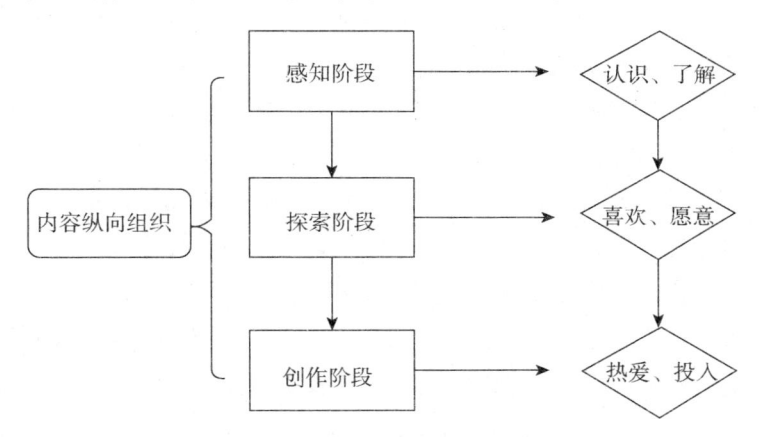

图4-26 食育主题活动内容纵向组织

在选择食育内容及教学活动时，我们将"食"的认识、感知类活动安排在前，以简单、浅显的活动开展，以便幼儿获得初步感知。当幼儿获得初步经验后，我们再进行"食"的探索类活动，此类活动较为深入、复杂，目的在于进一步促进幼儿探索和理解"食"的内部特点及规律。最后，组织"食"的创作类活动，此类活动内容较为开放，旨在激发幼儿的创作欲望，培养幼儿的想象力、创造力和动手能力。

陈鹤琴提出"五指活动"理论，他将幼儿园活动内容划分为健康、社会、科学、艺术、语文五类活动，并认为，儿童的生活是整个的，教育的内容也必须是相互连接成整体的、连通的。《纲要》中将幼儿园活动划分为健康、语言、社会、科学、艺术五大领域。因此,对于食育主题活动内容的安排也应是整合性的,分布在各领域之中。如图 4-27 所示。

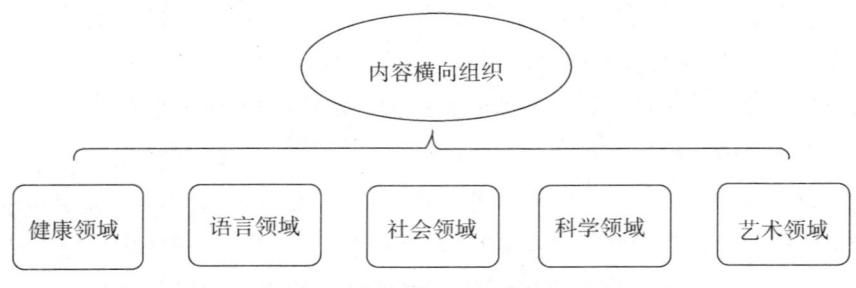

图 4-27 食育主题活动内容横向组织

4. 食育主题活动组织形式

活动的组织实施是将活动计划付诸实践的过程,是教学理论及教育理念落到实处的体现。食育主题活动主要通过将教育内容进行组织,渗透到一日活动的各个环节中,并延伸至家庭教育中,从各方面促进幼儿对食育的认识。食育主题活动主要通过以下活动形式开展。

教学活动。教学活动能有效地促进教育活动目标的达成,是开展食育主题活动的主要方式。教学活动的形式较为集中,更多由教师组织与开展,教师在进行教学活动前,需充分考虑班级幼儿的年龄特点、发展水平、兴趣爱好等,设计合适的食育活动方案。"土豆总动员""营养设计师""趣味端午节"三个主题食育活动中包含着多个具体的五大领域教学活动,共同构成系统的食育主题活动。

区域活动。区域活动在幼儿园中极为常见,它是集体教育活动的一种延伸和互补,区域活动的设置,也能在一定程度上促进教育目标的实现。区域活动弥补了教学活动形式的不足之处,为幼儿的充分探索提供了机会。因此,区域活动是食育主题活动实施的又一重要途径。

环境创设。环境创设对教育具有重要的影响作用,园所环境是隐形的教育资源,是幼儿园活动开展的重要组成部分。因此,可以将环境创设作为食育主题活动实施的途径之一。在环境创设过程中,教师充分考虑环境的育人功能,结合幼儿的兴趣爱好,布置充满食育氛围的环境,让幼儿潜移默化地感受食育。

家园共育。家庭中蕴含着丰富的教育契机与食育资源,食育资源在家庭中也可以得到充分挖掘,家园共育是食育主题活动"走出"幼儿园、"走进"家庭、"走进"社区的最佳途径。家园共育能为食育拓宽教育路径,提供更为广阔的时间与空间,进而确保每个幼儿能走进自然,具身探索和感知食育。

5. 食育主题活动评价内容

幼儿园课程评价是一种特殊的认识活动,是针对幼儿教育的特点和组成要素,通过收集和分析比较系统全面的有关资料,科学地判断幼儿教育的价值和效益的过程。换言之,开展评价之目的在于检验活动编制是否符合有效,是否符合幼儿教育目的以及幼儿发展特点;判断活动实施是否达到了活动目标,幼儿和教师在活动中得到了哪些方面的发展,以及活动中存在哪些不足,需要进行哪些方面的改进;等等。因此,开展活动评价对于食育主题活动开展具有重要价值。食育主题活动的评价应包含以下两个方面。

一方面,是对主题活动方案评价。对活动目标的评价,主要在于考察目标设置是否合理,是否符合大班幼儿的认知发展规律,是否符合幼儿教育理念,目标是否全部得以实现,等等。对活动内容的评价,主要表现为食育活动内容是否与活动目标相对应,是否具有全面性和多样性,是否符合幼儿的身心发展和兴趣爱好等方面。对活动实施的评价,应采用动态的评价理念,主要包括活动实施是否实现了活动目标,实施途径是否可行、有效,活动实施中幼儿和教师的参与、互动情况,等等。

另一方面,是对参与对象的评价。主要包括幼儿发展的评价和教师发展的评价。在幼儿发展的评价中,通过综合运用观察法、访谈法、作品分析法等多种方法,观察幼儿出现的变化以及在活动中的表现情况。幼儿的发展是一个动态过程,对幼儿发展的评价也应该形成动态性评价。在教师发展的评价中,主要评价教师对食育内涵的领悟是否正确、合理,教师在活动中与幼儿的互动情况,教师通过食育主题活动是否得到提升,等等。

(二)"土豆总动员"主题活动设计与实施

根据食育主题活动的总体设计思路及目标,本研究选定了食育主题"土豆总动员""营养设计师""趣味端午节"三个主题活动进行设计与实施。首先选择幼儿生活中常见并喜爱的土豆为食育主题活动切入点,促进幼儿对食育的初步感知与探索,激发幼儿的兴趣。因此,设计并实施"土豆总动员"主题活动。

1. 活动设计

活动来源。"土豆总动员"来源于Y镇生活化的特色和幼儿对土豆的喜爱。

177

土豆是Y镇的主要农作物和经济作物之一，在Y镇土豆食用率极高，是每家每户经常食用的食物，幼儿在日常随境式的生活中，早已与土豆形成了天然而又亲密的联系，因此，土豆成了幼儿生活的一部分。通过观察X幼儿园每周的食谱，发现土豆在X幼儿园食用非常频繁，平均每两天吃一次。同时，在对X幼儿园大班幼儿的进餐情况进行观察中发现，幼儿非常喜欢吃土豆，当进餐的食物中有土豆时，几乎所有幼儿都会主动要求多添一些土豆。在与大班幼儿的日常交流中发现，虽然土豆是幼儿生活中常见的食物，但大部分幼儿对于土豆的种植、生长过程以及营养价值等知识并不了解。我们经过会议研讨之后决定，以土豆作为食育主题活动的切入点之一，从幼儿生活化的经验和兴趣出发，通过教学活动、区域活动、种植活动、环境创设等多种形式，从多种途径促进幼儿对土豆的全面认识。因此，产生了"土豆总动员"这个主题活动。

活动总目标。基于大班幼儿的身心发展特点与发展需求，我们将"土豆总动员"总目标概括为了解土豆的种植方法和生长过程，知道土豆所含营养成分及其对人体的益处，愿意尝试自主探究关于土豆的科学实验，感受不同地区的土豆美食，喜欢土豆，乐意与他人创作、分享关于土豆的故事，并用自己喜欢的方式对土豆进行艺术创作。

活动分领域目标：如表4-3所示。

表4-3 《土豆总动员》主题活动分领域目标

	土豆总动员
健康领域	1. 了解土豆及用土豆做的相关食物的营养成分 2. 了解土豆的营养价值，知道土豆对于人体的重要性 3. 知道正确食用土豆的方法
语言领域	1. 能够在集体中大胆讲述自己的感受，愿意与他人分享交流 2. 理解与土豆相关的绘本故事内容，能用简单的语言对故事内容进行复述，并尝试进行角色扮演
社会领域	1. 欣赏不同地区的土豆美食，感受不同地区间的美食差异 2. 懂得尊重劳动人民，珍惜来之不易的劳动果实 3. 能够与同伴在活动中共同协商，友好合作
科学领域	1. 知道土豆的种植方法和生长过程 2. 能大胆进行实验探索，了解淀粉的秘密 3. 在实验、观察、讨论中探究土豆与盐水密度的关系

续表

	土豆总动员
艺术领域	1. 愿意用自己喜欢的方式和材料对土豆进行创作 2. 喜欢参加土豆的艺术活动，大胆表达自己的情感和体验

2. 活动内容《3—6岁儿童学习与发展指南》中，将幼儿园活动分为健康、语言、社会、科学、艺术五大领域，五大领域活动虽对于幼儿的学习与发展的侧重点不同，但都共同发挥各方教育合力，促进幼儿的全面发展。"土豆总动员"的主题活动内容应该具有趣味性，符合主题目标要求以及大班幼儿的年龄特点。因此，对"土豆总动员"主题活动的内容编排采用整合式方法，将主题内容与五大领域内容进行横向结合，并形成具体教育内容，如图4-28所示。除集体教学活动外，还将活动延伸至区域中，通过区域活动开展。在"土豆总动员"创设了"土豆王国""土豆变变变"等主题区角。此外，"土豆总动员"的主题活动并不仅仅局限于室内的活动，教师充分利用幼儿园的种植区域，带领幼儿进行土豆的种植。

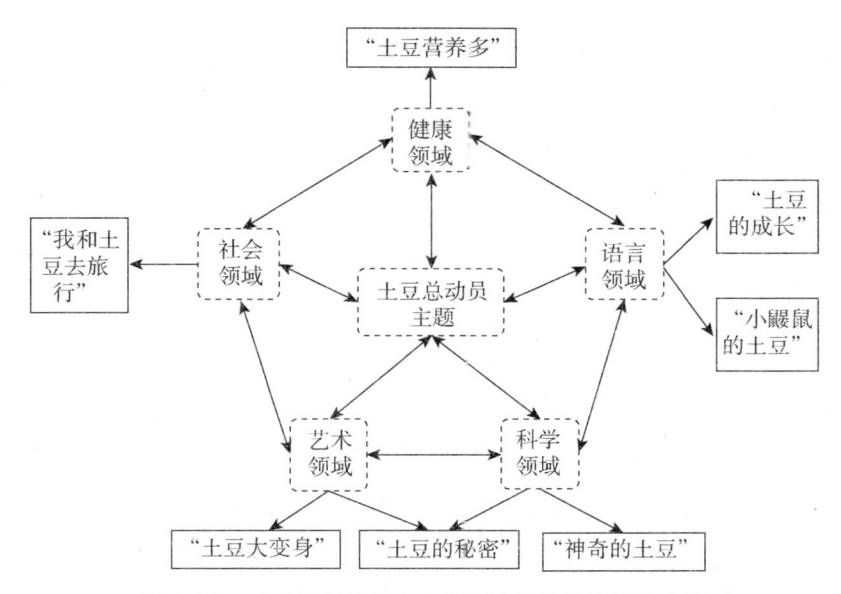

图4-28 "土豆总动员"主题活动集体教育活动内容

3. 活动实施

"土豆总动员"主题活动设计与实施大致用了一个半月，在此期间，我们共同研讨、制订主题活动计划。集体教学活动由教师根据主题活动的目标开展，采用图片、视频、音频以及文字资料的方法进行观察记录。在活动结束后，进行教学研讨，总结精彩和不足之处，调整、完善接下来的活动设计。"土豆总动员"主题活动主要通过教学活动、区域活动、环境创设、家园共育等途径实施。

（1）教学活动。"土豆总动员"主题教学活动通过五大领域课程实施。在内容安排上，遵循循序渐进的原则，将土豆的生长、营养等内容设置在前，帮助幼儿获得土豆的初步认识和感知。将探索类活动安排在后，帮助幼儿由浅入深地感知土豆、认识土豆，进而获得对于土豆的整体认识。最后，安排创作类活动，激发幼儿大胆对土豆进行创作，实现幼儿对土豆的全面了解与喜爱。

在语言领域活动中，实施了"土豆的成长""小鼹鼠的土豆"两次教学活动，帮助幼儿在活动中直观感知土豆的种植与生长，并大胆地用语言表达自己的所思所想。同时以故事的形式，加深幼儿对土豆的认识与喜爱。以下是"土豆的成长"教学片段1：

T1："小朋友们，平时我们都见过土豆，你们知道土豆是怎么来的吗？"

C1："老师，土豆是农民伯伯辛苦种出来的。"

C2："老师，土豆是从妈妈从市场买回来的。"

C3："老师，土豆是爷爷从地里种出来的。"

……

T1："刚才很多小朋友都说了土豆是从土地里种出来的，那你们知道土豆的种子是什么样的吗？"

C4："土豆的种子小小的。"

C5："土豆的种子是一颗小豆子。"

C6："土豆的种子是五颜六色的。"

C7："土豆的种子和土豆一样。"

C8："土豆的种子是小的土豆。"

……

T1："那你们知道土豆的生长过程吗？"

C9："先把土豆的种子种进土里，然后它就会长出土豆的小芽，小芽长大以后，就会长出土豆了。"

C10："土豆就是小土豆在叶子上慢慢长成大土豆。"

C11："土豆会长出很多的土豆。"

在以上教学片段中，可以看出大多数幼儿都知道土豆是生长在土里的，但是对于土豆的种子是什么样的，大部分幼儿不太了解，只有极少部分幼儿知道土豆的种子是土豆。而对于土豆的生长过程，部分幼儿只说对了一半，表明幼儿对于土豆的生长过程并不十分了解。

"土豆的成长"教学片段2：

T1 播放土豆的生长过程视频后，问："刚才的视频中，你们发现土豆是怎样成长的？"

C3："先把土豆种进土里，然后给它浇水、施肥，土豆就会长出小芽，小芽慢慢地长大、开花，之后就长出了土豆。"

C5："老师，是要用发芽的土豆作为种子，才能长出土豆。"

T1："在小朋友的补充下，我们对于土豆生长过程知道得更全面了。"

从以上两个教学片段中，可以发现活动实施后，幼儿对于土豆的种子、种植与生长相比之前有了更清晰的了解。这一点在幼儿的作品中，也得以呈现，如图4-29、图4-30所示。可见，教学活动后，幼儿对于土豆的成长有所了解。

图4-29　幼儿活动前猜想土豆成长过程　　图4-30　幼儿活动后绘画土豆成长过程

在健康领域活动中：开展了"土豆营养多"的教学活动，旨在引导幼儿了解并认识土豆的营养价值，知道土豆的正确食用方法。

以下是"土豆营养多"教学片段：

T1："小朋友们平时都很喜欢吃土豆，那你们知道土豆里有什么营养价值呢？吃了土豆会对我们的身体有哪些好处？"

C1："土豆里面有很多维生素，吃了能帮助我们身体更强壮。"

C2："土豆里面有很多营养，吃了能让我们长高。"

C3："我不知道土豆有什么营养，但是我知道吃了土豆能让我们变漂亮。"

……

"土豆营养多"教学片段2：

T1："看了刚才的视频，现在请小朋友们说说，你听到土豆有哪些营养价值？"

C4："土豆有维生素，能帮助我们消化。"

C5："土豆里面含有淀粉，它能给我们提供能量。"

……

可见，活动取得了一定的效果。幼儿对于土豆营养价值的认识从开始的"吃了土豆能强壮身体""长高"，再到活动结束后，幼儿知道土豆含有维生素、蛋白质、淀粉、膳食纤维、钾等营养成分，以及知道土豆可以帮助消化、为身体提供能量等具体好处，可见活动目标得以实现。

在社会领域活动中，主要通过提供图片、视频等方式，带领幼儿感知不同地区的土豆美食，进而了解不同地区间的饮食文化差异。该领域开展了"我和土豆去旅行"教学活动。在"我和土豆去旅行"的教学活动中，教师注重与幼儿经验的链接，通过谈话、观看图片等方式引导幼儿唤醒已有经验，促进活动顺利开展。下面是"我和土豆去旅行"教学片段：

T2："小朋友们平时吃过哪些关于土豆的美食呀？"

C1："我吃过炸薯条。"

C2："我吃过土豆粑。"

C3："我吃过土豆红烧肉。"

T2："那你们知道，别的地方会用土豆来做什么美食呢？"

……

T2："今天老师带来了一些其他地方做土豆的美食图片，我们一起来看看！"

从中可见，幼儿对于土豆更多是自己接触过、感知过的经验，而对于自己经验外的土豆是缺乏认识的。而本次活动后，幼儿发出感叹，原来土豆还可以有这么多的吃法，进一步调动了幼儿对其他地区土豆美食的求知欲。

在科学领域活动中，主要给幼儿提供对土豆进行探索和体验的机会，帮助幼儿进一步理解、掌握土豆的内部特点。在教学活动中，教师多用启发式、体验式教学方法，在达到教育目标的同时激发幼儿的想象力、创造力，促进幼儿全面发展。例如，在"神奇的土豆"这一集体教学活动中，首先，教师展示出一杯装着盐水的透明杯和一杯装着清水的透明杯，并将两块同样大小的土豆放进杯中，引导幼儿大胆猜想为什么其中一块土豆浮在水面，而另一块却沉入水底。其次，教师并没有随即给出幼儿答案，而是提供给幼儿两个阶段探索的机会。第一阶段，教师给幼儿分发盐、糖、味精、面粉等材料，让幼儿自主探索哪些材料放入水中能让土豆浮起来，并将探索结果记录下来；第二阶段，当大部分幼儿得出盐可以使土豆浮起来的结论后，让幼儿继续探索要放入多少量的盐，才能使土豆浮起来，同样让幼儿进行记录。通过层层递进，引发幼儿进行深度思考。如图4-31、图4-32所示，此活动充分给予幼儿探索和操作的机会。

图4-31 幼儿探索土豆沉浮实验　　**图4-32 幼儿记录土豆沉浮数据**

在艺术领域活动中，通过提供各种土豆的艺术图片、各类艺术材料，激发幼儿对于土豆创作的欲望，进而加深幼儿对土豆的兴趣。下面是"土豆变变变"活动片段：

T2："土豆除了吃，还可以做些什么吗？"

C1："还可以种出新的土豆。"

C2："还可以用来当玩具。"

C3："还可以做炸弹。"

T2："土豆除了你们说的这些玩法之外，我们还可以对它进行改造装饰，使它变为好看的艺术品。老师这里有一些材料，请你们动动自己的小手，对土豆装饰。"

教师采取启发式的引导方法，不断启发幼儿去思考"可以用土豆做什么，可以对土豆进行怎样的装饰"，让幼儿在动手动脑中自主探索。最终，呈现出各式各样的土豆艺术作品，如图4-33、图4-34、图4-35所示。

图4-33　土豆公主　　　　图4-34　超级飞船　　　　图4-35　土豆猪猪

（2）区域活动。区域活动是集体教学活动的延伸与拓展，幼儿可以将在集体教学活动中未完成或想探索的事物带入区域活动中完成，巩固所获得的经验。有效弥补教学活动的不足之处，不具束缚性，提供给幼儿自由探索的机会，进而帮助幼儿获得或巩固前期所得经验。"土豆总动员"主题活动的开展也延伸至区域活动中，通过提供相关材料，创设了科学区"土豆的秘密王国"，美工区"魔法土豆""土豆美食街"等区角，让幼儿在动手操作和角色扮演中，隐性地获得关于土豆的认识与了解。

在开展"土豆大变身"集体教学活动后，教师创设了"魔法土豆"的美工区域活动，使幼儿自由探索土豆还可以变成什么。

以下是"魔法土豆"区域活动片段：

C1对C2说："这是我刚才用土豆做的小刺猬，它身上长了好多的刺，这样它就可以保护自己不被怪兽吃掉！"

C2："我刚才用土豆做了一个小猪，我的小猪很厉害，它可以吃很多的东西！"

C1："我还想做一个怪兽，让怪兽和小刺猬打架，看它们谁更厉害。"

C2："那你要做什么怪兽呢？"

C1："对了，我要做的怪兽只有一个眼睛，它张开血红的嘴巴，头上有很多尖尖的角。"

C1问C2："C2，你要不要也做一个怪兽？"

C2："嗯……我还是不做怪兽了，我想拿一个超级大的土豆做一个巨无霸鲨鱼！"

C1："可以，那我们去拿材料吧！"

户外种植是食育直接获得经验的过程，是食育主题活动实施的最佳途径。X幼儿园中，每个班级都拥有一块种植场地，在与教师商量之后，决定将种植区充分利用起来，促进食育主题活动的开展。由于受到种植场地的限制，教师采取团队讨论的方式，投票选出幼儿最想种的食物，分别是草莓、土豆和圣女果。同时，又预留出一小块区域，让没有选这三种食物的幼儿带他们想种的食物来种植。

在土豆种植过程中，老师首先讲解种植方法，其次将幼儿进行分组，让幼儿在分组中合作种植土豆，最后提供工具和种子，让幼儿在实际的种植过程中获得土豆的种植经验。种植过程中，先分组并选择种植区域，选定区域后，每组开始进行分工与合作。如图4-36、图4-37所示，幼儿们在土豆的种植过程中干劲十足，有的担任除草工作，有的担任松土和挖坑工作，有的担任浇水工作。

图4-36　教师讲解土豆种植场景　　图4-37　幼儿自主种植土豆场景

（3）环境创设。"土豆总动员"主题活动的开展也通过环境创设进行渗透教育。因此，教师在教室中也创设了与之相应的主题墙，如图4-38所示。在环境创设的过程中，幼儿们将自己关于土豆的认识与理解都表达或绘画出来，积极参与到环境创设之中。

（4）家园共育。家园合作是"土豆总动员"主题活动开展的重要路径。教师通过家园协同合作的形式，将主题活动延伸至家庭中，帮助幼儿获得关于土

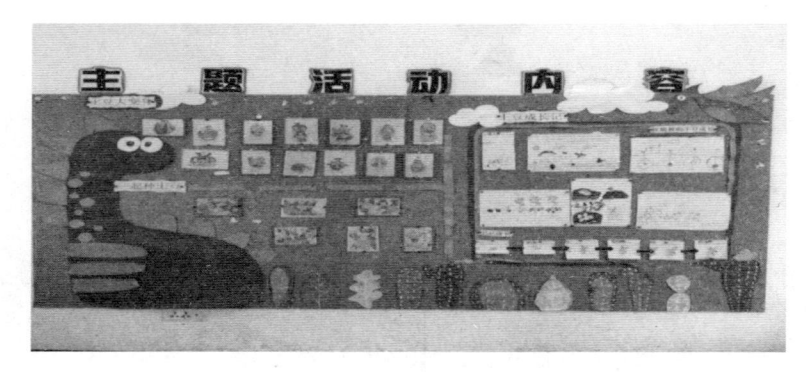

图4-38 "土豆总动员"主题墙

豆的全面和整体认识。"土豆总动员"主题活动的家园共育主要通过两种途径进行。第一种，通过家庭提供给幼儿土豆种植的体验教育。X幼儿园大班幼儿家中均有土地，加之Y镇得天独厚的地理位置和气候环境，非常适宜土豆的种植与生长，多数幼儿家中都种植了土豆，幼儿可以参与种植，这是幼儿直接感知种植土豆的最佳场域。因此，教师请家长带领幼儿一起进行土豆种植的活动，并与家人交流、分享自己的种植体验。第二种，通过家庭提供给幼儿土豆美食制作的体验教育。土豆的种植、收获、制作是一个完整的过程，但幼儿园条件有限，如果仅通过幼儿园路径，难以确保幼儿获得整体认知，因此教师与家长沟通协商后，请家长在家庭中为幼儿提供土豆收获和美食制作的机会，并通过拍照、录视频等方式留念，帮助幼儿形成对土豆的全面认识。

（三）"营养设计师"主题活动设计与实施

将幼儿喜爱的食物土豆作为食育切入点后，幼儿对于食育的相关内容更感兴趣了。在基于大班幼儿现实观察与访谈的基础上，我们查阅教育学、营养学等相关知识后，制定并实施了"营养设计师"这一主题活动。

1. 活动设计

活动来源。任何食物都含有营养价值成分，因此，营养是食育的重要教育内容之一，营养知识的了解对幼儿的健康成长具有促进作用。在对大班幼儿的前期考察中，我们发现多数幼儿都意识到营养对于身体成长的重要价值，但在谈及食物的具体营养价值时，幼儿是一知半解的，且部分幼儿在对于食物的合理搭配以及进餐礼仪等方面的了解较为缺乏。因此，我们将营养这个重要的内容作为食育的活动主题。

活动总目标。帮助幼儿认识食物的基本营养成分，引导幼儿感知营养对于人体成长的价值，知道需要营养均衡地进餐，同时在活动中帮助幼儿学习并掌握基本的用餐礼仪，进而培养幼儿良好的饮食行为习惯。

分领域目标：如表 4-4 所示。

表 4-4 "营养设计师"分领域目标

营养设计师	
健康领域	1. 了解常见食物的来源及营养价值 2. 明白营养与健康的关系，形成良好饮食习惯 3. 喜欢参加体育活动，促进身体的健康发展
语言领域	1. 乐意与他人分享关于食物营养和健康的故事 2. 认真倾听绘本故事，理解故事内容，能用自己的语言复述故事 3. 能大方、流畅、完整地表达自己的观点
社会领域	1. 知道食物来之不易，学会爱惜粮食 2. 了解基本的用餐礼仪，学会文明进餐
科学领域	1. 初步了解人体需要的多种营养，能有意识地营养进餐 2. 了解食物的储存方法，学会科学储存食物 3. 愿意尝试食物营养餐搭配，体验搭配食物的乐趣
艺术领域	1. 通过音乐、美术活动形式，表达自己对健康的感受 2. 能用自己喜欢的方式和材料进行艺术创作

2. 活动内容

在"营养设计师"这一主题活动的设计中，我们将营养的相关内容进行甄别与整合，选出优质的内容植入幼儿园教育五大领域课程中，如图 4-39 所示。除了专门的集体教育活动之外，我们还通过教学活动延伸至区域活动，创设了益智区"水果游戏"、建构区"搭粮仓"、阅读区"营养的故事"等主题区域，让幼儿充分运用材料进行探索，获得愉悦的游戏体验，积累与营养相关的知识和经验。同时，通过家园共育，进一步落实"营养设计师"主题活动的目标。

3. 活动实施

我们耗时一个半月，设计并实施了"营养设计师"主题活动。在此期间，我们共同研讨、制订"营养设计师"主题活动计划。在具体的活动开展中，由

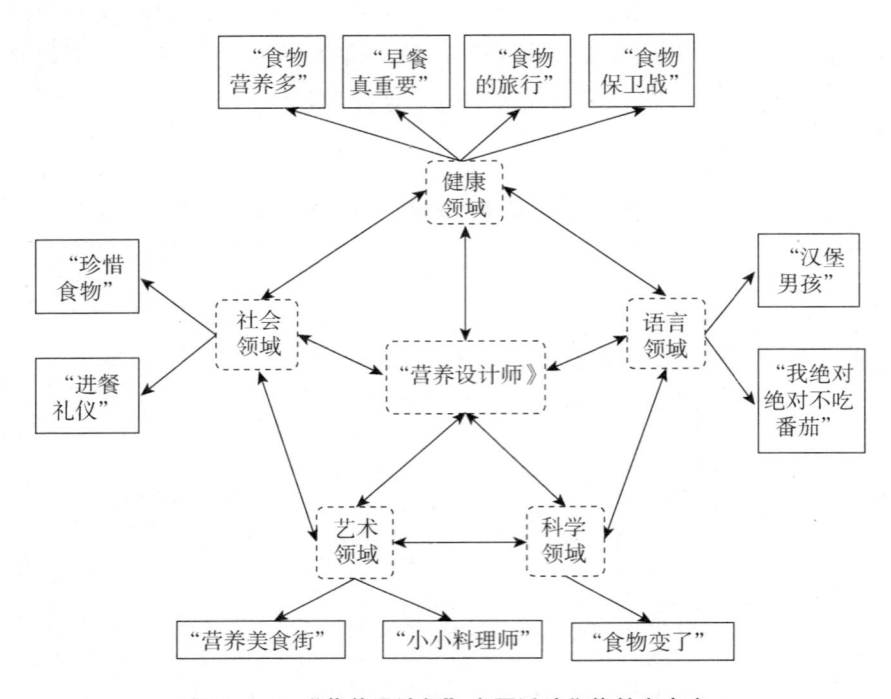

图 4-39 "营养设计师"主题活动集体教育内容

教师实施"营养设计师"主题活动，笔者对活动实施过程进行观察，活动结束后我们共同反思，共同总结。"营养设计师"主题活动也通过教学活动、区域活动、环境创设、家园共育四种途径实施，接下来逐一进行介绍。

（1）教学活动。"营养设计师"主题来源于幼儿发展的现实需要。该主题教学活动主要通过健康、语言、社会、科学、艺术五大领域教学活动实施。由于营养知识所涉及的内容较广，在"营养设计师"主题活动中，围绕五大领域设计了11次教学活动。

在健康领域活动中，设计与实施的活动较多。一共设计了4次教育活动，分别是"食物营养多""早餐真重要""食物的旅行""食物保卫战"，旨在帮助幼儿了解食物的营养，知道吃早餐的重要性，认识身体的消化系统，在体育活动中形成对食物的保护意识等。在活动开展过程中，教师通过循循善诱的方法，采取经验唤醒式、问题探究式等教学策略，激发幼儿对食物营养的探究欲。如"食物营养多"的教学活动中，就运用到了两种教学策略，以下是"食物营养多"教学活动片段一：

T1："小朋友们最喜欢吃什么食物呀？"
C1："我最喜欢吃西瓜。"
C2："我喜欢吃苹果。"
C3："我最喜欢吃汉堡和薯条。"
C4："我喜欢吃生日蛋糕。"
C5："我喜欢吃土豆。"
……
T1："小朋友们喜欢的食物真丰富，那你们知道，你喜欢的食物里面都有哪些营养吗？"

在该片段中，教师提问幼儿喜欢吃什么食物，唤醒幼儿对已有经验的回忆，在幼儿说出自己喜欢的食物后，进一步抛出问题，引导幼儿思考食物里面都有哪些营养。充分运用了多种教学策略，在层层递进中促进教学活动的开展。通过健康活动的开展，幼儿对一些生活中常见食物的营养有了初步了解。

在语言领域活动中，教师通过给幼儿讲述"汉堡男孩"和"我绝对绝对不吃番茄"两个故事，让孩子们在有趣的故事情节中清楚认识到挑食、偏食会给身体带来哪些危害，进而提升幼儿健康饮食的意识。在活动开展过程中，故事内容非常吸引幼儿，幼儿参与积极性高，与教师的双向互动也活跃。以下是"汉堡男孩"教学活动片段：

T2："听了维尼的故事以后，你们发现维尼只喜欢吃什么？"
C1："他只喜欢吃汉堡。"
T2："后来维尼变成了什么？"
C2："变成了汉堡。"
T2："维尼变成汉堡后，他遇到了哪些危险，谁来说一说？"
C3："他遇到了只大狗，想要吃他！"
C4："他遇到了牛的追赶！"
C5："他遇到了人要吃他！"
C6："他还被卖到了汉堡店！"
T2："维尼吃了水果和蔬菜变成人后，他决定再也不吃汉堡了，那小朋友，你们喜欢吃汉堡吗？"
C1："不，我再也不吃汉堡了！"

C4:"我喜欢吃,但以后要少吃汉堡了。"
C7:"我以后再也不吃汉堡了!"
T2:"那我们应该吃什么才健康呢?"
C8:"多喝牛奶!"
C9:"多吃鸡蛋,鸡蛋里面有蛋白质,可以帮助我们长高。"
C10:"多吃蔬菜,不能挑食。"

活动后,幼儿对于汉堡的认识加深了,知道汉堡是垃圾食品,需要少吃或尽量不吃,在一定程度上说明了幼儿在活动中得以成长,说明了活动目标已达成。

在社会领域活动中,一共设计并实施了"珍惜食物"和"进餐礼仪"两次活动。两次活动旨在培养幼儿珍惜食物的意识和行为,帮助幼儿理解并掌握基本的餐桌礼仪和进餐礼仪,学会文明进餐。以下是"进餐礼仪"教学活动片段:

T2:"小朋友们,你们觉得吃饭时,哪些行为是文明卫生的?"
C1:"饭前要洗手。"
C2:"吃饭时不说话。"
C3:"不玩筷子。"
C4:"不用手碰食物。"
C5:"不能打喷嚏。"
C6:"不能掉饭和菜在桌上。"
……

可以看出,幼儿对于进餐礼仪具有简单的认识,但是较为零散,不够全面。在教学活动结束后,大部分幼儿对进餐礼仪有了更全面的了解,知道的礼仪习惯也比之前更多了,说明活动的实施达到了预期的目标。

在科学领域活动中,我们设计与实施了"食物变了"的教学活动,实施活动有效帮助幼儿认识到变质了的食物不能吃,并学会简单储存食物的方法。通过提供图片进行食物变质前后的对比,帮助幼儿深刻认识到吃了变质的食物会对身体有危害,同时也在活动中,学会食物的简单储存方法。如图4-40、图4-41所示,教师通过图片展示的方式,引导幼儿对图片进行对比,观察哪些食物是变质了的,不能食用了,并启发幼儿思考,如果遇到食物变质的情况,应该怎样处理，然后再一起讨论关于食物的正确储存方法。

图 4-40　"食物变了"活动场景　　图 4-41　"食物变了"活动场景

在艺术领域活动中，教师一共实施了两次活动，分别是"营养美食街"和"小小料理师"。教师通过在美术和音乐活动中提供多种丰富的材料，让幼儿在活动中充分展示自我，充分表达出自己对营养的理解与感受。如在"营养美食街"的教学活动中，教师创设一条营养美食街的活动场景，引导幼儿根据自己喜欢的食物，充分发挥想象力，设计自己的美食店。幼儿在设计时，积极性非常高，想象力很丰富，设计的美食店造型与种类多样，如图 4-42、图 4-43 所示。设计完成后，幼儿非常开心地与大家交流，整个活动充分给予幼儿自由发挥的机会，实现了活动设计的目标。

图 4-42　我的香蕉店　　图 4-43　美味比萨店

②区域活动。除了关于营养的集体教学活动外，教师还将营养主题延伸至区域活动中，让幼儿在区域活动中自主探索，巩固幼儿对营养知识的了解。在室内区域活动中，教师创设了益智区"水果游戏"、建构区"搭粮仓"、阅读区"恐龙爱看书"等主题区域，每个区域活动都有各自的目标，在游戏中激发幼儿对营养学习的兴趣，培养幼儿爱惜食物的良好习惯。如"搭粮仓"主题区域活

191

动,该活动主要目的是培养幼儿保护食物的意识,在此基础上促进幼儿思维能力、创作能力的发展。

以下是"搭粮仓"活动片段:

T2:"农民伯伯在秋天收获了他种植的玉米和葡萄,他将玉米和葡萄放在粮仓里。可是,粮仓里一半的食物都被黄鼠狼偷吃了,这可把农民伯伯愁坏了,他害怕黄鼠狼跑来偷吃剩下的食物,这样他就没有食物了!"

C1:"这个黄鼠狼真可恶!"

C2:"这个黄鼠狼太坏了!"

C3:"我们要帮农民伯伯保护剩下的食物!"

T2:"农民伯伯想请小朋友们帮他想想办法,怎样才能搭建一个牢固的粮仓,才能防止黄鼠狼再来偷吃食物呢?"

C4:"我们可以用木块搭建一个粮仓,这样会比较牢固!"

C5:"我觉得木块不牢固,黄鼠狼一推就倒了!我觉得我们可以用砖块,砖块会比较牢固!"

T2:"老师觉得你们的想法都很不错,我们的建构区域里有很多的材料,你们可以尝试先设计,再搭建一个粮仓,最后比一比,谁的粮仓更牢固?"

在以上活动片段中,教师通过创设农民伯伯食物被偷吃的情境,唤起幼儿对食物保护的情感,并让幼儿思考搭建什么样的粮仓更牢固,同时提供相关的材料给幼儿自由搭建,进一步促进幼儿思维能力、动手能力的发展。

在主题活动的阅读区域中,教师通过创设"恐龙爱看书"的主题区域,投放了很多健康教育、劳动教育、文化教育、礼仪教育等与营养有关的书籍,供给幼儿在区域活动时自由阅读,进而在潜移默化中加深和丰富幼儿对营养的了解。如图4-44所示。

图4-44 "恐龙爱看书"食育阅读区域

此外，营养主题活动还充分利用了户外种植区域，将教育从理论延伸至实践活动中。在该主题活动中，教师发起团讨，与幼儿一起商议种植的食物，在最终票选后，教师带领幼儿一起种植了幼儿最喜爱的草莓和番茄这两种水果。种植前，教师首先播放视频，引导幼儿直观感知草莓和番茄的种植方法。在种植的过程中，幼儿分组开展种植活动，如图4-45。种植结束后，教师每周会带领幼儿去观察记录草莓、番茄以及种植的其他食物的生长情况，并在久未降雨时，组织幼儿给种植的食物浇水，如图4-46所示。让幼儿在日常观察中，形成对食物种植及生长过程的认识和了解，进一步感知自然与食物的内在联系。

图 4-45　幼儿种植草莓场景　　**图 4-46　幼儿给种植食物浇水场景**

（3）环境创设。在实施"营养设计师"主题活动的过程中，教师也注重主题活动环境的创设，于是，教师与幼儿一起在班级室内的墙面上创设了与营养相关的主题活动墙。在主题活动墙上，充分记录了活动开展的每个步骤及幼儿在活动中的表现情况、幼儿的成长情况，使整个主题活动鲜活地呈现出来。如图4-47所示。

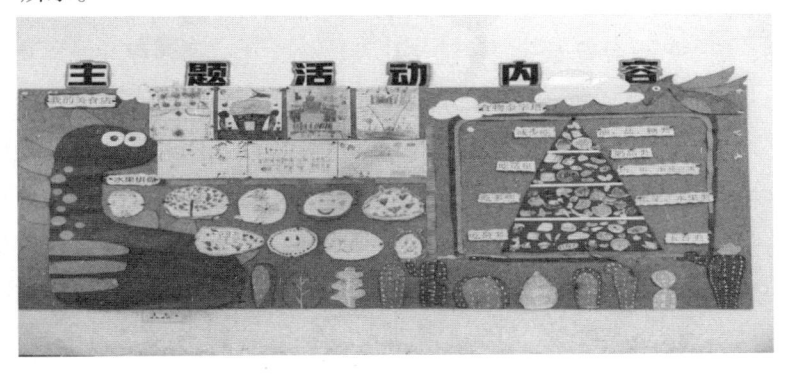

图 4-47　"营养设计师"主题墙

(4) 家园共育。家长是食育主题活动开展的重要伙伴，家庭也是开展主题活动的重要场域。通过家园合作，形成教育合力，更有利于幼儿掌握食物的营养知识。在本主题的家园共育中，主要通过两类活动进行。第一类活动通过家长带领幼儿在菜园和果园中种植、采摘食物，并在家里与幼儿一起尝试搭配、制作营养餐，让幼儿在成长的环境中通过具身认知获得食物营养知识的积累。第二类活动主要为进行食物故事的分享。食物故事的分享内容多样，如家长向幼儿分享乡间种植故事，家长向幼儿讲述自己知道的营养知识，家长查阅网站或通过图书讲解与食物相关的故事，等等。幼儿在家倾听、学习一个与食物或营养有关的小故事后，在第二日入园进餐前，由一名幼儿主动向同伴和老师分享自己在家倾听的关于食物或营养的故事。通过该形式，进一步帮助幼儿增加、巩固对于食物及营养的了解，同时，故事分享也是幼儿语言表达能力、思维能力的一种锻炼，进而促进幼儿多种能力的发展。

（四）"趣味端午节"主题活动设计与实施

"趣味端午节"主题来源于幼儿文化传承发展的需要。端午节作为我国的传统节日，蕴含着丰富的传统文化与传统习俗，值得幼儿学习与传承。同时，端午节作为Y镇最为隆重的传统节日，它揭示了食物与文化的内在联系，将食物的价值引领至文化价值。

1. 活动设计

活动来源。端午节是Y镇独具浓厚节日氛围与习俗的重要传统节日。每年端午节这一天，Y镇的人们都会在自家门上悬挂艾草、菖蒲等药草，除了吃粽子以外，人们还会在端午节当天吃"五黄"、红苋菜、泡大蒜、煮鸡蛋等食物。吃完晚饭后，当地多数居民参与"游百病""跳花"等民间习俗活动欢庆端午节。可见，端午节蕴含着丰富的传统文化及饮食文化，这些优秀的文化以及传统习俗都非常适合融入到幼儿园活动中，促进幼儿对我国优秀传统文化的了解与传承。此外，在现实考察中了解到端午节也是X幼儿园开展最为隆重的特色活动的节日。每年端午节来临之际，幼儿园都会开展丰富多样的教育活动与游戏活动，促进幼儿对端午节的认识。但在对教师及幼儿的访谈中，发现端午节对于幼儿来说虽不陌生，不过大部分幼儿对于端午节的由来及习俗等一知半解。因此，我们共同研讨后决定，将端午节作为食育主题的主题活动之一。

活动总目标。通过开展各种活动，帮助幼儿了解端午节是我国的传统节日，知道端午节的由来与习俗，乐意参与到端午节的相关习俗和活动之中，用自己喜欢的方式表达自己对端午节这个传统节日的热爱之情。

活动分领域目标。如表 4-5 所示。

表 4-5 "趣味端午节"分领域目标

趣味端午节	
健康领域	1. 欣赏不同类型的粽子，了解粽子食材的营养成分 2. 初步认识艾草及其功效，知道艾草对人体的益处
语言领域	1. 能够在集体中大胆讲述自己对端午节的体验和感受 2. 认真倾听端午节习俗及故事，愿意与同伴进行交流和分享 3. 能清楚、连贯、完整地表达自己的观点
社会领域	1. 知道端午节的时间、由来、习俗 2. 了解屈原的故事，学习屈原良好的品德精神 3. 欣赏不同类型的粽子，感受不同地区包粽子的方法和特点
科学领域	1. 能根据粽子特点对粽子进行分类 2. 了解粽子食材的名称及外形特征
艺术领域	1. 喜欢端午节，能用自己喜欢的方式进行艺术创作 2. 能够使用多种材料制作端午习俗道具 3. 喜欢参加包粽子的活动，并大胆表现自己的情感和体验

2. 活动内容

在"趣味端午节"主题活动总目标的指引下，我们共同设计并开展了 7 次相关的五大领域教学活动，如图 4-48 所示。同时，我们还通过布置和创设"端午小屋""卖粽子"等主题区域活动，帮助幼儿进一步获得对端午文化及习俗的认识、喜爱与认同。此外，我们也通过主题环境创设和家园共育的方式，将活动目标渗透到幼儿生活的各个角落。

3. 活动实施

"趣味端午节"主题活动主要通过教学活动、区域活动、环境创设、家园共育 4 种途径实施，实施过程中，由教师负责组织开展活动，笔者对活动实施过程进行观察，活动结束后，我们共同反思，共同总结。

（1）教学活动。以下是"趣味端午节"主题活动的集体教学活动实施

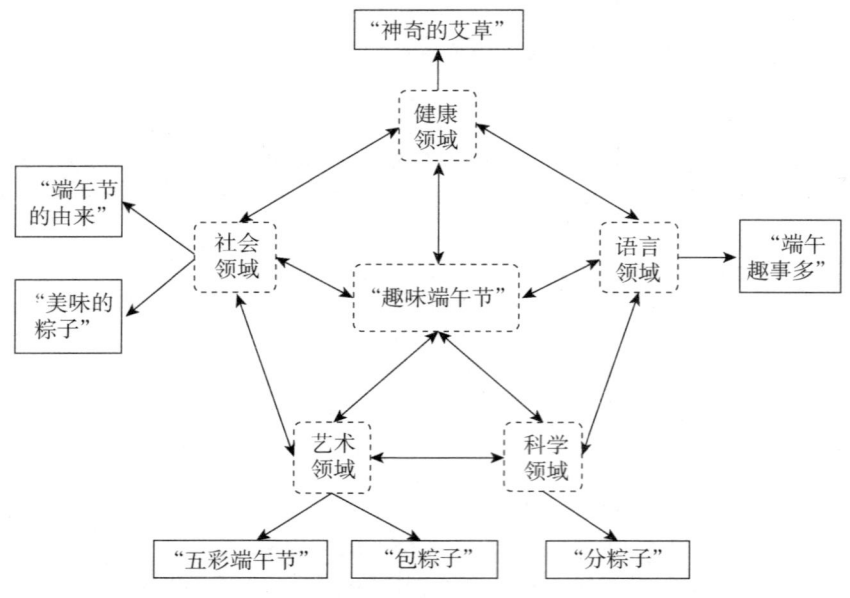

```
                    "神奇的艾草"
                         │
                         ▼
                      健康
                      领域
                    ↗       ↘
"端午节
 的由来"  ←  社会         语言  →  "端午
            领域  ↔ "趣味端午节" ↔ 领域      趣事多"
"美味的                   ↑
 粽子"                    │
                    ↗         ↖
                 艺术   ↔    科学
                 领域        领域
               ↙    ↘         ↓
         "五彩端午节" "包粽子"  "分粽子"
```

图 4-48　"趣味端午节"主题活动领域活动内容

路径。

在社会领域活动中，一共实施两次活动，分别为"端午节的由来""美味的粽子"。在活动实施中，采用讲解式、启发式等教学策略，主要通过多媒体设备呈现屈原故事图片和视频，引导幼儿明确知道端午节的由来，学习屈原的伟大爱国精神。同时，也通过实物展示的机会，引导幼儿观察、感知粽子的样式与味道，激发幼儿参与端午节活动的兴趣。下面是"美味的粽子"教学活动片段：

T1："端午节我们会吃粽子，你们都喜欢什么味道的粽子呢？"
C1："哇，我喜欢甜甜的粽子！"
C2："我也喜欢甜甜的粽子。"
C3："我喜欢里面有水果的粽子。"
C4："老师，我喜欢里面放有豆子的粽子。"
C5："我喜欢粽子蘸着白糖一起吃，这样粽子就甜甜的啦！"
C6："我想现在就吃很多很多的粽子。"
……

在以上教学片段中，以问题引导的形式，让幼儿回忆关于粽子经验储备情况，通过与同伴交流分享自己喜欢的粽子，激发幼儿参与活动的热情与欲望，进而确保主题活动的顺利实施。

在幼儿初步认识端午节的由来后，通过语言领域活动实施"端午趣事多"教学活动，在活动实施中，教师通过图片展示、视频播放等，生动地向幼儿介绍了端午节的习俗趣事，帮助幼儿生动、形象了解端午节有赛龙舟、佩香囊、吃粽子、插艾条等节日习俗，引导幼儿对端午节有进一步的了解。提供给幼儿充分想象和表达的机会，培养幼儿的语言表达能力。实施活动过程中，幼儿积极与教师进行互动，大胆与同伴分享自己知道的端午习俗趣事，基本知道了端午节的习俗，也初步感知到不同地区间端午节习俗的细微差异，达到了活动设计目标。

在了解端午习俗的基础之上，通过健康领域实施"神奇的艾草"教学活动，活动实施中，通过图片展示，引导幼儿感知艾草的外形特征，帮助幼儿了解艾草的功效，知道艾草对人体的好处。在活动中，幼儿对艾草非常好奇，学习的欲望很强烈，听老师对艾草的介绍非常认真。以下是"神奇的艾草"教学活动片段：

T1："今天老师带来了一张图片，图片上面的植物你们见过吗？"

C1："我没有见过。"

C2："老师，我也没有见过。"

C3："我见过，在我奶奶家的土地里，但是我不知道它是什么。"

C4："老师，我好像也见过，但我忘记它是什么了。"

C5："老师，你快告诉我们这是什么呀？"

T1："图片上面的植物叫艾草，我们生活的地方也有艾草，小朋友们平时可以观察看看哪里有艾草。"

从以上片段中可以发现，幼儿对于艾草几乎不太了解，也很少见过艾草。但是，图片展示后，幼儿对这个新奇的事物产生了兴趣，迫切希望老师能赶紧介绍图片上是什么植物。活动结束后，幼儿基本对艾草外形特征有了一定了解，关于艾草对人体的益处，幼儿也有了初步的了解，达到了活动的目标。

在科学领域活动中，教师开展了"分粽子"的教育活动。活动中，通过提供粽子实物，用实物帮助幼儿获得关于数字"9"分解的经验，进而提升幼儿在数学能力方面的发展。本次活动，由于教师给幼儿提供了粽子实物，幼儿获得了直接感知和动手操作的机会。因此，幼儿更乐意参与到本次活动中，进而确保活动的顺利开展。

T2："今天熊妈妈送给我9个粽子，可是我只有两个篮子，我想两个篮子里面都装上粽子，我该怎么把9个粽子分开装呢？请你们帮我想想办法分一分粽子？"

C1："我知道啦，你可以一个篮子装4个，另一个篮子装5个。"

C2："可以一个篮子装5个，另一个装4个。"

C3："老师，还可以一个篮子放1个，剩下的都放另一个篮子里。"

……

从该片段中，教师创设情境和提供实物后，以启发式教学方法引导幼儿自己去发现、探索关于9个粽子的分法，让幼儿成为教学活动的主体，成为活动的积极参与者。

在艺术领域活动中，教师一共开展了两次艺术活动，分别是"五彩端午节"和"包粽子"。活动实施中，通过提供充足的材料，引导幼儿对端午节大胆进行表达，以此深化幼儿对端午节的情感体验。如在"包粽子"的教学活动实施过程中，教师带来了粽叶、糯米、绳子，提供给幼儿尝试自己包粽子的机会，幼儿非常高兴，听老师示范讲解时也很认真，在自己包粽子的过程中，参与积极性高，如图4-49、图4-50所示。活动过程中，最难的就是给粽子绑绳子，大部分幼儿通过寻求教师的帮助将粽子系上了绳子，小部分幼儿学习能力强，动手能力好，能自己将粽子的绳子系上。活动结束后，幼儿都还兴致盎然，说明活动的实施受到幼儿的喜爱。

图4-49 "包粽子"活动场景　　图4-50 "包粽子"活动场景

（2）区域活动。"趣味端午节"主题活动也通过区域来实施，将多种与端午节习俗相关的材料投放在区域之中，创设了"端午小屋""卖粽子""端午趣事"等主题区域活动，提供给幼儿自主体验操作的机会，加深幼儿对端午节的

认识。以下是"端午小屋"区域活动片段：

T2："后天就是我们的端午节啦，老师想请小朋友帮忙布置一个端午节的小屋子，我们一起过端午节。你们认为端午小屋应该怎样布置呢？请你们动一动自己的小手布置我们的端午小屋。"

C1："我认为我们的小屋里肯定要有龙舟，因为过端午节要赛龙舟，这是端午节的习俗。我要去做一个龙舟！"

C2："我要画几坛酒，因为老师说了端午节要喝雄黄酒。"

C3："我要用轻黏土做粽子来装饰小屋，因为端午节要吃好多好多的粽子！"

C4："我也要做粽子装饰我们的小屋。"

C5："我要画几个漂亮的香囊，老师说了，佩戴香囊也是端午节的习俗。"

……

从该片段中，可以看出教师创设了一个端午小屋的场景，引导幼儿制作与端午节相关的物品装饰端午小屋，幼儿在活动中回忆端午节的相关习俗，进一步加深对端午节习俗的认识。

在"端午趣事"的表演区域中，有一名幼儿自己创编表演了"乐乐过端午"的故事，以下是"乐乐过端午"创编故事内容：

乐乐过端午

有一个小朋友叫乐乐，她住在森林里面。她从来也没有去过森林外面，也不知道外面的世界是什么样的，乐乐特别想出去看一看外面的世界。这天，乐乐趁着妈妈不在家，偷偷溜出了森林。她看到河边有很多人，于是她也跑过去看。可是她不明白这些人在做什么？她拉着一位老爷爷问："老爷爷，他们怎么在水里？他们在干吗呀？"老爷爷说："小朋友，他们这是在比赛划龙舟呀，看哪个队伍的龙舟先到达终点，那他们就胜利了！"乐乐又问："嗯，那他们为什么要比赛划龙舟呢？"老爷爷说："因为今天是端午节，大家都在过端午节呢，划龙舟是端午节的一个习俗，除了划龙舟，人们还会吃粽子。"乐乐问："粽子？什么是粽子？"老爷爷从包里拿出一个粽子说："小朋友，这个就是粽子，你没有吃过吗？"乐乐说："没有！我从来没有吃过，哇！它看起来很美味的样子！"于是，老爷爷就把自己的粽子给了乐乐。乐乐吃了粽子后说："哇！粽子软软的，甜甜的，真是太好吃啦！

我要回去告诉妈妈，我今天过了端午节，吃了粽子!"

（3）环境创设。"趣味端午节"主题活动也在班级中创设了相应的环境，如图4-51所示。在主题墙的设计与制作过程中，教师认真倾听幼儿的想法，尊重幼儿的兴趣爱好，按照幼儿的想法对室内环境进行布置，将幼儿的一幅幅作品呈现于环境创设之中，让幼儿成为环境创设者。

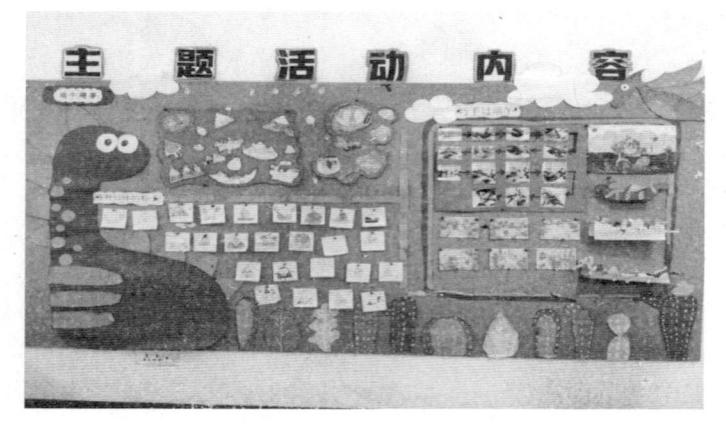

图4-51 "趣味端午节"主题墙

（4）家园共育。由于端午节的特殊性，幼儿几乎都是在家度过。于是，我们将家长作为主题活动开展伙伴，通过亲子互动的形式，开展了家庭中的端午节实践活动。家长通过亲子陪伴的形式，与孩子一起采摘家庭中自然生长的粽叶，如图4-52、图4-53所示。亲子共同包粽子，一起感受节日带来的美味食物与美好氛围，进而引导孩子学会尊重自然、保护环境、爱惜食物。

图4-52 家长与幼儿采摘粽叶 　　图4-53 家长与幼儿采摘粽叶

四、小结与反思

食育是贴近生活、关乎个体、关乎国家的教育。本研究经过多方考虑后，决定在毕节市 X 幼儿园大班开展食育主题活动的设计与实践研究。实施研究前，通过访谈法、观察法等多种研究方法，探析 X 幼儿园内、外部环境，从中寻找食育主题活动开展的内在动力和外在资源，为后期实践奠定坚实可靠的基础。正式实施研究的过程中，本研究组建了食育主题活动的研究小组，同时，从目标、内容、实施、评价等四部分对食育主题活动的开展寻找理论支撑，进而实施总体设计。在总体设计思路确定后，结合 X 幼儿园大班幼儿的兴趣爱好与现实发展需求，设计并实施了"土豆总动员""营养设计师""趣味端午节"三个主题活动。历经 5 个月的设计与实施，幼儿、教师以及研究者自身在研究开展过程中都获得了一定的成长。但鉴于研究者研究水平的局限，导致了食育主题活动设计与实践研究过程中尚存在一些不足之处，主要表现为第一，在食育主题活动的设计与实施中，所设计的活动内容不够深入，不够完整，导致幼儿对于食育体验不完整。第二，在食育主题活动开展中，为幼儿提供的活动的材料存在种类不多、数量不足的情况，同时材料的特色性和本土性也不够。第三，研究中虽然也注意到要通过家园合作开展食育主题活动，但合作的内容和形式都较为单一。此外，出于对幼儿安全的考虑，缺失了活动中与社区合作的部分缺失。

食育主题活动开展中出现的问题，也说明了笔者对幼儿园教育活动和教学组织形式存在认识不深、不全面的情况，说明了研究者对于研究开展能力和乡镇幼儿园活动开发经验的欠缺，仍需要不断学习和实践，提升各方面的研究素养和研究能力。但也需意识到，食育主题活动的设计与实施是一项庞杂的工程，需要协调各方力量，从多个方面进行思考。第一，我们要重视环境的隐性教育功能和显性教育功能，通过充分了解、考察幼儿园所处地域的自然环境和人文环境，因地制宜地挖掘各类资源，创设良好的教育环境。第二，形成资源挖掘、活动开发的研究共同体，通过发挥乡镇中心幼儿园的示范、辐射、引领作用，引领区域幼儿园共同参与到活动开发与实践中。第三，教师在教学活动的整个过程中发挥着重要作用，是教学活动组织与实施的主体，也是影响教学活动效果的关键因素。要使食育活动在幼儿园得以成功开展，就有必要全面提升教师的专业素养，提高教师的活动开发能力。第四，食育主题活动的开展并非幼儿园自己的事情，食育活动的开展离不开教育管理部门、幼儿家庭以及社区的互相支持与配合，共同形成教育合力，一起开展好适合幼儿发展、符合当地发展的幼儿园食育主题活动。因此，幼儿园需要积极寻求外部力量的支持。关于食育植入幼儿教育是一个漫长的过程，但我相信，只要我们沉下心来，扎实研究，不断反思，总结经验，一定能迎来食育发展的春天！

第五部分　结　　语

　　本质而言，幼儿教育是人类自然行为的社会性延伸，是人类特有的社会现象，其对人类生成与发展的动力作用毋庸置疑。

　　我国现代学校的流布是自上而下的。"皇权止于县政"，更多依附政治力量而生的学校教育也多止于"县政"，广阔的农村区域无力自我生产现代学校，以致其长期处于学校教育的"真空地带"。由于幼儿教育的潜隐性、滞后性和生活性等特质，它几乎是最后被公众普遍认可并得以推广的学段。农村教育是教育系统中最薄弱的部分，而幼儿教育又是我国学校制度中最薄弱的环节，两者纵横叠加，使我国农村学前教育长期处于整个教育系统的"最短板"。《国家中长期教育改革和发展规划纲要（2010—2020年）》和《国务院关于当前发展学前教育的若干意见》两个文件相继颁布，在文件的学前教育部分，均无一例外地提出"重点向农村地区倾斜"，以"补短板"，乡镇中心幼儿园也由此得以重建、扩建与增建，全国乡镇中心幼儿园迈出了高速乃至高质发展的步伐。

　　在全国新增的学前教育大数据中，农村幼儿园约占60%，近十年，许多农村幼儿园从无到有、从有向优，"乡镇中心幼儿园"在其中扮演着极其重要的角色，其"跨越式"发展背后，存在着自身内在逻辑，但也存在诸多问题与矛盾，制约着其质量可持续提升。然而，乡镇中心幼儿园从有向优的相关问题，却尚未引起学界更多的关注。

　　鉴于此，本研究首先对我国乡镇中心幼儿园发展及贵州实践的历史进行考察。基于各级部门的政策文本、相关研究文献资料，考察了我国乡镇中心幼儿园的"源"与"流"，并探寻贵州省内乡镇中心幼儿园的发展脉络，为贵州乡镇中心幼儿园质量提升找寻"中国时空坐标"。其次，基于贵州乡镇中心幼儿园教育的发展脉络，采用文献法和问卷法，从总体概况、抽样情况、个案状况这三个层面呈现出贵州乡镇中心幼儿园的发展现状，全方位呈现乡镇中心幼儿园的发展图景。在其中找寻贵州乡镇中心幼儿园教育质量的现实困境，重点考察其教育质量存在的显性与隐性问题，分析问题生成的内在影响变量。继而尝试从宏观层面提出贵州乡镇中心幼儿园教育质量提升的对策与建议。最后，以宏观调查为基础，采用民族志研究方法，"轻装"走进乡镇中心幼儿园这一真实的田野现场。分别进入了贵州省内三所乡镇中心幼儿园，以"环境创设""劳动教育""食育"三个主题为切入点，历经5个月，细密感知了乡镇中心幼儿园教育质量提升的积极努力与实践，融入幼儿、教师、家长三个主要群体之中，积极贴近他们的生活世界，共同面对乡镇中心幼儿园所面临的现实困境，并共同设法化解问题，主客位融合，提出相应的对策与建议。

本研究过程中，在研究内容、研究方法及主要观点等方面逐渐凸显出几点创新之处：

在研究内容上。本研究的整体内容设计，主要围绕"历史考察""宏观研究""微观实践"三部分、三层面依次展开，三者之间相互验证、相互补充、相互支撑，试图做到宏观与微观结合、历史与现实结合、理论与实践结合，以透视贵州乡镇中心幼儿园教育质量发展的现实困境及其内在影响变量，初步探寻贵州乡镇中心幼儿园教育高质量发展新思路。

在研究方法上。本研究采用人类学理论及其田野调查研究方法，以此考察三所乡镇中心幼儿园及其所属区域的环境，探寻乡镇中心幼儿园质量提升的制约变量及其关系样态。由于主要调查对象（儿童）的特殊性，本研究辅以马赛克研究方法，将传统研究方法（如观察、访谈等）和以"参与式工具"（如让幼童拍照、旅行、绘图、角色扮演等）使用的新方法组合起来，以获取儿童的经验和看法，每一种方法获取的经验和看法形成一片"马赛克"，更全面地描绘儿童及其生活世界的完整图景，力争是其所是地"为了儿童""基于儿童""通过儿童"，促进乡镇中心幼儿园教育高质量发展。

在主要观点上。本研究过程中，逐渐总结出一些粗浅认识和观点：

（1）由于各种复杂因素影响，农村教育是教育系统中最薄弱的部分，而幼儿园教育又是我国学校制度中最薄弱的环节，两者纵横叠加，使我国农村学前教育长期处于整个教育系统的"最短板"。

本研究认为，国家力量是推动乡镇中心幼儿园可持续发展的根本性力量，然而，乡镇中心幼儿园自身同样无"力"应对幼儿园教育现实的改造与改组，这就对教育管理部门提出了更高要求：既要坚守乡镇中心幼儿园教育的"国家立场",也要尊重乡镇中心幼儿园教育的"多样化"发展样态。

(2)当前,幼儿园教育质量提升是学前教育事业发展的基本价值追求,也是世界各国学前教育事业发展的共同趋势。

本研究认为,究其根本,幼儿教育与人类相伴而生,"幼儿园"本身就是人们对幼儿教育质量持续追求的产物,换言之,幼儿园教育质量提升是学前教育自身的内在追求。

(3)马克思认为:"人创造环境,同样环境也创造了人。"也就是说,一方面,人通过社会实践可以改造环境,美化环境,使之成为适于人类生存的美好环境;另一方面,环境对人也有塑造作用,人类发展至今,无不受到环境持续"雕刻",因此,美的自然环境也能美化人,塑造人。

本研究认为,究其本质,幼儿园就是幼儿的教育生活环境,是幼儿"身心保育"不可替代的资源,而其环境创设及其教育性挖掘,即环境的"教育化",成为贵州乡镇中心幼儿园质量提升的基础性要件。

(4)马克思认为,人的本质是在劳动中产生的,人首先是自然存在物,人类在劳动过程中利用自身的自然力去改变自然界,同时改变自身。如此,人在劳动中才能生成社会关系,确证自我社会性存在。

本研究认为,幼儿期就是人类个体作为"人的本质"生成的早期阶段,也是极其重要的阶段。幼儿园劳动教育应使幼儿遵循人类生成的自然秩序,挖掘原始力量,在劳动中"成人",它是避免现代文明"过度干预"的重要手段。乡镇中心幼儿园质量的提升,推行"劳动教育"是其一种非常重要的实现方式。

(5)一般而言,所谓幼儿园教育质量,是幼儿园内部的教育活动能否高质量促进幼儿身心健康与发展程度,主要包括结构性质量与过程性质量两个部分。

本研究认为,乡镇中心幼儿园教育质量并非如此,它不仅包括乡镇中心幼儿园自身内部的保教质量(结构性质量与过程性质量),还包括乡镇中心幼儿园的"中心"作用的质量,即指导质量、引领质量、管理质量等。

(6)在幼儿园教育质量相关文献中,本课题发现在论及"师资队伍建设"时,"保育员"这一特殊师资队伍往往被意忽略。

本研究认为,保育员是幼儿园重要的教育者,是家庭教育与幼儿园教育联结的中间界面,兼具母亲与教师两种身份,是幼儿园"生活教育"的主要践行者。因而保育员队伍素质提升是幼儿园教育高质量发展不可或缺的要素。

本研究虽取得一定成绩,但由于乡镇中心幼儿园教育质量的各种影响变量的复杂性与动态性，仍然存在着诸多不足，需要持续开展研究。

在研究方法上，本质而言，任何研究方法都存在自身的优势与劣势，本研究采用人类学微观的民族志研究方法，通过文献法收集静态资料，以此为坐标；通过访谈法初步了解幼儿园利益相关者教育态度；通过参与观察法，考察他们的真实幼儿教育行为；通过马赛克研究方法，多视角立体透视农村幼儿生活世界。然而，这一研究难免因对田野聚焦而忽略对某一问题的广义诠释，研究效度存在一定程度的问题。

在研究内容上，本研究发现了几个有待探讨的问题。首先，乡镇中心幼儿园设计初衷，是以乡镇政府工作人员、乡镇中小学教师及附近村民的孩子为招生对象的，因而所有质量保证预设均以此为依据。但随着其质量提升，吸引了更多村落幼儿"就远入园"，又制约了幼儿园质量的发展。对此问题，当下学者似乎没有找到突围思路，这将是本研究后续研究的动力。

其次，本研究在文献综述中发现，许多论著谈及幼儿园"师资队伍建设"时，"保育员"这一特殊师资队伍被忽略。我们认为保育员是幼儿园教育者的重要组成部分，它是家庭教育与幼儿园教育联结的中间界面，兼具母亲与教师两种身份，是幼儿园"生活教育"的主要践行者。因此，这一群体将是本研究组持续研究方向。

最后，贵州乡镇中心幼儿园教育质量提升的路径甚多，由于研究组研究能力、时间与空间所限，本研究所选的三个主题的实践案例也仅是本研究组对"儿童成长路线"的三种理解，是就贵州乡镇中心幼儿园质量提升所提出的三种选择、三种路径、三种尝试，并非唯三选项。本研究将在后续研究中，借鉴"基于儿童"与"通过儿童"的实践理念，不断开展乡镇中心幼儿园相关研究，继续采取"宏观与微观结合""实践与研究叠合"的推进方式，希望可对乡镇中心幼儿园质量提升做出贡献。

总之，随着各级政府和公众的儿童教育意识的增强，我们始终坚信，贵州乡镇中心幼儿园将跟随贵州磅礴的学前教育发展浪潮，彰显出它在农村学前教育的"示范引领"价值，将以自身的独特力量支持贵州省在新时代西部大开发上"闯新路"，在乡村振兴上"开新局"，在实施数字经济战略上"抢新机"，在生态文明建设上"出新绩"。

参考文献

一、中文著作

［1］克拉克．倾听幼儿——马赛克方法［M］．刘宇，译．北京：中国轻工业出版社，2020.

［2］蔡迎旗．学前教育概论［M］．武汉：华中师范大学出版社，2006.

［3］陈向明．质的研究方法与社会科学研究［M］．北京：教育科学出版社，2000.

［4］爱德华兹，甘第尼，福尔曼．儿童的一百种语言［M］．罗雅芬，连英式，全乃琪，译．南京：南京师范大学出版社，2006.

［5］冯晓霞．幼儿园课程［M］．北京：北京师范大学出版社，2000.

［6］冯建军．回归本真："教育与人"的哲学探索［M］．北京：中国人民大学出版社，2019.

［7］高杉自子．幼儿教育的原点［M］．王小英，译．上海：华东师范大学出版社，2014.

［8］黄力．我心目中的学校［M］．北京：光明日报出版社，2011.

［9］加藤积一．藤幼儿园的秘密［M］．何京玉，陈俊，译．北京：北京师范大学出版社，2018.

［10］蒙台梭利．童年的秘密［M］．王亚娟，译．北京：中国妇女出版社，2012.

［11］中共中央马克思恩格斯列宁斯大林著作编译局．马克思恩格斯选集：第1卷［M］．北京：人民出版社，2012.

［12］辞海编辑委员会．辞海：第六版彩图本［M］．上海：上海辞书出版社，2009.

[13] 薛烨, 朱家雄, 等. 生态学视野下的学前教育 [M]. 上海: 华东师范大学出版社, 2007.

[14] 袁爱玲, 廖莉. 幼儿园环境创设 [M]. 上海: 华东师范大学出版社, 2017.

[15] 袁爱玲, 朱淑萍, 等. 幼儿园主题活动设计 [M]. 保定: 河北大学出版社, 1992.

[16] 袁爱玲, 何秀英, 廖莉, 等. 农村学前教育与社会发展——基于广东省农村学前教育问题研究 [M]. 北京: 人民出版社, 2015.

[17] 王国超. 民族村落社区教育发展机制研究——一项家乡人类学考察 [M]. 北京: 光明日报出版社, 2022.

[18] 刘铁芳. 什么是好的教育——学校教育的哲学阐释 [M]. 北京: 高等教育出版社, 2014.

[19] 洛夫. 林间最后的小孩——拯救自然缺失症儿童 [M]. 自然之友编译团队, 郝冰, 王西敏, 等译. 长沙: 湖南科学技术出版社, 2013.

[20] 苏霍姆林斯基. 苏霍姆林斯基论劳动教育 [M]. 萧勇, 杜殿坤, 译. 北京: 教育科学出版社, 2019.

[21] 赵荣辉. 劳动教育及其合理性研究 [M]. 北京: 中央民族大学出版社, 2012.

[22] 檀传宝. 劳动教育论要: 现实畸变与起点回归 [M]. 北京: 北京师范大学出版社, 2020.

[23] 李珂. 嬗变与审视: 劳动教育的历史逻辑与现实重构 [M]. 北京: 社会科学文献出版社, 2019.

[24] 吴式颖, 等. 马卡连柯教育文集: 下卷 [M]. 北京: 人民教育出版社, 1985.

[25] 华中师范学院教育科学研究所. 陶行知全集 [M]. 长沙: 湖南教育出版社, 1985.

[26] 北京市教育科学研究所. 陈鹤琴全集 [M]. 南京: 江苏教育出版社, 1992.

[27] 北京市教育科学研究所. 陈鹤琴教育文集: 上卷 [M]. 北京: 北京出版社, 1983.

[28] 南京市幼儿师范学校. 一切为儿童——陈鹤琴儿童教育文选 [M].

南京：南京出版社，1992.

[29] 中华人民共和国教育部. 幼儿园教育指导纲要（试行）[M]. 北京：北京师范大学出版社，2011.

[30] 教育部基础教育司. 基础教育课程改革纲要（试行）[M]. 南京：江苏教育出版社，2002.

[31] 林军. 食育——全民健康的未来[M]. 北京：人民日报出版社，2012.

[32] 齐放. 幼儿园主题活动课程理论与实践研究[M]. 长春：东北师范大学出版社，2005.

[33] 宋媛，贺永琴. 食育从儿童抓起——让食育走进教育视野[M]. 上海：上海社会科学院出版社，2015.

[34] 藤森平司. 食育：从摄取营养到重视饮食行为[M]. 孔晓霞，译. 北京：当代中国出版社，2014.

[35] 杨晓萍. 学前教育回归生活课程研究[M]. 重庆：西南师范大学出版社，2002.

[36] 许卓娅. 幼儿园课程理论与实践[M]. 南京：南京师范大学出版社，2003.

[37] 张华. 课程与教学论[M]. 上海：上海教育出版社，2000.

[38] 朱家雄. 幼儿园课程[M]. 上海：华东师范大学出版社，2003.

[39] 李秀湄，冯晓霞.《3-6岁儿童学习与发展指南》解读[M]. 北京：人民教育出版社，2013.

[40] 西敏司. 饮食人类学——漫话有关食物的权力和影响力[M]. 林为正，译. 北京：电子工业出版社，2015.

二、中文期刊

[1] 陈晓芳. 儿童创造力培养的现实困境与实践突破[J]. 人民教育，2021（Z3）.

[2] 丁玉，王宁. 谈幼儿园环境创设的价值失落与回归[J]. 辽宁师专学报（社会科学版），2018（2）.

[3] 顾荣芳. 幼儿园教学从儿童出发：应然与实然之差异[J]. 学前教育研究，2017（12）.

[4] 华爱华. 幼儿园活动区活动的功能定位 [J]. 幼儿教育, 2012 (25).

[5] 华爱华. 活动区材料的投放方式与幼儿行为及发展的关系 [J]. 幼儿教育, 2008 (7).

[6] 刘铁芳. 日常教育生活中儿童立场如何可能 [J]. 中国教育学刊, 2011 (11).

[7] 李召存. 以儿童为本：走向"为了儿童"与"基于儿童"的整合 [J]. 学前教育研究, 2015 (7).

[8] 佘雅斌, 黄姣华, 许红星. "以儿童为中心"之误读及再认识 [J]. 当代教育科学, 2021 (2).

[9] 刘宇. 儿童如何成为研究参与者："马赛克方法"及其理论意蕴 [J]. 全球教育展望, 2014, 43 (9).

[10] 刘宇. 论"对儿童的研究"与"有儿童的研究" [J]. 全球教育展望, 2013 (6).

[11] 卢健. 从"成人视角"到"儿童视角"——现象学教育学的启示 [J]. 基础教育参考, 2007 (6).

[12] 马富成, 马雪琴. 当前幼儿园环境创设中存在的问题及其对策 [J]. 河西学院学报, 2014, 30 (2).

[13] 苗曼. educare：一个值得引入的幼教概念 [J]. 学前教育研究, 2018 (12).

[14] 王友缘. 童年研究的新范式——新童年社会学的理论特征、研究取向及其问题 [J]. 全球教育展望, 2014, 43 (1).

[15] 黄进. 幼儿园区域活动的来源与挑战 [J]. 学前教育研究, 2014 (10).

[16] 席小莉, 袁爱玲. "儿童作为研究者"的兴起与发展 [J]. 学前教育研究, 2013 (4).

[17] 叶浩生. 具身认知：认知心理学的新取向 [J]. 心理科学进展, 2010, 18 (5).

[18] 郑素华. 儿童的本来面目 [J]. 学前教育研究, 2011 (11).

[19] 朱家雄. 幼儿园教育：理论的错读、误用与实践的纠结、无奈（七）[J]. 幼儿教育, 2013 (28).

[20] 章兰, 何丽娟. 幼儿园适宜性教育环境的内涵与创建策略 [J]. 学前

教育研究，2019（3）.

［21］张敏. 幼儿园环境的隐喻价值与提升策略［J］. 陕西学前师范学院学报，2020（3）.

［22］张娜. 不同主体视野中"好幼儿园"标准的比较［J］. 学前教育研究，2012，36（3）.

［23］檀传宝. 劳动教育的概念理解——如何认识劳动教育概念的基本内涵与基本特征［J］. 中国教育学刊，2019（2）.

［24］檀传宝. 加强和改进劳动教育是当务之急——当前我国劳动教育存在的问题、原因及对策［J］. 人民教育，2018（20）.

［25］吴玲. 陈鹤琴幼儿劳动教育思想探要［J］. 安徽师大学报（哲学社会科学版），1998（1）.

［26］班建武."新"劳动教育的内涵特征与实践路径［J］. 教育研究，2019，40（1）.

［27］杨慧. 新时代劳动教育问题解析及路径探析［J］. 湖北第二师范学院学报，2020，37（9）.

［28］梁宇翔. 基于劳动教育的幼儿习惯培养策略［J］. 辽宁教育，2019（24）.

［29］任敏华. 家长对幼儿劳动教育的认识偏差［J］. 学前教育研究，1994（5）.

［30］虞永平. 劳动是幼儿综合的学习［J］. 今日教育（幼教金刊），2019（2）.

［31］郑娟玉. 浅谈幼儿园劳动教育的意义及实施策略［J］. 幼儿教育研究，2019（2）.

［32］霍力岩. 幼儿劳动教育：内涵、原则与路径［J］. 福建教育，2018（47）.

［33］陈虹利. 新时期加强幼儿劳动教育的思考［J］. 吉林省教育学院学报，2016，32（9）.

［34］姜晓，胥兴春. 我国幼儿劳动教育实施现状及路径探析［J］. 重庆第二师范学院学报，2020，33（1）.

［35］潘艺珍. 加强幼儿劳动教育培养良好劳动习惯［J］. 福建教育学院学报，2020，21（11）.

[36] 杨晓峰. "身体"视域中的中小学劳动教育价值与策略 [J]. 湖南师范大学教育科学学报, 2013, 12 (3).

[37] 张雨强, 张书宁. 新中国成立70年劳动教育的历史演变——基于教育政策学的视角 [J]. 中国教育学刊, 2019 (10).

[38] 赵长林. 新中国成立70年我国劳动教育思想的演进与劳动课程的变迁 [J]. 国家教育行政学院学报, 2019 (6).

[39] 张鹏飞, 高盼望. 新中国成立以来劳动教育政策的变迁与展望 [J]. 当代教育科学, 2020 (2).

[40] 岳海洋. 新时代加强高校劳动教育的价值意蕴与实践路径 [J]. 思想理论教育, 2019 (3).

[41] 肖湘愚, 胡舜. 当前大学生劳动教育存在的问题及建议——基于湖南财政经济学院的调查研究 [J]. 湖南第一师范学院学报, 2020 (2).

[42] 曲霞, 刘向兵. 新时代高校劳动教育的内涵辨析与体系建构 [J]. 中国高教研究, 2019, 20 (2).

[43] 韦丽银, 刘远杰. 新时代我国农村寄宿制学校劳动教育的内涵、问题与对策 [J]. 教育发展研究, 2019, 38 (10).

[44] 鲍欣钦, 陶金玲, 原晋霞. 幼儿园课程的概念 [J]. 学前教育研究, 2003 (1).

[45] 郭丽. 谈社区资源在幼儿园教学中的开发与利用 [J]. 四川教育学院学报, 2007 (4).

[46] 韩晓德, 张宏霞, 李苑姿, 等. 幼儿园食育师资的培养 [J]. 学前教育研究, 2018 (12).

[47] 江旭琳. 在主题探究活动中实施幼儿发展评价的价值与策略 [J]. 学前教育研究, 2014 (7).

[48] 李里特. "食育"是国民健康的大事 [J]. 中国食物与营养, 2006 (3).

[49] 李明晨. 高校食育体系探析 [J]. 南宁职业技术学院学报, 2017, 22 (5).

[50] 廖彬池, 吕鹏, 杨嘉莹. "舌尖上的教育"是如何成为国策的——对日本政府在"食育"形成中角色的综论 [J]. 日本问题研究, 2016 (6).

[51] 林泳海, 徐宝良, 单光耘. 我国乡镇中心幼儿园发展的现状调查——

以粤西地区乡镇中心幼儿园A、B、C为例[J].鲁东大学学报（哲学社会科学版），2017，34（2）.

[52] 刘霞.幼儿园主题教育课程中主题网的功能与基本类型[J].学前教育研究，2011（3）.

[53] 陆意玲.谈幼儿的食育[J].宁波教育学院学报，2012，14（1）.

[54] 施用海.再谈关于日本的食育[J].中国食物与营养，2009（10）.

[55] 罗英智，李卓.当前农村学前教育发展问题及其应对策略[J].学前教育研究，2010（10）.

[56] 邱向琴，孙嫣红.在幼儿园主题活动中融入地方文化的意义与方式[J].学前教育研究，2010（6）.

[57] 汤广全.自闭症儿童家庭食育干预初探[J].南昌师范学院学报，2016，37（2）.

[58] 唐洪涛，刘锐，夏蕊，等.国内外食育实践发展现状[J].中国食物与营养，2020，26（1）.

[59] 王瑜，黄程佳.我国幼儿食育必要性及其促进策略[J].陕西学前师范学院学报，2016（4）.

[60] 杨翠，王剑兰.关怀理论视域下乡镇中心幼儿园教师专业发展困境与出路[J].清远职业技术学院学报，2020，13（1）.

[61] 张秋萍.幼儿园食育课程的建构与实施[J].学前教育研究，2018（8）.

[62] 郑鑫鑫.从饮食文化的角度谈我国幼儿食育[J].齐齐哈尔师范高等专科学校学报，2020（1）.

三、报纸网站

[1] 习近平出席全国教育大会并发表重要讲话[N].新华网，2018-09-10.

[2] 中华人民共和国教育部.关于大力推进幼儿园与小学科学衔接的指导意见[Z].2021-03-31.

[3] 习近平主持召开中央全面深化改革委员会第十一次会议强调落实党的十九届四中全会重要举措继续全面深化改革实现有机衔接融会贯通[N].新华网，2019-11-26.

[4] 顾明远：把劳动教育作为必修课[N].澎湃网，2020-05-01.

［5］中华人民共和国教育部．幼儿园教育指导纲要（试行）［Z］．2001-07-02．

［6］中华人民共和国教育部．幼儿园工作规程［Z］．2016-03-01．

［7］中华人民共和国教育部．3-6岁儿童学习与发展指南［Z］．2012-10-09．

［8］中华人民共和国教育部．幼儿园教师专业标准（试行）［Z］．2012-02．

［9］中共中央、国务院．关于全面加强新时代大中小学劳动教育的意见［Z］．2020-03-20．

［10］全国卫生与健康大会［EB/OL］．（2016-08-20）［2016-08-20］．http：//www.gov.cn/xinwen/2016-08/20/content_5101024.htm/2016-8-20．

［11］中央全面深化改革委员会第二十二次会议［EB/OL］．（2016-03-12）[2016-07-22]．http：//www.xinhuanet.com//politics/2016-03/22/c_1118409089.htm/2016-3-12．

［12］上海市教育委员会，上海市食品药品监督管理局．关于进一步加强本市中小学校学生营养午餐及食育工作的通知［Z］．2018-04-32．

四、外文文献

［1］BIRCH L L. Effects of Peer Models' Food Choices and Eating Behaviors on Preschoolers' Food Preferences［J］. Child Development，1980（1）.

［2］DAVIS C M. Self-Selection of Diet by Newly Weaned Infants：An Experimental Study［J］. J Am Dis Child，1982（4）.

［3］TAKEDA W，BANWELL C，DIXON J. Advancing Food Sovereignty or Nostalgia：The Construction of Japanese Diets in the National Shokuiku Policy［J］. Anthropological Forum，2016（3）.

［4］堤千代子，森惠子，永岛岛伦子［他］．絵本の中の食育［J］．中国学圜紀要，2008（6）．

附录一

观察记录表 1

观察者：_____

时 间		地 点	
班 级		教 师	
活动名称			
观察记录			
观察分析			
备 注			

观察记录表 2

日期：_____年_____月_____日

活动时间：	活动班级（人数）：
活动地点：	执教人员：
活动记录：	幼儿反映：
分析评价：	

□ 范 例：

时间：2021 年 4 月 8 日　周四中午 12 时 30 分

地点：大三班教室

观察对象（值日生）：XFY、YST、WSC、XY、ZQC

观察案例：周四的值日生选择了值日内容后，教师让他们值日结束回到班级一起散步。XFY 走进厕所拿出拖把直接开始拖地，把一些垃圾拖出来后用扫把将垃圾扫到一起后丢进垃圾桶。随后 XFY 在厕所拖把池中冲了冲拖把就结束了自己的值日。YST 和 WSC 跑到绘画区整理班上同学的水彩笔，她们俩热衷于将颜色盖错的水彩笔帽盖到颜色正确的笔上，向对方说着自己可真忙，这个为什么会有很多颜色不对的水彩笔。XY和ZQC两人一人拿了一个喷壶在水培区和土培区给植物、水果浇水。ZQC给绿植浇水，每一个绿植都喷了几下水。XY在水培区给大家种的洋葱、大蒜和菠萝浇水，她向蔬菜和水果里喷了水，观察了一会便放下喷壶，跑着去和绘画区的同学一起收拾水彩笔了。

附录二

访 谈 提 纲

（一）

Ⅰ．乡镇中心幼儿园教育质量访谈提纲（教师）

访谈日期：_____
访谈对象：_____
访谈地点：_____
年　　龄：_____
教　　龄：_____
学　　历：_____
职　　称：_____

1. 您认为幼儿教育目的是什么？
2. 为了让幼儿养成良好的行为习惯，您认为最好的方式是？
3. 对于您提出的教育目标和要求，希望幼儿达到什么程度？
4. 您认为尊重幼儿选择重要吗？请举例说明。
5. 您愿意参与哪种教研或培训活动，参加过吗？您觉得效果如何？您想获得哪方面的培训？
6. 您进行教学反思的主要方式有什么？何时进行反思？反思一般怎么做？
7. 您愿意做幼儿教师吗？对幼儿园提供的工作条件和专业发展满意吗？
8. 您认为自己在哪方面需要提高？您在自我提升方面都是通过什么途径？
9. 您对自己的专业发展有规划吗？
10. 您的工作能得到家人的支持吗？
11. 您在工作过程中还有其他问题和需要得到帮助的地方吗？

Ⅱ. 乡镇中心幼儿园教育质量访谈提纲（园长）

访谈日期：＿＿＿＿＿＿

访谈对象：＿＿＿＿＿＿

访谈地点：＿＿＿＿＿＿

年　　龄：＿＿＿＿＿＿

教　　龄：＿＿＿＿＿＿

学　　历：＿＿＿＿＿＿

职　　称：＿＿＿＿＿＿

1. 去年一年您园教师培训、教研的情况如何？
2. 您认为区（县）教育部门举办的培训对您在哪方面有帮助？有什么需要改进的地方？希望得到哪方面的培训？
3. 您园的课程和教材是由谁定的？
4. 当地教育局如何对幼儿园进行支持的？
5. 在教育质量方面，您希望在哪方面得到帮助？
6. 您对教职工的要求有哪些？在招聘教师时，您最看重的是哪方面？招聘保育员的时候，您又是如何抉择的？
7. 您认为园长在提升幼儿园教育质量方面发挥了什么作用？作为园长应该采取哪些措施来提升本园的教育质量？
8. 您认为您所在的幼儿园存在哪些问题阻碍了教育质量的提升？
9. 现在很多幼儿园装修十分精美，您怎么看？硬件设施、园舍环境（教学设备、卫生间设施、寝室、玩具材料、图书、活动室）方面在您的心里应该达到什么样的要求？

Ⅲ. 乡镇中心幼儿园教育质量访谈提纲（中心校长版）

访谈日期：＿＿＿＿＿＿＿＿＿＿

访谈对象：＿＿＿＿＿＿＿＿＿＿

访谈地点：＿＿＿＿＿＿＿＿＿＿

1. 您是从什么时候开始作为中心幼儿园法人的？

2. 在作为中心幼儿园负责人前，您对幼儿教育有了解吗？您认为幼儿教育的价值如何？

3. 您认为幼儿的教育质量与幼儿关系密切吗？

4. 您认为贵校的中心幼儿园发展如何？有哪些地方需要改善？

5. 您认为乡镇中心幼儿园的发展前景如何？有哪些方面阻碍了幼儿园的发展？

6. 您认为作为中心幼儿园的法人应该尽到什么样的职责与义务？

7. 您希望在哪些方面得到专业人士或其他方面帮助？

访 谈 提 纲

（二）

乡镇中心幼儿园区域物质环境创设访谈提纲（教师）

1. 基本资料

访谈日期：＿＿＿＿＿＿＿＿＿＿

访谈对象：＿＿＿＿＿＿＿＿＿＿

访谈地点：＿＿＿＿＿＿＿＿＿＿

年　　龄：＿＿＿＿＿＿＿＿＿＿

教　　龄：＿＿＿＿＿＿＿＿＿＿

学　　历：＿＿＿＿＿＿＿＿＿＿

职　　称：＿＿＿＿＿＿＿＿＿＿

2. 核心问题

（1）您认为幼儿园的班级环境应该是什么样？您平时都是如何进行创设的？

（2）在创设的过程中，有没有遇到什么问题？现在解决了吗？

（3）您最喜欢班级的什么地方？您认为班级还有哪些环境需要改善？

（4）您觉得本班幼儿喜不喜欢班级环境？您觉得他们最喜欢或最不喜欢哪里？

（5）您希望幼儿参与环境创设吗？

（6）您认为什么样的班级环境是合格的？

访 谈 提 纲

（三）

Ⅰ. 乡镇中心幼儿园劳动教育访谈提纲（教师）

1. 基本资料

姓　　名：_____

性　　别：_____

年　　龄：_____

教　　龄：_____

文化程度：_____

2. 核心问题

（1）您认为什么是劳动？什么是劳动教育？

（2）您认为哪些内容属于幼儿劳动教育的范畴？请举例说明。

（3）您认为在幼儿阶段是否有必要开展劳动教育？如果有您所在的幼儿园里是否开展劳动教育？

（4）您认为幼儿园里的劳动教育应如何开展？（方法、内容、时间等）

（5）您会通过什么方式让孩子参与劳动？您会进行劳动指导吗？

（6）幼儿是否愿意参与劳动？幼儿参与劳动时的态度是怎样的？幼儿又是如何对待劳动成果的呢？

（7）当孩子在忙自己的事情时，您是否会插手？通常是怎样做的？

（8）您认为开展劳动教育对于幼儿的发展有何意义？

Ⅱ. 乡镇中心幼儿园劳动教育访谈提纲（家长）

1. 基本资料

与幼儿关系：_____

文化程度：_____

职　　业：_____

孩子的性别：_____

孩子是否独生：_____

2. 核心问题

（1）您认为什么是劳动？什么是劳动教育？

（2）您认为在幼儿阶段是否有必要开展劳动教育？您觉得孩子劳动会对他的学习有影响吗？

（3）您孩子所在的幼儿园里是否开展了劳动教育？您是否了解？

（4）您在家里会让幼儿劳动吗？如果会您会怎么让幼儿劳动？

（5）幼儿是否愿意参与劳动？幼儿参与劳动时的态度是怎样的？幼儿又是如何对待劳动成果的？

（6）当孩子在忙自己的事情时，您是否会插手？如果会您通常是怎样做的？

（7）您认为开展劳动教育对于幼儿的发展有何意义？

访 谈 提 纲

（四）

Ⅰ. X园食育访谈提纲（教师）

访谈日期：_____

访谈对象：_____

访谈地点：_____

年　　龄：_____

教　　龄：_____

学　　历：_____

职　　称：_____

1. 您从事幼教工作的年限？

2. 您班级中幼儿饮食情况怎么样？您认为幼儿对于食物的相关知识了解多少？

3. 您对食育是否了解？您认为食育是什么？

4. 您认为开展食育主题活动是否有价值？如果有，有哪些价值？您愿意开展食育主题活动吗？

5. 您认为本地有哪些食物及饮食文化适合食育主题活动的开发与利用？

6. 您认为设计与实施食育主题活动可能会遇到哪些困难？

7. 您认为关于食育主题活动的设计应有什么样的目标？

8. 您认为食育主题活动应选择哪些内容？

9. 您认为食育主题活动可以通过哪些途径实施？

10. 您认为应该从哪些方面来评价食育主题活动的实施？

11. 您认为食育主题活动设计与实施需要家长配合并参与其中吗？

Ⅱ. X园食育访谈提纲（幼儿园管理人员）

访谈日期：_____

访谈地点：_____

访谈对象：_____

年　　龄：_____

教　　龄：_____

学　　历：_____

职　　称：_____

1. 您所在幼儿园开展过活动设计与实施的教研活动吗？如果开展过，一般频率是？

2. 您所在幼儿园有开发园本课程意向吗？若有，您觉得可以从哪些方面进行？

3. 您觉得贵园教师活动设计与实施的能力怎样？

4. 您认为幼儿园构建食育主题活动是否有价值？如果有，有哪些方面的价值？

5. 您希望通过开展食育主题活动帮助幼儿园获得哪些方面的发展？

6. 您认为食育主题活动设计与实施的过程中会面临哪些困难？您可以提供哪些帮助？

Ⅲ. X园食育访谈提纲（家长）

访谈日期：_____

访谈地点：_____

与幼儿关系：_____
　　学历层次：_____

1. 您认为幼儿园教育应教给孩子哪方面的内容？
2. 您认为您的孩子在家饮食情况怎么样？
3. 您认为您的孩子对于食物的相关知识了解多少？
4. 您认为孩子在幼儿园应该学习与食物相关的知识吗？您支持这样的活动吗？
5. 您认为本地有哪些食物可以运用到幼儿园的食育活动中？
6. 您对于幼儿园开展食育活动有哪些好的建议？

附录三

问卷调查

（一）乡镇中心幼儿园发展及质量提升调查问卷（教师）

尊敬的老师：

您好！此问卷旨在了解您对幼儿园教育质量的观点和看法。本问卷采用匿名形式，调查结果仅作为研究使用，我将严格做好保密工作，确保您的个人隐私安全，恳请您如实、客观填写，非常感谢您的理解、支持与帮助！

1. （填空题）请填写幼儿园所属乡镇名称的首字母（如罗香镇中心幼儿园，则可填写为LXZ）＿＿＿＿＿＿

2. 您所在幼儿园是否为示范园

　　A. 县级（区级）　　B. 市级（州级）　　C. 省级（一类）

　　D. 省级（二类）　　E. 省级（三类）　　F. 否

3. 您所在幼儿园的占地面积

　　A. 1500m² 以下　　　B. 1500～2000m²

　　C. 2000～2500m²　　D. 2500m² 以上

4. （多选题）您所在幼儿园的户外活动设施器材有

　　A. 滑梯（滑索）　　B. 攀登类　　　C. 平衡类　　　D. 秋千

　　E. 体操器械　　　　F. 沙水、水渠　G. 球类　　　　H. 橡胶类

　　I. 沙堆、沙包　　　J. 安吉器械　　 K. 其他

5. （多选题）您所在幼儿园小班个数，以及小班幼儿总人数

　　A. 两个＿＿＿＿＿　　B. 三个＿＿＿＿＿　　C. 四个＿＿＿＿＿

　　D. 五个＿＿＿＿＿　　E. 六个＿＿＿＿＿

6. （多选题）您所在幼儿园中班个数，以及中班幼儿总人数

A. 两个_____ B. 三个_____ C. 四个_____
D. 五个_____ E. 六个_____

7. （多选题）您所在幼儿园大班个数，以及大班幼儿总人数

A. 两个_____ B. 三个_____ C. 四个_____
D. 五个_____ E. 六个_____

8. 您所在幼儿园的园长年龄为

A. 25 岁以下　　B. 25~35 岁　　C. 25~45 岁　　D. 45 岁以上

9. 您所在幼儿园的园长学历为

A. 中专　　　　B. 专科　　　　C. 本科　　　　D. 硕士

10. 您所在幼儿园的园长任职时间

A. 5 年以上　　B. 5 年以下

11. 您所在幼儿园的园长从事学前教育时间

A. 5 年以上　　B. 5 年以下

12. 您所在幼儿园的副园长年龄为

A. 25 岁以下　　B. 25~35 岁　　C. 25~45 岁　　D. 45 岁以上

13. 您所在幼儿园的副园长第一学历为

A. 中专　　　　B. 专科　　　　C. 本科　　　　D. 硕士

14. 您所在幼儿园的副园长任职时间

A. 5 年以上　　B. 5 年以下

15. 您所在幼儿园的副园长从事学前教育的时间

A. 5 年以上　　B. 5 年以下

16. （多选题）您所在幼儿园教师的年龄分布情况，请填写各年龄段人数

A. 20 岁以下_____　　B. 20~30 岁_____
C. 30~40 岁_____　　D. 40 岁以上_____

17. （多选题）您所在幼儿园教师的学历分布情况，请填写各类学历人数

A. 大专及以上_____　B. 中专幼师_____　C. 幼教职高_____
D. 初中及以下_____　E. 非幼教专业_____

18. （多选题）您所在幼儿园教师的教龄情况，请填写各教龄段人数

A. 1 年以下_____　　B. 1~3 年_____
C. 3~5 年_____　　　D. 5 年以上_____

19. （多选题）您所在幼儿园教师的职称情况，请填写各类职称人数

A. 中小学高级（正、副）＿＿＿＿＿＿　　B. 中小学一级＿＿＿＿＿＿

C. 中小学二级＿＿＿＿＿＿＿＿　　D. 其他类别职称＿＿＿＿＿

E. 无职称＿＿＿＿＿＿＿

20. 您所在幼儿园教师的教师资格证情况，请填写人数

A. 有幼师资格证＿＿＿＿　　B. 有其他类别教师资格证＿＿＿

C. 无＿＿＿＿

21. （多选题）您所在幼儿园的保育员招聘条件有

A. 学历高中及以上　　　　　B. 有保育员资格证

C. 有相关从业经验　　　　　D. 无要求

22. （多选题）您所在幼儿园保育员参加培训情况是

A. 进园时培训一次　　　　　B. 每学期培训一次

C. 没有组织过培训

23. （多选题）您所在幼儿园是否保证两教一保

A. 是　　　　B. 是，但不稳定　　　　C. 否

24. （多选题）您所在幼儿园有下述哪些公共区域或功能室，请填写每周使用次数

A. 图书区＿＿＿＿B. 绘画区＿＿＿＿C. 科学区＿＿＿D. 表演区＿＿＿＿

E. 多功能室＿＿＿＿F. 其他＿＿＿＿G. 都没有＿＿＿＿

25. （多选题）您所在幼儿园的班级基本设施有哪些

A. 桌椅　　B. 盥洗设备/洗手设备　　C. 玩具架/柜　　D. 书架

E. 基本电子教学设施　　F. 黑板　　G. 饮水机

26. 您所在幼儿园的班级活动区角使用频率是

A. 不使用　　B. 每周1次　　C. 每周2次　　D. 每周3次

E. 每周5次　　F. 每周大于5次

27. 您班的墙面装饰情况是

A. 有　　　　B. 没有

28. （多选题）您班布置墙面的根据是

A. 与幼儿园课程内容对应　　　B. 具有美感

C. 容易制作　　　　　　　　　D. 现有材料

29. 您班墙面的更新频率是

A. 每周　　B. 每月　　C. 每学期　　D. 每学年

30. 您班主要的教学组织形式是

   A. 集体教学为主　　　B. 小组教学为主　　　C. 个别教学为主

   D. 游戏教学　　　　　E. 以上都有

31. （多选题）您班选择教育内容和教材依据是

   A. 园所课程安排　　　　　　B. 教师根据自身特长安排

   C. 幼儿的兴趣和发展水平　　D. 其他

32. （多选题）您班的课程内容和活动涵盖哪些方面

   A. 健康　　　B. 社会　　　C. 科学　　　D. 艺术

   E. 语言　　　F. 其他

33. 您所在幼儿园小班集体教学活动时间安排情况（包括活动时长）

   A. 1次_____　　B. 2次_____

   C. 3次_____　　D. 4次_____

34. 您所在幼儿园中班集体教学活动时间安排情况（包括活动时长）

   A. 1次_____　　B. 2次_____

   C. 3次_____　　D. 4次_____

35. 您所在幼儿园大班集体教学活动时间安排情况（包括活动时长）

   A. 1次_____　　B. 2次_____

   C. 3次_____　　D. 4次_____

36. 您在组织活动时，怎样对幼儿评价，请填写您常说的评价用语

   A. 几乎不做评价_____　B. 活动过程中即时评价_____

   C. 活动结束后评价_____　D. 其他_____

37. 您所在幼儿园的教师除教材外，每个教师拥有有关幼儿教育参考书的情况是

   A. 没有　　　　　　　　　　B. 每个教师平均有1本

   C. 每个教师平均有2本　　　D. 每个教师平均有3本

38. （多选题）您所在幼儿园向家长宣传有关幼儿教育知识的情况是

   A. 通过个别交流的形式　　　B. 通过宣传栏的形式　　　C. 讲座

   D. 家长会　　　　　　E. 没有　　　　　　F. 其他

39. （多选题）上级主管部门对幼儿园教学管理的情况

   A. 定期评估　　　　　　　　B. 有专人进行教学指导

   C. 有专门的监督管理制度　　D. 没有管理

40. 您所在幼儿园每周组织几次教研活动

A. 1次　　B. 2次　　C. 3次　　D. 4次　　E. 5次　　F. 6次

41. （多选题）您所在幼儿园发挥"中心"作用的形式有哪些

A. 组织线上讲座

B. 每学期或定期开展教研活动（线上或线下）

C. 定期督查与指导村级园及民办园

D. 开展各种形式的业务竞赛

E. 组织外出学习

42. （多选题）您认为阻碍中心幼儿园发挥"中心"作用的因素是

A. 财政支持　　　　　B. 激励机制　　　C. 所辖幼儿园的积极性

D. 中心幼儿园园长的领导力　　E. 师资队伍

问卷调查

（二）乡镇中心幼儿园发展及质量提升调查问卷（园长）

尊敬的园长：

您好！此问卷旨在了解您对幼儿园教育质量的观点和看法。本问卷采用匿名形式，调查结果仅作为研究使用，我将严格做好保密工作，确保您的个人隐私安全，恳请您如实、客观填写，非常感谢您的理解、支持与帮助！

1. （填空题）您的第一专业为_____

2. 您的学历为

A. 中专　　　　B. 大专　　　C. 本科　　　D. 硕士

3. 您任职园长的时间

A. 5年以上　　B. 5年以下

4. 您从事学前教育的时间为

A. 5年以上　　B. 5年以下

5. 您所在幼儿园是否为示范园

A. 县级（区级）　　B. 市级（州级）　　C. 省级（一类）

D. 省级（二类）　　E. 省级（三类）　　F. 否

6. 您所在幼儿园的占地面积

A. 1500m² 以下　　　　B. 1500~2000m²

C. 2000~2500m²　　　　　　　　　D. 2500m² 以上

7. （多选题）您所在幼儿园的户外活动设施器材有

A. 滑梯（滑索）　　B. 攀登类　　　C. 平衡类

D. 秋千　　　　　　E. 体操器械　　F. 沙水、水渠

G. 球类　　　　　　H. 橡胶类　　　I. 沙堆、沙包

J. 安吉器械　　　　K. 其他

8. （多选题）您所在幼儿园设置了哪些部门，请填写各部门人数

A 园办（正副园长）_____ B. 办公室_____ C. 保教部门_____

D. 保健室_____ E. 后勤部门_____ F. 其他_____

9. （多选题）您所在幼儿园的保育员招聘条件为

A. 学历高中以上_____ B. 有保育员资格证_____

C. 有相关工作经验_____ D. 其他_____

10. （多选题）您所在幼儿园的保育员工资待遇为

A. 2000 元以下　　B. 2000 元~3000 元　　C. 3000 元以上

11. （多选题）您所在幼儿园的经费来源为

A. 省级财政拨款　　B. 市（县）级财政拨款　　C. 生均经费的 20%

D. 营养午餐经费　　E. 其他

12. （多选题）您所在幼儿园的经费主要使用在哪些方面

A. 资源中心建设　　　B. 教师专业成长培训　　C. 下村级园指导

D. 玩教具　　　　　　E. 临聘教职工工资　　　F. 其他

13. （多选题）上级主管部门对幼儿园教学管理的情况

A. 定期评估　　　　　　B. 有专人进行教学指导

C. 有专门的监督管理制度　　　D. 没有管理

14. 您所在幼儿园每周组织几次教研活动

A. 1 次　　B. 2 次　　C. 3 次　　D. 4 次　　E. 5 次　　F. 5 次

15. （多选题）您所在幼儿园发挥"中心"作用的形式有哪些

A. 组织线上讲座　　　B. 每学期或定期开展教研活动（线上或线下）

C. 定期督查与指导村级园及民办园　　D. 开展各种形式的业务竞赛

E. 组织外出学习

16. （多选题）您认为阻碍中心幼儿园发挥"中心"作用的因素是

A. 财政支持　　　B. 激励机制　　　C. 所辖幼儿园的积极性

D. 中心幼儿园园长的领导力　　　E. 师资队伍

17. 您对您所在幼儿园未来的规划与展望

后　记

　　就全国范围内而言，早在1903年就出现了第一所官办幼儿园（先后命名为"幼稚园""蒙养院"），随后全国各地纷纷开办幼儿园。1905年，贵阳市私立达德小学堂添设的初等预备科（幼稚班），招生对象为年龄较小或未上私塾的幼儿，这是贵州省内最早的制度化幼儿教育机构。直至民国初年，许多小学才纷纷增设1年制小学预备班或幼儿班，贵州制度化幼儿教育缓慢地拉开了序幕，但专门的幼儿教育机构仍迟迟未设立，贵州幼儿教育仍寄生于小学教育及家庭教育机体中。1937年10月，贵州设立了一所专门的幼儿教育机构——贵州省立幼稚园（现为贵阳市第一幼儿园），这是贵州省第一所独立建置的公办全日制幼儿园，标志着贵州幼儿教育有了新的起点。在此之后，作为一种新兴的教育机构，幼儿园在贵州省境域内零星出现，幼儿教育逐渐被贵州民众重视起来。

　　以上是一幅宏观的历史发展趋势图，极容易让人形成一种幻觉，好像自1904年癸卯学制颁行后，全国或全省随即普及了幼儿园教育。事物由A发展至B，似乎A就会自动消失，B随即得以推广，其实不然，B作为新兴产物，仅仅代表一种事物的发展方向（或趋势）而已，事物由A发展至B的同时，A仍具有强大的生命力，甚至事物A更为普及，更能被人们接纳。因此，尽管全国范围内新学制早已得到很大发展，但在贵州境域内，家庭仍是幼儿教育的主要场域，旧式学校（私塾）却在此时突显出其蓬勃的生命力，并迅速在农村地区蔓延，承担了部分幼儿教育功能。而作为新兴事物的幼儿园，在广袤的农村却几乎难觅其踪迹。

　　诚然，幼儿园教育功能具有潜隐性、滞后性和生活性等禀赋，以至于它几乎是最后被公众普遍认可与推行的学段。20世纪初，我国"幼教之父"陈鹤琴目睹了当时儿童"没价值""没地位""没权利"，几乎成为成人的"附属品"，以及幼儿教育价值被遮蔽，甚至被贬损等不良现象，继而痛心疾首地说道：

> 养蜂有养蜂的方法，养猪有养猪的方法，
> 对于养孩子的方法，
> 事前无准备，事后不研究，
> 孩子的价值，
> 还不如一只羊或一头猪。

时至今日，在全国范围内，儿童意识也尚未成为全民意识，幼儿教育价值也未成为全民共识，尤其是在农村更是如此。在农村，人们更多将"幼儿教育"当作自然性行为，而非社会性行为，他们"随性而为"，并未明晰其价值之所在，"事前无准备""事后不研究"。众所周知，农村教育是教育系统中最薄弱的部分，而幼儿园教育又是我国学校制度中最薄弱的环节，两者纵横叠加，使贵州农村区域学前教育长期处于整个教育系统的"真空地带"。

随着《国务院关于当前发展学前教育的若干意见》颁布，我国学前教育事业迎来发展的春天。三期"学前教育三年行动计划"实施期间，贵州学前教育发展极为迅速，2021年年底，贵州省学前三年毛入园率已达91.4%，超额实现了《贵州省中长期教育改革和发展规划纲要（2010—2020年）》所设置的"2020年学前三年毛入园率达70%""达到全国平均水平"的发展目标，赶超了全国平均水平。其中，许多农村幼儿园如雨后春笋般"从无到有""从有向优"，"乡镇中心幼儿园"在其中扮演着极其重要的角色，已成为农村学前教育发展的"指南针"与"晴雨表"。

学前教育高速发展时期，笔者担任贵州民族大学学前教育系主任一职，由于工作需要，开始关注学前教育实践及其学科专业发展前沿，在博士论文研究期间，更是专门探讨了民族村落幼儿教育发展问题。博士毕业后，笔者几乎将全部精力放在学前教育专业学习与研究上。2018年12月，笔者担任学前教育（学科）专业硕士点负责人，此时，笔者的研究兴趣已逐渐聚焦于农村学前教育领域，尤其对乡镇中心幼儿园的特殊价值倍感兴趣，欲探究其"跨越式"发展背后的内在逻辑，以及潜藏的问题与矛盾。鉴于此，笔者相继申报了许多相关科研项目（课题），2019年8月，笔者以"贵州乡镇中心幼儿园发展质量"为研究课题。自此，笔者带领研究小组开展该研究工作，先后赴丹寨县、雷山县、龙里县、贵定县、三都县、罗甸县、惠水县、紫云县、织金县、黔西县等地开展调研，宏观了解贵州农村幼儿园教育质量总体现状，重点探究乡镇中心幼儿

园教育质量现状与困境，并尝试提出相应的对策与建议。同时，本研究借鉴了人类学田野工作的理论与方法，专门安排课题组成员3人分别置身于贵州3个地州（市）的3所幼儿园，以"区域物质环境创设""劳动教育""食育"3个核心主题深入开展实践与研究，以主位视角"找事"（提出问题）、"说事"（解释问题），并尝试"做事"（解决问题），力争做到"在实践中研究""在研究中实践"。

转眼间，本研究已历经3年多，各研究组成员均参与了相关研究工作，尤其是蒋烨琳、黄莹、廖仙、李倩等同志收集了大量的一手研究资料。蒋烨琳负责第二部分的资料收集工作，黄莹负责第三部分第一章的资料收集工作，廖仙负责第三部分第二章的资料收集工作，李倩负责第三部分第三章的资料收集工作，由笔者负责其他部分资料收集与整理，并负责本书全部内容撰写工作。同时，研究组其他成员及笔者所带的2022级学前教育专业硕士研究生黄丫、潘胜云、唐雪、张心语、雷海梅等同学也为本书校对工作付出辛勤劳动。在此对以上同学表示衷心感谢，同时也感谢本研究重点调研的多所乡镇中心幼儿园及其所属教育局和乡镇政府，若没有他们的大力支持，本书必定无法完成。

教育问题，本质而言，就是人的问题。随着社会变迁，农村生境将随之变迁，人也会发生变化，加之人们对儿童价值的认知也会随之推进，儿童教育价值将会逐渐得以显明，影响学前教育质量提升的变量及结构样态也会发生变异，贵州乡镇中心幼儿园必然会持续孕生新情况、新问题、新困惑。这将成为本研究未来探寻的动力与走向。

王国超

2023年3月26日于贵阳